"十三五"国家重点图书出版规划项目

中国教科书理论研究丛书（第一辑）

石　鸥／主　编

国家出版基金项目
NATIONAL PUBLICATION FOUNDATION

教科书研究方法论

王攀峰／著

SPM 南方传媒
全国优秀出版社
全国百佳图书出版单位
广东教育出版社
·广　州·

图书在版编目（CIP）数据

教科书研究方法论／王攀峰著. —广州：广东教育出版社，2019.11
（2024.5 重印）
（中国教科书理论研究丛书／石鸥主编. 第一辑）
ISBN 978-7-5548-3235-6

Ⅰ. ①教…　Ⅱ. ①王…　Ⅲ. ①教材—研究方法　Ⅳ. ①G423.3

中国版本图书馆 CIP 数据核字（2019）第 287734 号

责任编辑：尚　宇
责任印制：陈　瑾
装帧设计：陈宇丹
责任校对：黄　莹

教科书研究方法论
JIAOKESHU YANJIU FANGFALUN

广东教育出版社出版发行
（广州市环市东路 472 号 12－15 楼）
邮政编码：510075
网址：http://www.gjs.cn
广东新华发行集团股份有限公司经销
广州市岭美文化科技有限公司印刷
（广州市荔湾区花地大道南海南工商贸易区 A 幢）
787 毫米×1092 毫米　16 开本　20.5 印张　410 000 字
2019 年 11 月第 1 版　2024 年 5 月第 2 次印刷
ISBN 978-7-5548-3235-6
定价：88.00 元
质量监督电话：020-87613102　邮箱：gjs-quality@nfcb.com.cn
购书咨询电话：020-87615809

序一

没有人会怀疑“书籍是人类进步的阶梯”，而这个阶梯中最基础、最坚实的那一部分便是教科书。与高头典章相比，孩童们手捧的小课本似乎是微不足道的。但小课本，大启蒙、大学问。课本虽小，意义重大。习近平总书记指出：要大力“培养能够担当民族复兴大任的时代新人”，而教科书正是培养时代新人过程中最重要、最直接，影响最深远的工具。它体现国家意志，承载优秀文化；它传播科学知识，打开每个人心灵的窗口；它于无声处、凝心聚力，培育代代新人，为民族复兴注入持久而深沉的力量。一定程度上可以说，有什么样的教科书，就有什么样的年轻人，也就有什么样的国家未来、民族未来。同样，我们想要什么样的年轻人，想要什么样的国家未来、民族未来，就要建设什么样的教科书。教科书是“小课本”，但关于“小课本”的事却是“国家大事”。正因为教科书的重要性，早在2007年，教科书研究就被石鸥教授称为“最不该忽视的研究”①，这是对于教科书重要性的清晰认识，也同样是对于教科书研究的热切呼吁。

石鸥教授从20世纪90年代起就对教科书产生了浓厚兴趣，他边收藏边研究，执着地走到今天，所藏教科书已具博物馆规模，研究成果不断推出，

---

① 石鸥．最不该忽视的研究：关于教科书研究的几点思考[J]．湖南师范大学学报（教育科学版），2007（5）：5－9．

研究团队日益壮大。2015 年，鉴于教科书研究的重要性，也鉴于石鸥教授领衔团队在教科书研究上的成果和优势，我所在的单位“教育部基础教育课程教材发展中心”与首都师范大学合作，联合成立了“中国基础教育教科书研究与评价中心”，致力于研究基础教育教科书发展和评价中的理论与现实问题。多年来，首都师范大学教科书研究成果丰硕，影响力日益扩大。

摆在读者面前的这套“中国教科书理论研究丛书”，既是石鸥教授团队的又一重要成果，更是理论研究对教科书实践的积极回应，是教科书建设的“及时雨”。确实，很多在教育实践中发现的教科书问题都在提醒我们理论研究的不足，都在倒逼理论研究，都需要扎实的研究为实践提供坚实的理论服务。如何通过教科书传播中华优秀传统文化，培养出德智体美劳全面发展的社会主义建设者和接班人？如何提高教科书质量，满足人民群众对于更高水平、更加优质教育的期盼，让教科书在教学过程中尽可能满足学生多样化发展的需要？如何在教科书中处理好本土化与国际化、政治性与科学性、传承与创新的关系？怎么来评判一本教科书？这些都需要科学的理论支撑。

“中国教科书理论研究丛书”的面世，说明石鸥教授团队对教科书实践的关注。该丛书分为两辑，本次出版的是第一辑，既有对教科书本质、功能和价值等基本理论问题的论述，也包含了从生态学、语言学、美学视角对教科书的专业理论透视和分析，还有专门对教科书研究方法的系统阐述和总结。通过该丛书分领域、专门化地剖析和解读，我们能更清楚地认识教科书这一看似简单实则内涵丰富的文本。该丛书不仅把教科书理论推上一个新的高度，同时也为该领域的一些现实关切和争议问题提供了专业的、科学的解答思路。该丛书的问世对于推动我国教科书研究的科学化进程具有重要意义。

该丛书的第二辑也很值得期待。在第二辑中，各领域的专家将从哲学、伦理学、政治学、心理学、传播学、教科书评价等理论视角和专题领域切入，进一步丰富教科书理论体系。我们有理由相信，这一套“中国教科书理论研究丛书”必将填补我国在教科书研究领域的多项空白，推动我国教科书研究迈上一个新的台阶。恩格斯曾言：“一个民族要想站在科学的最高峰，就一刻也不能没有理论思维。”[①] 经过近几十年的辛勤耕耘，我国教科书研究领域已开辟出一片新天地。祝贺“中国教科书理论研究丛书”的面世，期待以中国话语叙说教科书内容的具有中国特色、中国气派的“教科书学”早日形成。

田慧生　教育部教材局局长

2019 年 10 月

---

① 马克思，恩格斯．马克思恩格斯选集：第 3 卷[M]．北京：人民出版社，1999：497．

一

每一个人，都是在阅读，准确地说是在长时间精读教科书中成长起来的。今天我们绝大多数中国人，一生中至少有12年时间与教科书密切相伴，相当于一生的六分之一（据统计，2015年，中国人人均寿命为73岁，2018年全国高中阶段毛入学率达88.8%）。

教科书是对人类知识浓缩提炼的文本，对读者的影响较为深远和持久。莫言对此感受深刻："让我收益最大的是上个世纪（20世纪）50年代末、60年代初期，我大哥家中留下很多中学语文教材，每逢雨天无法下地，我便躲到磨房里去读这些课本……这些教材虽然很薄，但它们打开了农村少年的眼界……对中学语文教材的阅读还是让我受益终生（身）。"

美国学者多伦曾感叹道："这个国家若没有教科书是难以想象的……教科书是基础或根基的东西。"① 著名学者托马斯·库恩认为"任何一门科学中第

① 瞿葆奎. 教育学文集·课程与教材：下册[M]. 北京：人民教育出版社，1993：113.

一个范式兴起的附带现象，就是对教科书的依赖”。[①] 实际上，不仅学科发展离不开教科书，个人发展更与教科书息息相关。每个人的大部分科学知识、人文社会知识都离不开教科书，我们的世界观、人生观、价值观的获得也直接受教科书的影响。

大量优良的教科书培养了我们的良知，唤醒了我们的渴望，引导着我们向善向上。如果我们读过更好的教科书，一定会成长得比现在更善良、更聪慧，我们的社会一定比现在更和谐、更光明。

对于教科书这一特殊的文本，有人批评，有人肯定，有人紧张，有人害怕，有国家外交抗议，有国家内部查禁……但都非常重视。

确实，一个社会如果不看重教科书，怎么会看重学校？怎么会看重教师？继而怎么可能令学术兴盛、道德兴盛、民族兴盛？

教科书是重要的，但教科书也是复杂的——它传承、保护甚至挽救文化，它让人意识到自由对生命的重要。同时，它也可能欺骗、控制和篡改真相。

因此，必须加强教科书研究，尤其当教科书被公众重视到几近过敏以后。

重视教科书研究，是为了提升教科书质量，其终极意义是通过这一特殊文本使读者有更良善、更光明的发展。教科书对学生们的影响是最直接、最深远的。所以，我们必须擦亮眼睛！将要发生的未来取决于此时此刻我们的孩子们正在读什么教科书；明天我们不想收割的作物，请不要在今天的教科书中播种！

重视教科书研究，是为了促进教科书这一独特文本家族的繁荣。真正的教科书文本繁荣，应有强大的学术评论或学术批评支撑。我国教科书文化长时期的不发达，与教科书评论的缺席或教科书研究的弱势息息相关。我们必须承认，目前的教科书研究进展还是比较缓慢的，它在独立、自律、自成系统方面并未取得突破性进展，没有产生有突破意义的新方法，还不能圆满回答教科书实践中的许多重要问题。这或许可以归因于我们关注得太晚，努力不够，研究角度不恰当，又或许因为教科书太过复杂，涉及的学科太多。所

---

① 库恩. 科学革命的结构[M]. 金吾伦，胡新和，译. 北京：北京大学出版社，2003：85.

幸聚焦教科书文本的研究越来越多。

重视教科书研究，就是要打造一个关于教科书、教科书史、教科书作者、教科书读者、教科书理论、教科书实践的对话场域，进而构建教科书批评体系，或直白地说——构建教科书学。教科书学的构建是一项相对独立的研究活动，在中国，这是一处几近空白的学术领域。好在十余年来，有一批同道学者不离不弃地在这块领域辛勤耕作，收获季节稳步到来。教科书学的构建具备了基础条件，时机逐渐成熟。

教科书学时机趋于成熟有几个标志：一是基本完成了严格意义的中国教科书发展历史的清理，基本搭建了教科书主要理论视野的分支框架；二是逐步实现了教科书研究从编书经验、教书经验向教科书理论的转换，使教科书研究从教材编写论、教师备课论中走了出来，逐渐独立门户；三是形成相对系统的知识话语体系和相对稳定的学科结构形态；四是初步实现教科书理论的专业化转变，有稳定的研究领域、实体对象、结构规模、品牌作品，广泛的社会、学术、教育和意识形态效应，具有其他学科所不可替代的价值。当然，最重要的基础性标志是教科书成为高度重视的研究对象，教科书研究成为越来越热门的学术领域。

从教育科学的学术发展轨迹看，进入21世纪以后，时代的变革与学术视野的拓宽，尤其是基础教育课程改革的推进，成就了课程教学论研究的空前繁荣。学校课程及其主要载体教科书的研究，由学术的边缘向学术中心开始移动。近年来，教科书研究迅速红火起来，成为整个教育学领域生长最快、最受关注的热点之一。

这一现象反映了教育科学学术共同体的变化轨迹。

教科书研究逐渐成为新时期教育科学研究寻觅到的一片新的研究天地，这意味着今日对于教科书文本作为学生成长最重要材料的普遍认同，是对教什么、学什么，对知识本身重视程度全面提升的突出表现，是对“什么知识最有价值”（进而是对“谁的知识最有价值”）的具体化操作。过去，教科书文本只有编写经验的传播和只能执行落实的备课体会，没有真正意义的研究可言，而教科书研究让学界视野与思维得以扩大，也是教育科学学术共同体的一大进步与发展。

当然，对教科书的研究，很难完全归入教育学现有学科领域，虽然教育学在这里起了主力的作用。对教科书这个客体的研究，肯定主要涉及教育学，但也必然涉及历史学、政治学、语言文字学，涉及物理、化学、地理学，甚至心理学、伦理学、出版学、传播学、管理学、美学、音乐、美术、体育学等各个学科。我们高兴地发现历史学家、科学史专家、文学家，甚至有美术学院的专家，都表现出对教科书研究的高度兴趣。这样的跨学科研究是21世纪以来中国社会科学知识，特别是教育学知识增长的最令人瞩目的特点。由此构建的松散而有效的教科书研究学术共同体，也是一个值得学界高度关注的学术现象。

教科书研究是无尽的，永远都有该研究的地方。教科书研究进入学术殿堂并成为严谨的省思决断对象，是学术界可圈可点的事。虽然以前有零散的重要研究，但教科书真正系统的、有规模意义的研究，还是21世纪以来的事。不那么谦虚地说，我们团队在推动这一研究方面发挥了积极的引领作用。我们和全国同仁一道，兢兢业业，不彷徨，不犹豫，执着地往前走，终于走出了可喜的局面——近年来，教科书研究领域已日渐开辟出了一片新天地。教科书研究的中国特色日渐凸显，以中国话语说中国故事，具有中国特色、中国气派、中国风格的教科书学的新时代正在到来。

二

教科书是有使命的！从事教科书研究也是有使命，有担当的。因为有什么样的教科书，在一定意义上就有什么样的年轻人，什么样的国家和民族的未来。

教科书学是有责任的！从某种意义上来说，它是经世之学，不是书斋里的学问，不是象牙塔中的学问。它必须为每时、每日发生在课堂上的学生的学习承担责任。这种责任基于最重要的两种考虑：一是为了学生的未来，也是民族和人类的未来；二是为了学生的当下，每天的自觉学习和身心成长。

基于这一使命和担当，也基于构建教科书学的目的，多年来，我们借助于丰富的藏品，对教科书的近现代发展史进行了系统而卓有成效的梳理，同时一刻也没有停歇地把精力转向对教科书现实问题的系统探究，旨在为教科书的重大现实问题提供理论解析，同时为教科书学的建构构建基本的分支理论体系和奠定重要的学术基础。

本丛书站在新的学术起点上，通过加强教科书研究共同体建设来深化教科书研究，借鉴政治学、经济学、社会学、历史学、文化学、美学、哲学、管理学、传播学、生态学、语言学等学科理论精华，打破不同理论的界限，自觉构建教科书研究的本体论、认识论、方法论体系，力求从基础上推动教科书研究的发展和创新，为教科书学的建立构建基本框架。

该理论丛书分两辑，第一辑包含教科书概论、教科书语言学、教科书美学、教科书生态学和教科书研究方法。

《教科书概论》涉及整个与教科书有关的学问。它首先充分、高度地肯定了教科书的重要性，把教科书看成是一种经典文化。它在人类文明的发展中产生与发展，又反过来作用于人类文明的发展；它传承文化，也创新文化，使文化经典化。为了让文化能够持久、持续，为了文化的更新、创新，为了守护我们人性中最具文化性的一面，教科书的存在必不可少。多亏了教科书，我们明白了人类常常会思考的大部分存在谜题。一本好的教科书，应该具有特定的内容与形式、结构与功能，以及有意义的类型与秩序；一本好的教科书必须处理好，或至少相对平衡若干基本关系；一本好的教科书应该制造期待，并力求满足它们，它应该激起学生打开它并期望一读到底、一阅到底、一翻到底的冲动。在作者看来，教科书研究或教科书学问自身是相对独立的，不是其他学科的附庸，也不是教科书本身的附属形式。研究本身就是一种创造，具有从它所研究的文本中独立出来的特性。教科书研究当然是研究教科书，但其作用却是教科书自身所无法取代的。教科书研究的任务就是要揭示教科书编写和教学使用中的真相与规律。

语言文字是一种特殊的符号系统。语言学理论包罗万象，并且是不断发展的。因此，聚焦文本内容，从语言角度剖析教科书，是一项复杂又艰巨的任务。《教科书语言学》主要借助语用学，特别是系统功能语言学理论进行语篇分析。在说明语言概念的基础上，对教科书语音、识字、词汇、意义、结构、功能、文类特征等方面进行客观描述和阐释，力求揭示教科书语言的特色或规律，从而为教科书内容分析提供新的研究思路。

教科书引领学生向美，激发学生终生向往并创造美好的事物。教科书本身也应当是美的。美的教科书更能给学生以潜移默化、耳濡目染的深度教育。《教科书美学》是关于教科书美的学问，它以美学视角来审视教科书，既是美学在教科书领域的应用，又是教科书研究向美学的升华。在美学的视野中，教科书文本是一种审美对象的存在，教科书的编写是一种审美创造的过程。教师与学生对教科书的阅读、使用则是一种审美创造和审美接受交叉融合的过程。因而，《教科书美学》一书着重探讨“什么样的教科书是美的”“如何对教科书进行审美使用”“如何建设美的教科书”等一系列问题，旨在促进美的教科书的建设。

生态学是自然科学与社会科学的交汇点，它广泛运用于各学科的研究，并逐渐成为一种学术时尚。《教科书生态学》一书就是一种生态学运用的尝试。它运用生态学的原理和方法，结合教科书的研究和实践，描述了教科书生态系统的定义和特征，重点剖析了教科书生态系统的构成要素、环境因子，深入分析了教科书生态系统的一般结构、组织结构，从生态、教育、社会三个层面系统地介绍了教科书生态系统的功能，探讨了教科书生态系统的调控机制及危机应对方法，初步构建了教科书生态系统的理论框架，并从生态学视角提出了教科书可持续发展的策略。

《教科书研究方法》在借鉴和吸收国内外教科书研究成果的基础上，通过吸收新兴的哲学、社会学、语言学、心理学，学习科学方法，引入大数据分析、话语分析、符号分析、设计实验等新概念和新范畴，对教科书研究的方法论和教科书研究的基本方法进行了较全面的论述。它着重探讨了教科书研究的四种主要方法：教科书内容分析法、教科书话语分析法、教科书实验研究法、教科书调查研究法，并分别对这四种研究方法的理论来源、主要类型、实施步骤和应用案例进行了深入探讨。

我们这套书主要提供给这样的读者——他（她）对本丛书的意图以及丛书本身怀有足够多的同情心和道义上的支持，进而不苛求它们的片面或一定程度的肤浅。我先在这里感谢他们的宽容，毕竟这套书中有不少是填补空白的研究，许多系统探索在国内尚属首次，片面和肤浅是不可避免的。我相信，如果我们要等一批高水平的、没有瑕疵的教科书研究的理论著作，我们将会等待很长时间，但我们不能等。

我们的研究犹如手电筒，只能照亮黑暗中的一部分，我们没有办法看到整个黑暗中的所有事物与事件。我们知道，一套放之四海而皆准的教科书研究通则或分析模式并不存在。没有固定不变的教科书研究模式，也没有如终极真理般的教科书理论体系。真正具有生命力的教科书研究是随着实践和思维的不断推进而发展的，那是一种进行着的研究。

这是相对原创性的学术探讨，各书作者都有自己的研究思路，我只对形式方面做了一些统一规整，没有对内容进行全面校考。希望读者能够理解。

这套丛书由广东教育出版社出版是有缘由的。广东教育出版社原社长应中伟先生及社领导班子曾经以高度的敏感性和惊人的魄力，与我们研究团队签订了框架协议，我们的研究成果优先在该社出版。这以后，我们的成果源源不绝地由该社推出并获得良好的社会反响：《新中国教科书图文史》（六卷本，2015）荣获全国教育科学成果一等奖、中华优秀读物奖；《红色星火·中国革命根据地教科书》为根据地教科书的研究奠定了重要的文献基础。

这套教科书理论研究丛书的顺利出版，首先要感谢广东教育出版社的陶己社长、李朝明副社长、程煜副社长、卞晓琰副总编辑的大力支持，感谢原来负责这套书的王际兵先生的看重。在他们的努力下，这套书成功立项为“十三五”国家重点图书和国家出版基金图书。

我尤其要感谢现在的责任编辑林蔺，她的敬业精神令人感动，她的沟通能力让一切困难迎刃而解，没有她的精心呵护，很难想象这套书目前的进展。感谢博士生张学鹏为本丛书的操劳与奉献。

最后，我要特别感谢首都师范大学孟繁华校长和教育部教材局田慧生局长的支持和关心。孟繁华教授不论是在首都师范大学教育学院院长任上，还是今天作为大学的一校之长，都对我的教科书研究给予了全面的支持。而作为我国改革开放四十多年里最早引领教科书研究的专家之一，身为全国教科书的高级管理者，田慧生局长在繁忙的公务之余，欣然应允为本丛书撰写序言，既表明他对教科书研究的高度重视，更显示出他对教科书研究的独特眼光，同时也是对我个人一如既往的支持。我把他们的支持，看成是特别的鼓励与期望。

石鸥

2019 年 10 月，于北京童书阁

目录

绪论

一、教科书研究方法论的重要性

（一）研究的呼唤：教科书研究的发展要以科学的教科书研究方法论作为学术支撑

在世界范围内，教科书研究一直是课程研究领域中比较薄弱的环节。国内学者指出，这种读者最多、影响最广的课程文本却缺乏学术研究，本该受到关注的课程文本长期以来被人们所忽视。由于缺乏教科书研究的积累，缺乏专业的教科书研究队伍，导致“一纲多本”的教科书政策难以真正落实。① 国外学者也提出，目前教科书研究存在理论与方法上的缺失。一方面，缺乏详尽而公认的“教科书理论”，教科书的作用和功能仍未能被人们充分了解；另一方面，教科书研究方法非常缺乏，有待深入研究，在教科书研究的领域中，至今仍未能设计出一套可信的探究方法和工具，也未能发展出一套理想的分类方法。②

无论是自然科学领域，还是人文和社会科学领域，理论研究的突破总是要建立在本学科方法论的创新和发展之上。作为课程与教学领域中最不该忽视的研究，教科书研究的深入推进，也需要以科学的教科书研究方法论作为理论支撑。正如尼科尔斯所说：只有开发出清晰、系统的研究框架和研究工具，才能确保教

---

① 石鸥. 最不该忽视的研究：关于教科书研究的几点思考[J]. 湖南师范大学教育科学学报，2007（5）：5-9.

② 钟启泉. 一纲多本：教育民主的诉求：我国教科书政策述评[J]. 教育发展研究，2009（4）：1-6.

科书研究的深化发展。[1]教科书研究方法论是人们在进行教科书研究时所运用的理论框架、分析步骤和手段方法的总称，是决定教科书研究质量的关键因素。教科书研究应借鉴教育学、社会学、政治学、语言学、心理学、文学等学科的方法论，选择性地吸收其精华并转化成适合研究教科书问题的方法论体系，依据成熟的理论、方法和技术工具，再选择特定的内容进行深入、系统地研究。这种多学科的研究方法，以及相对成熟的理论、方法和技术工具，便是教科书研究方法的基本内容。只有以规范的研究方法和成熟的方法论作为基础，教科书研究才可能客观地阐明教科书的本质特征和影响教科书发展的内外因素，才能最大限度地揭示教科书选编、发展、评价和运用的一般规律，才能树立研究教科书的科学态度和正确价值观。从这个意义上说，开展教科书研究方法的研究是深化教科书理论建设、推进教科书实践改进的重要途径，是推动教科书研究从经验走向专业、从零散走向系统、从追求数量走向提升质量的必由之路。

（二）现实的需要：当前教科书研究方法在规范性和科学性上有待提高

近年来，教科书研究工作者把各种方法应用于教科书研究实践之中，取得了丰硕的成果。但是，目前国内外教科书研究方法的规范性、科学性和系统性不高，还处于初始发展阶段，教科书研究的哲学基础、理论框架及探讨各种具体问题的科学研究方法仍比较缺乏或尚未发展成熟。由于受到教科书研究方法水平的限制，教科书研究工作者还不能科学有效地探索和分析教科书的本质特性及发展规律，进而为改进教科书的编写和教科书质量的提高提供有效建议。在这个意义上，教育研究者必须以严格科学的态度对待教科书研究，加强教科书研究方法的理论探索和体系建设，建立学术共同体中关于教科书研究的方法和理论框架，形成学术共同体的基本研究范式；教育研究者应着眼于提升我国教科书研究科学化水平，致力探讨如何把社会科学、人文科学和自然科学的研究方法转化为教科书研究的方法，如何应用多种方法来成功地指导教育工作者开展教科书研究，在此基础上构建体系化、多元化、科学化的教科书研究方法理论；教育研究者在教科书研究中应从整体提升方法论意识，所谓方法论主要是为人们提供思维方式的科

---

① NICHOLLS J. Methods in school textbook research[J]. International Journal of Historical Learning, Teaching and Research, 2003 (2): 1 - 17.

学理论，教科书研究的方法论是人们认知、理解、解释和评价教科书的一般程式和思想方法，而非各不相同、零散多变的研究方法的随意组合，只有以正确科学的思维方式为指导，才能合理地认识、理解和评价教科书，才能真正推进教科书理论与实践的改进，促进教科书研究范式的创新。

（三）实践的诉求：中小学教科书质量评估及改进需要有效可行的教科书研究方法与分析工具

伴随着课程改革的实施，我国教科书政策从“一纲一本”走向“一纲多本”，由国家“统编制”走向教材“审定制”，由独家出版社“一统天下”走向多家出版社公平竞争、教材多元化。教科书政策的改革有助于推进课程改革的民主化、提升教科书的质量，也是世界教材与课程改革发展的大势所趋。但在现实中，教科书政策在实施过程中却遇到诸多现实问题：第一，教科书编写的雷同化。由于教科书编写人员缺乏先进的设计理念和专业能力，教材的编写和设计仅仅停留在经验层面，缺乏深入系统的研究，由此导致编写出来的教科书雷同僵化、缺乏创新，“一纲多本”流于形式。第二，教科书分析评价制度的缺失。面对市场上良莠不齐的教科书，国家应如何建立科学严格的审查制度来确保教科书的质量，落实课程标准，贯彻素质教育；地方教育行政部门和学校如何准确把握教科书的内容特色，合理选用适合本地或本校师生使用的教科书；教科书编写者和出版机构如何客观地评判教科书使用中存在的问题及其反馈意见，并在此基础上有针对性地修订教科书，以满足中小学校广大师生的需求。解决以上问题的有效途径是建立专业可信的教科书评价机制，而专业的教科书评价机制的建立又必须以科学的研究方法和有效的研究工具为基础。只有以科学方法和有效工具为支撑，教科书研究才能获得科学的研究结论，由此建构的理论和提出的政策建议才能应用于实际的教科书分析评价工作，为教科书编写、评审和选用提供科学依据；只有以科学方法和有效工具为支撑，教科书研究才能不断创新设计理念，探索客观指标评价体系、操作性强的分析工具，使教科书编写、评审和选用超越个体经验和主观判断，真正步入科学有序的轨道。从这个角度上说，对教科书研究方法的探讨是十分必要的。

二、教科书研究方法论的研究意义

探索教科书研究的理论框架和方法途径具有重要的理论价值和实践意义。

1. 理论意义

系统全面地探讨教科书研究方法有助于深化教科书研究。教科书研究是课程研究的核心内容，是确保课程质量的重要环节，我国基础教育课程质量问题在很大程度上体现为教科书质量问题。教科书作为学生学习的重要课程载体，其文本质量和使用效果会直接影响课程的整体水平和质量。教科书研究有助于提升研究者的方法论意识和方法素养，提高教科书研究的科学性水平，进而促进课程与教学理论的创新和发展。

2. 实践意义

系统全面地探讨教科书研究方法有助于满足我国教科书研究工作者对研究方法理论与技术的需要，推进我国教科书研究的科学化和本土化；有助于为国家制定合理教科书政策提供科学依据，推动我国基础教育课程改革；为教科书评价提供科学的分析、评价工具，促进课程教材管理评价制度的规范化和现代化，改进教科书编写工作；提升教师的教科书素养，最大程度上实现教科书的教学功用，提高课程实施效果。

第一章

教科书研究方法概论

第一节　教科书的内涵与属性

教科书是课程与教学的主要载体。教科书不仅凝聚着人类文化、国家意志和科学精神，而且是实现课程目标的物质载体，是课堂中的课程。要探寻教科书的本质，揭示其深层意义，必须运用多元的方法和综合的视角。本书试图从多学科的视角，把握教科书的主要内涵和基本属性，更新和深化对教科书的认识，以期为教科书研究提供理论架构和认识理路。

一、教科书的基本内涵

从词源学来看，中西方“教科书”的产生基于不同的社会历史文化背景，存在一定的差异。

在中国，“教材”与“教科书”是两个意义非常相近的概念。教材是教师据以进行教学活动的材料，是教学的主要媒体。包括文字教材（含教科书、讲义、讲授提纲、图表和教学参考书等）和视听教材。教科书是根据各科教学大纲（或课程标准）编写的教学用书，教科书不等于教材，它是教材的重要组成部分，在教材中使用最广、内容最成熟、比重最大。[①]“三百千”是中国古代儿童的蒙学读物，“四书五经”是中国古代学堂中最重要的教学材料，但它们不是现

① 顾明远. 教育大辞典：第1卷[M]. 上海：上海教育出版社，1990：282-283.

代意义上的教科书。现代意义的教科书是根据学制，依学年、学期、学科而分级分册分科的，并且一般会有与之配套的教授书（教授法、教学法）等教学参考书，这些教学参考书对教师的教学有具体的建议。“教科书”这一名称最早出现在19世纪70年代。1877年来华基督教传教士成立“学校教科书委员会”（School and Textbook Series Committee），负责编撰历史、地理、伦理、算学、宗教等教科书，供教会学校及各地传教区私塾使用。1897年上海南洋公学编辑的《蒙学课本》3册是近代中国最早正式出版的具有教科书体例雏形的自编教科书。19世纪末20世纪初，伴随着新学制的出现，适应新学制新学堂的教科书才大量涌现，并被广泛使用。①②

在西方，与“教科书”相关的三个英文单词分别是“text book”“schoolbook”和“textbook”。“text book”产生最早，是指用拉丁语或希腊语编写的教学文本。夸美纽斯提出了构建“泛智学校”的理想，率先开展了编写教科书的尝试，1658年，他出版了广为流传的儿童读物《世界图解》，是用简短的叙述故事和图片编写的拉丁文教科书。“schoolbook”是指与学制、学期这种教育序列没有密切关系的教学用书，最早出现在18世纪50年代，在18世纪70年代以后广泛使用；“textbook”是指专门为了教学而编写、设计和出版的书籍，直到19世纪30年代，各国政府和新兴资产阶级构建由新学科组成的学校课程体制，这种基于新学制新学科出版的教学用书便成为人们公认的“教科书”。可见，“textbook”更接近于现代意义上的教科书。③

基于不同的理论视角，国内外学者对教科书的界定各不相同，简单概括可以分为两种类型：一种是“工具说”，一种是“综合说”。

持“工具说”的观点，认为教科书是一种作为“教学工具”的书，是为一定的教育目的服务的、承载着特定学科内容的教学用书，教学性是教科书的本质属性。如《教育大辞典》指出：教科书，亦称“课本”“教本”。根据各科教学

---

① 石鸥．最不该忽视的研究：关于教科书研究的几点思考[J]．湖南师范大学教育科学学报，2007（5）：5－9.

② 顾明远．教育大辞典：第1卷[M]．上海：上海教育出版社，1990：283.

③ JOHNSEN E B. Textbooks in the kaleidoscope: a critical survey of literature and research on education texts[M]. Oslo: Scandinavian University Press, 1993: 24.

大纲（或课程标准）编写的教学用书；是教材的主体；是师生教学的主要材料；考核教学成绩的主要依据，学生课外扩大知识的重要基础。通常按学年或学期分册，划分单元或章节。主要由课文、注释、插图、实验和习题等构成。其中课文是最基本的部分。①《中国大百科全书》指出：教科书亦即“课本”，根据教学大纲（或课程标准）编定的系统地反映学科内容的教学用书。教科书是教学内容的主要依据，是实现一定教育目的的重要工具，是师生教与学的主要材料，也是考核教学成绩的主要标准。②《〈基础教育课程改革纲要〉（试行）解读》指出：所谓教科书是在学科课程的范畴之中系统编制的教学用书，它集中反映了国家的意识形态和教育理念。教科书是学校教育中最重要的教材，或是教材系列的主体部分，是衡量一个国家或地区基础教育水准的重要标志。③ 戈文认为，教科书是作为教育“工具”的书。一种教育活动的规定性条件是，教师对要掌握材料意义的学生教授有意义的材料（一般是以书为根据的信息或语句）。这种教学的先决条件是教师预先了解其素材所具有的意义，这意义能通过教师和学生相互作用而分享。这种相互作用可以以下述任何形式去使用教科书：①作为好的思维或情感的准则的媒介；②作为具有潜能可促使新事件发生的过去事件的记录；③作为思想或过程的权威记录；④作为概念或知识（信息）实体的编制者；⑤作为增加意义和丰富经验的刺激物——通过改编已知的东西，如想到的、感觉到的、或吸引人们去探索新的关系模式。不同教育任务就有不同种类的课文素材。④ 弗朗索瓦－玛丽·热切尔和易克萨维耶·罗日叶认为：教科书是一种印刷品，一种介入学习过程，为了提高其有效性而有意加以结构化的工具。⑤ 孙志昌认为，教科书是教学活动文本系统，具体而言包含着逻辑递进关系的三层含义：教科书是

① 顾明远．教育大辞典：第1卷[M]．上海：上海教育出版社，1990：283.

② 中国大百科全书编辑委员会．中国大百科全书：教育[M]．北京：中国大百科全书出版社，1985：145.

③ 钟启泉，崔允漷，张华．为了中华民族的复兴　为了每位学生的发展：《基础教育课程改革纲要（试行）》解读[M]．上海：华东师范大学出版社，2001：188－189.

④ 江山野．简明国际教育百科全书：课程[M]．北京：教育科学出版社，1991：129.

⑤ 热切尔，罗日叶．为了学习的教科书：编写、评估、使用[M]．上海：华东师范大学出版社，2009：34.

“教学之材”，是一个活动方式体系，是一个教学活动文本系统。①

持“综合说”的观点，主张从文化学、出版学、社会学、教育学等多学科的视角考查教科书，认为教科书既是课程的核心内容和教学的支持工具，也是文化、政治和经济间权力博弈的产品。这种观点把教科书看作具有多维属性的综合体，其主要包括四种基本属性：文化属性、商品属性、政治属性和教学属性。阿普尔认为，教科书不仅是“事实”的“传输系统”，它还是政治、经济、文化活动等共同作用的结果。教科书的出版发行受到政治和经济领域中市场、资源、权力等因素的制约。② 克里斯提出，教科书是一种提供了理论知识的权威教学版本的合成商品。所谓合成是指教科书处于文化、教育、出版和社会的十字路口，它是文化、教育、出版和社会的合成。③ 肖邦认为，教科书是一种消费商品，也是学科知识的媒介，也是文化意识的导引，也是教学工具。约翰逊认为，教科书不仅仅是客观的内容，也不仅仅是教学的载体，也不仅仅是文献，也不仅仅是信息，也不仅仅是道德规范，也不仅仅是政治。教科书是公共信息的“海盗”，活跃在社区与家庭、科学与宣传、专题与普通教育、成人与儿童之间的灰色地带。④ 平格尔提出教科书是一种走向国际理解的教育工具，教科书除了传递知识，也尝试确定一个社会的政治文化规范。教科书传达了对社会的历史、规范以及人类生活规范的全球性理解。教科书不应将国家和社会导向偏见、分歧与战争，而应导向民主、和平、人权和自由。⑤

“工具说”和“综合说”虽然对“教科书”的界定存在差异，但是它们都试图从根本上揭示教科书的本质属性。前者主要从教育学的视角出发，把教科书界定为教学工具或教学用书，把教学性视为教科书的本质属性；后者主要从多学科

---

① 孙志昌. 教科书的本质：教学活动文本[J]. 课程·教材·教法，2013 (10)：16－28.

② 阿普尔，史密斯. 教科书政治学[M]. 上海：华东师范大学出版社，2005：2.

③ CHRIS S. Paradigms regained：towards a historical sociology of the textbook[J]. Journal of Curriculum Studies，1994 (1)：1－29.

④ JOHNSEN E B. Textbooks in the kaleidoscope：a critical survey of literature and research on education texts[M]. Oslo：Scandinavian University Press，1993：330.

⑤ PINGEL F. UNESCO guidebook on textbook research and textbook revision (2nd revised and updated edition) [M]. Paris：UNESCO，2010：7.

的视角出发，把教科书界定为文化、政治、经济和教育之间博弈的综合体，把文化属性、商品属性、政治属性和教学属性都视为教科书的基本属性。可以说，教科书的“综合说”包含了“工具说”的主要内涵，而“工具说”阐明了“综合说”中教科书的多维属性之一。“工具说”明确了教科书在课程与教学中的重要地位与作用，揭示教学性是教科书的根本属性，但是忽略了教科书内涵的复杂性和多元性，而“综合说”把教科书置于广阔的文化、政治、经济的背景中，阐明了教科书具有文化性、经济性、政治性、教学性等多维属性，但是没有认识到教学性是教科书的根本属性，它规范和制约着教科书的其他属性。为此，只有将这两种观点综合起来，才能更好地揭示教科书的本质内涵。在这里，我们认为，教科书既是一种基于课程标准编写的反映学科内容的教学用书和教学工具，也是从人类生产生活中选择和撷取的思想精粹和文化要素，也是一种体现国家意识形态和主流文化的“合法知识”，也是一种文化资本与经济资本相统一、符号内容与物质形式相结合的特殊商品。教科书具有多维属性，包括教学性、文化性、政治性、商品性等，其中教学性是教科书的根本属性。

二、教科书的多维属性及其关系

（一）文化属性

教科书作为课程内容的物质载体，包含于文化之中，是从浩繁而庞杂的人类文化中提炼出来的思想精粹，是人类生产生活中最普遍、最基本的文化经验。教科书的文化属性是指其文本承载着文化意识、科学技术、价值观念和行为规范，具有绝对的文化意义。

1. 教科书是学校对文化进行优选和重组的结果

教科书是编写者根据特定的教育价值观对人类文化进行选优汰劣和重新编排的结果。教科书的文化选择遵循着古为今用、洋为中用、取其精华、去其糟粕的原则，主要表现为吸收和排斥两种形式。对于与课程目的同向、有利于学生发展的文化因素，如科学文化知识、高尚的道德品质和良好的行为习惯等，教科书会大力吸收；对于与课程目的异向、不利于学生发展的文化因素，尤其是那些形式上充满诱惑、内容上不健康的信息，教科书则会坚决排斥。因此，教科书作为一种特定的文化，是对人类浩瀚文化进行选择的结果。学生的行为受到遗传和文化双重因素的影响。与生物遗传相比，文化的作用远远大于本能，作为一种手段，它甚至可以代替“本能”对环境做出反应。教科书通过文化选择，向学生传递人类优秀的科学知识、道德规范和审美观念，把人类最精粹的知识内容转化为学生个体的“文化基因”。在学校教育日益普及化、人人接受教育的当代社会，当每个学生都获得了这种“文化基因”时，人类优秀的文化经验便从学生个体传播到社会群体，从一个地域传播到整个国家，从当下生活延续到未来社会，由此也形成了国家的文化传统和民族性格，培养了民族特有的文化心态和生活方式。

2. 教科书是制度化的课程文本和共同的文化标准

什么知识最有价值，一直都是课程改革的核心问题。教科书通过自身的文化选择功能回答了这个问题，即凡是教科书选择和传授的知识一定是最有价值的知识，一定是社会公认的优秀文化，一定是学生未来学习和工作必备的文化基础。一旦某种文化被学校课本所选择和吸收，它就获得了一种学校教育中的制度化身份和合法性地位，就成为现代社会中学生必备的知识要素和文化典范。对于学生而言，只有掌握了这些制度化的课程内容，才能提高自己在未来劳动力市场上的竞争能力；对于国家而言，只有让学生掌握这种课程内容，才能提高全民的文化素养，实现现代化教育目标，弘扬社会主义核心价值观，促进国家的进步和社会的发展。教科书的使用不仅有助于文化自身的传承和创新、发展和进步，而且将以其合理的文化选择和广泛的文化传播极大地影响整个国家和社会的发展。正如戴顿所说，“这些教科书不仅是我国教育工作的共同标准，而且也是我国文化的共同标准：一种向无数方向扩展，但这里是基础或根基的东西。在自己房间里或在校园图书馆某个角落里的大学生，仍然没有脱离这个基础，尽管他可能想脱离，而且他这么想也是理所当然的。”① 教科书是一种宁静的工具，不会发出市场上巨大的嘈杂声，但它引发了一场“静悄悄的革命”：它把一个民族的思想情感和文化习惯保存下来，并让这个国家的年轻人努力挑起这份文明的担子，虽然年轻人来自全国各地，但是他们因具备了共同的文化标准和思想根基成为一个民族。

---

① 戴顿. 教科书在教育中的作用[M]//瞿葆奎. 课程与教材：下册. 北京：人民教育出版社，1988：113.

3．教科书是课堂中文化活化和文化传承的媒介

教师在课堂中使用教科书的过程就是把文化从物质载体转移到主体人的身上的过程，它促进了文化的活化，推动了文化的传承与创新。根据存在形态的不同，文化可以分为存储形态的文化与活跃形态的文化。在学校课程中，静态的存储形态的文化体现为课程方案、课程标准和教科书，它们将课程规划、育人蓝图和课程内容“各就其位”地保存在符号文本之中；动态的活跃形态的文化体现为现实的课堂教学，它是师生在实践活动的基础上通过交往对话促进学生主体性发展的过程。课程实施首先是一个文化活化的过程，它将静态的教材文本转化为动态的教学活动，把存储形态的知识符号外化为活跃形态的课堂文化。通过这一文化活化的过程，课程文化不再表现为静态的文字符号，而是转化为活跃的课堂教学活动；通过这一文化活化的过程，教师把课程文化从物质载体转移至人的载体，将客观的课程内容与个体的主观情感、价值观念紧密联系起来，从而把教科书转化为改变人的思想行为、促进社会发展变革的现实力量。教师传授的教科书与学生学习的教科书不是客观的价值中立的课程知识，而是渗透了个人的价值观念和思想情趣的“体验课程”和“理解课程”，这种“体验课程”和“理解课程”往往赋予教科书文本和文化传统以崭新的意义，促进了学校课程与现实世界的融合，推动了课程知识的活化与人化，实现了学校课程的文化传承与创新。

（二）政治属性

如果说教科书的文化属性要求人们关注“什么知识最有价值”，那么教科书的政治属性则呼唤人们思考“谁的知识最有价值”。从社会学的视角出发，教科书是一种官方知识，在确定“用谁的知识去教育学生”这个问题上发挥了重要的作用。作为一种官方知识，教科书的选择、组织、评价和使用过程中隐藏着复杂的权利关系，是课程场域的权力博弈；作为一种官方知识，教科书的编写和出版受到政府教科书审查政策的控制，其内容体现了主导意识形态和主流价值观；作为一种官方知识，教科书的组织和传递促进了社会文化的再生产，实现了教育的社会分层和社会选择功能。

1．教科书是课程场域中权利博弈的产物

教科书的编制、出版、评价过程往往伴随着各种价值冲突和利益矛盾，需要获得政治权力的支持，体现了社会复杂的权力结构，教科书是课程场域中权利博

弈的产物。以教科书选用为例，教科书的选用受到政府的控制，与整个社会权利结构相关联，是教育行政部门、出版社、学校等不同主体的权利博弈。在我国，教科书实行国家审定制度，由具备资质的教育机构或个人依据课程标准编写教科书，国家审查机构及相关人员对其进行审定，编写人员与审查人员彼此分离，只有经过审定的教科书才能出版发行、供学校选用。在大多数地区，教材选用委员会或教材评议委员会对各地的教材选用产生重要影响，他们代表着国家意志，以课程标准为依据来选择教科书，同时还兼顾教师的使用效果和学生的接受程度。各地出版机构和教材编写专家也会影响教科书的选择，出版社通过组建教科书发行队伍，努力让教材进入“省中小学用书表”，供各地市学校选用。学校的教材选择权则比较有限，习惯于接受上级教育行政部门的安排或教研员的指导建议。[①] 可见，教科书的选用是在教育行政部门（教材选用委员会）、出版社、教科书编写专家、学校之间进行权利博弈后达成的结果。

2. 教科书是国家主流意识形态的体现

教科书是体现国家主流意识形态的课程文本，是传播社会主流文化的知识载体。在一定意义上说，教科书的水平体现着国家水平，反映了国家意志，教科书所呈现的内容应具有公信力和权威性，应与现代社会的发展趋势是一致的。知识一旦进入教科书，就获得了制度化身份和合法性地位，知识的合法化与意义的明确化是同一个生成过程。这种合法化的知识不仅为师生确立了“真理的标准”，提供了“学习的参照”，而且为他们构建了特定的世界观和明确的价值尺度。学生思想意识的提高、精神的进步，乃至国家文明的发展和传承，都是在人们“编写”“使用”和“解读”教科书的过程中发生的。任何国家或民族如果没有教科书都是不可能的，教科书是国家文化教育的基本标准。教科书的传递使学生共处于一种确定的文化意识之中，使他们用共同的价值视角来思考和理解世界，从而形成一种精神互通、相互理解的生命存在方式，由此培养了一代国民。国家意识形态通过教科书内化来进入未来公民的精神世界，这是一笔由知识、道德和审美所构筑的文化财富，是维系国家发展和民族统一的精神内核。在和平发展时期，教科书的传播增强了国家认同感，形成了统一的民族性和国民性；在战争、外敌

① 宁彦锋. 教育变革中的教科书建构[D]. 上海：华东师范大学，2008：75－96.

入侵和自然灾害时期，教科书所传递的这笔精神财富弥足珍贵，它们成为维系个体乃至整个民族生存的精神支柱。

（三）商品属性

教科书是承载着一定课程内容的文化商品，既具有一般商品的基本特征，又具有不同于一般商品的特殊性。恰如阿普尔所言：图书的世界和经济的世界不能分离，图书不仅仅是文化的产物，同样也是经济的产物。①

1. 教科书是一种文化商品

教科书是一种文化商品，具有文化和商品双重属性。一方面，教科书是课程内容的存在形式和课程文化的物质载体，教科书通过知识的选择与重组把文化凝固在文字符号和物质载体之中，促进了文化的保存、维持了文化的生存、形成了文化的积淀，具有文化特性；另一方面，教科书是兼具价值和使用价值的商品。教科书的生产过程凝结着教科书编写者的脑力劳动和体力劳动，是人类复杂劳动的知识产品，具有一定的价值，同时，教科书在客观上能够满足主体人学习和发展的需要，具有一定的使用价值。从经济学的角度来看，教科书价值和使用价值的共存，使其具备商品的基本特征。正如布迪厄所指出的，文化产品既可以表现出物质性的一面，也可以表现出符号性的一面。在物质性方面，文化产品预先假定了经济资本；而在符号性方面，文化产品则预先假定了文化资本。从这个角度来看，教科书是文化性和商品性、符号性和物质性、文化资本和经济资本的统一。作为一种客观具体的文化商品，教科书的出版活动与整个市场有着千丝万缕的联系，体现了教科书市场参与者的意愿与需求。

2. 教科书是一种特殊的文化商品

教科书是一种特殊的文化商品，其特殊性表现为教科书尤其是义务教育阶段的教科书是一种准公共产品或混合产品。教科书作为文化商品，既具有“内部效应”又具有“外部效应”。一方面，中小学教科书的使用可以使学生个体获得收益，有助于学生获取丰富的学科知识，培养他们的实践和创造能力，提高他们在未来社会中生存与竞争的能力，这体现了教科书的“内部效应”。另一方面，教科书给学生带来的收益会外溢给社会，学生素养和能力的发展有助于提高整个社

---

① 阿普尔，史密斯. 教科书政治学[M]. 上海：华东师范大学出版社，2005：6.

会的劳动生产率和文明程度，为国家的政治、经济、文化发展营造良好的环境，这体现了教科书的“外部效应”。正是这种外部效应的存在使得教科书的制作和发展过程具有一定程度的非竞争性和非排他性，使得教科书成为一种准公共产品。作为一种准公共的文化商品，义务教育阶段的教科书的制作、出版、使用的过程因较多地受到政府规制而远离市场流通环节。在我国，义务教育阶段的教科书是一种必须购买的消费品，教科书的出版和选用要接受政府的审查，教科书的价格由政府部门与出版机构共同确定，教科书的使用者与选用决策者相分离。

3. 教科书的商业化运作是传播文化的重要路径

教科书的出版能使课程文化转化成利于传播的教育产品，并能通过出版机构的运作使教育产品在学校中普及，在普及过程中使文化得以传播。中国历史上的“学在官府”，存在注重文献典藏而缺乏流通的现象；欧洲历史上学校教育长期为贵族和教会把持，课本等同于宗教教义，这些均说明古代社会落后的出版技术阻碍了教科书的普及和文化的传播。现代社会中，出版技术的发展推动了教科书的普及和发展，出版的产业化则促使文化资本与经济资本紧密结合，使教科书以商品的形式广泛传播。在以知识信息为核心生产力的现代社会，教科书的商品化运作无疑是实现教育民主、传播文化知识、提高民众素养的重要途径。20 世纪早期，我国新文化运动中曾发生了有关的白话文与文言文的激烈论争。胡适等在北京提出白话文学原则后，上海的商务印书馆等产业机构即投入运作，以白话文印刷的教科书通过商业渠道进入中国的穷乡僻壤。中国各个中小学开始采用白话文的教科书，新的一代文化人以商务印书馆印制的课本接受启蒙。从这个意义上说，白话文乃至整个新文化运动才真正在中国社会确立了根基。[①] 由此可见，教科书的商业化运作推动了“白话文战胜文言文”的历史进程，而现代科学文化也只有通过一定的商业手段转化为商品，才能强有力地渗透到整个社会和民众意识之中。

（四）教学属性

教科书的教学属性是指教科书编写者以课程标准为基本依据，通过学科知识的教学论转换，使其文本具有教师能教会教、学生易学乐学的特点。教科书的教学属性是教科书的根本特性，对其他属性发挥着规约的作用，其他属性都必须通

---

① 余秋雨. 当代都市文化略论[J]. 戏剧艺术，1997（1）：4－12.

过教学性来加以体现。根据使用主体的不同，教科书的教学属性呈现出不同的内涵特征。

1. 教科书是一种师生对话的文本

教科书是编写者对文化世界的叙述和传达，也是教师与受教育者之间进行精神对话和文化交流的文本，受教育者借助教科书，不仅了解自己的文化传统和生存处境，而且了解人类的现实世界和未来社会。从这个意义上说，编写者把知识转换成教科书文本，向受教育者“叙述”自己的文化体悟；教师以个体的生命活动向受教育者“传达”教科书的文化意义；受教育者通过解读教科书，更好地理解自我的生存价值、他人的生命意义和世界的文明进步。教科书只有在与作者、教师、学生的对话中，才能实现师生的精神建构、情感交流和价值生成，教科书的价值不在于给人现成的知识，而在于给人提供创新的起点。对于部分学生来说，教科书可能是他们人生早期唯一能读到的书籍，他们借此了解了“真正”的知识、文化、信仰和道德，理解了个体与自我、个体与他人、个体与社会之间的内在关系。教科书通过强化文化意识、责任心和道德感，帮助学生在未来社会生活中寻找人生理想、明确自己的位置。

2. 教科书是教师教学的支持工具

一般来说，教科书包括学生用书和教师用书。无论是学生用书还是教师用书，对于教师而言，它们都是教师有效开展教学实践的支持工具，它们使教师在教学过程中成功地扮演着专家和权威的角色。

首先，教科书有助于教师更好地掌握特定学段、特定学科的知识内容。教科书是一个“呈现者”，教科书的基本任务是呈现学科领域内的资料；同时，教科书还是一个“解释者”，教科书要解释其所呈现的资料中的种种关系。[①] 由此，教科书可以引导教师掌握基本的学科信息，并向学生提供相关信息，从而为教师教学实践的有效开展提供知识基础。

其次，教科书有助于教师改善教学实践和提升教学效果。与学科专著不同，教科书之所以被称为教科书，是因为教科书具有教学功能，教科书是对学科知识

---

① 戴顿. 教科书在教育中的作用[M]//瞿葆奎. 课程与教材：下册. 北京：人民教育出版社，1988：105－106.

进行教学论转换的文本，具有可操作性，便于教师向学生解读和传达知识结构以及知识结构之间的内在关系，有助于改善教师的教学实践。比如，通过图表、图画或照片的形式呈现知识结构和结构之间的关系；通过创设问题情境激发师生活动；通过设计练习题和思考题来评估学生的学习等，这些都引导着教师将自己的课堂教学与学生学习相适应。

最后，教科书有助于指导教师开展教学活动和课程管理。教科书向教师提供完成特定教学活动所必需的指示说明和手段，使教师能够引导学生按照特定的程序和步骤完成学习任务。在网络技术迅猛发展的现代社会，教科书还会向教师提供多元化的问题情境、课程资源、教学工具和活动形式，鼓励教师根据特定的教学背景采取多种途径开展日常教学。比如，使用英语教科书在指导学生英语写作时，可以提供英语小说、电影、网站等开放性的课程资源，可以建议学生在阅读一篇与课文相关的电影或小说后写出读后感，并给予写作方法的指导。

3. 教科书是学生学习的支持工具

教科书不仅要遵循教师教学的逻辑，更要遵循学生学习的逻辑。教科书是“一种介入学习过程、为了提高学习有效性而有意加以结构化了的工具”①，它不仅要呈现学生在学习中所需的学科知识信息，而且要为学生主动探究、自主建构提供结构化支持。在强调提升学生核心素养的时代背景下，关注学生的学习、激发学生学习的主动性成为现代教科书编制的基本理念。

首先，教科书为学生提供了一种学科知识或学习领域的入门指导。布鲁纳和加涅认为：在学科中存在着一种基本结构，教学目标就是分阶段地确定和再生产这种结构。不管是否存在这样一种学科结构，设计一种学习结构以作为学科入门的途径则是可能的。② 作为学科入门指导的教科书，必须遵循从简单到复杂、从具体到抽象的原则呈现该学科领域的知识信息。通过提供学生学习所需要的基本概念、规则、原理等内容，使学生按照自己的进度掌握知识、达成学习目标。

其次，教科书通过创设问题情境培养学生的实践应用能力和解决问题的能

---

① 热切尔，罗日叶．发展中的教育·为了学习的教科书：编写、评估、使用[M]．上海：华东师范大学出版社，2009：34.

② 戴顿．教科书在教育中的作用[M]//瞿葆奎．课程与教材：下册．北京：人民教育出版社，1988：110.

力。教科书不仅要帮助学生掌握一系列的学科知识，而且还要让他们获取学习方法和实践技能，养成良好的学习习惯。教科书通过创设结构化、综合化、跨学科的问题情境，引导学生主动参与、积极思考，在比较、分析、综合、归类、排序、抽象等活动中形成实践应用能力和解决问题的能力；教科书通过内容的呈现和活动的编排，激发学生自主探究、主动建构的兴趣，使学生能够按照具体背景、以不同的方式开展学习，培养学生能够将知识应用于特定情境、解决问题的能力。

最后，教科书为学生提供了检查和评估其学习状况的工具。教科书中的作业系统包括一系列思考题、练习题和测验题等，其作用就是帮助教师检测学生是否掌握了某些知识和技能，并能应用于不同的情境之中，让教师明确所有学生是否达到足够的学业水平，是否达成了特定阶段的学习目标，有助于教师发现和诊断学生学习时遇到的问题，并采取有效措施改善学生学习状况；同时，有助于学生了解自己的学习状况，并通过复习和查阅教科书促使自己学习进步。

综上所述，教科书具有文化属性、政治属性、商品属性、教学属性，它们之间相互关联、相互作用，使教科书具有文化学、政治学、经济学、出版学和教育学等多重意蕴，深刻地影响着教科书“编写—出版—评估—使用”整个制作和发展过程。教科书的制作和发展既要综合全面地考虑教科书的多维属性，又要在不同阶段侧重关注教科书中的特定属性。我们尝试用图 1 – 1 来表示教科书制作和发展的不同阶段与教科书属性之间的关系。

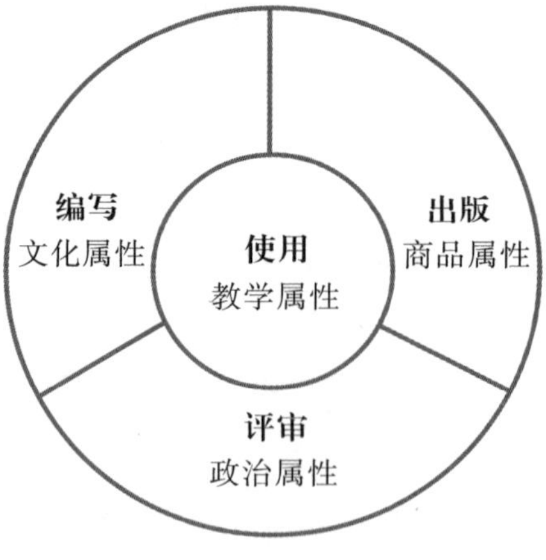

图 1 – 1　教科书多元属性图

如图 1 – 1 所示，教科书编写阶段涉及教科书中学科知识的组织和选择，侧重关注教科书内容的文化属性；教科书出版阶段涉及教科书的发行和市场流通，侧重关注教科书的商品属性；教科书评审阶段涉及教科书的意识形态和价值取向、教科书与国家课程标准的吻合程度，重点关注教科书的政治属性；教科书使用阶段涉及教师向学生传达知识信息，主要关注教科书的教学属性。其中，教学性是教科书的根本属性和基本价值，居于教科书制作和发展的中心位置，无论是教科书的编写和出版，还是教科书的评审和使用，都是以实现教科书的教学性为目的。“教学性”这一本质属性规范并制约着其他属性，指导教科书的制作和发展过程。教科书制作和发展过程的不同阶段、不同主体，只有相互协作才能保证教科书教学性价值的有效实现。教科书的属性及其研究的内容范畴如表 1 – 1 所示。

表 1 – 1　教科书存在属性及其研究的内容范畴

教科书制作过程	教科书的基本属性	研究取径	研究视角	参与主体	研究内容	研究方法
编写	文化属性（学科的教材化）	理想的课程	学科理论	作者、主编、改编者、翻译者	对教科书及辅助材料内容的研究	静态分析（内容分析、德尔菲法）
出版	商品属性（知识的商品化）	发行的课程	出版学	出版商	对教科书的构思、制作、资金投入和发行的研究	动态分析（调查研究）
评审	政治属性（知识的合法化）	正式的课程	社会学	学科专家或官方的教科书审查机构	对教科书有效性的评价，获得官方认可	静态分析（比较研究）

（续表）

教科书制作过程	教科书的基本属性	研究取径	研究视角	参与主体	研究内容	研究方法
使用	教学属性（教材的心理化）	领悟的课程、运作的课程、经验的课程	教育学	教师、学生、家长	对教科书在实际课堂教学中的运用	动态分析（实验研究、调查研究）

第二节　教科书研究的内涵、价值与方法

教科书研究自第二次世界大战以后获得极大发展，它使用广泛的理论、工具和方法，并日渐形成一个成熟的研究领域，但是至今它仍然没有发展成为一门独立的学科。约翰逊指出，教科书研究影响范围广泛，却从来没有建设成为一门独立的大学学科。尽管已有国际认可的阐述教科书开发和生产技术过程的文本，但是教科书研究至今仍没有作为一门独立学科建立相应的理论体系，而方法论的探讨则有助于推动教科书研究成为大学中一门独立的学科。[①] 教科书研究要想成为一个独立的学科领域、发挥更为广泛的社会影响，就要有专门的研究工具和技巧，还要创建完整的方法论体系。

一、教科书研究的内涵与特征

（一）教科书研究的基本内涵

什么是教科书研究？教科书研究泛指对教科书问题的科学研究。同其他科学

① JOHNSEN E B. Textbooks in the kaleidoscope: a critical survey of literature and research on education texts[M]. Oslo: Scandinavian University Press, 1993: 21, 23.

研究一样，教科书研究也是由研究现象、科学理论与技术方法共同组成的，发挥着理论指导、政策调控和文本解释的作用。但是，它特殊的研究对象决定了其独有的内涵特点。所谓教科书研究是在科学理论的指导下，运用恰当的研究方法描述教科书中的现象，分析教科书中的问题，力图揭示教科书编制和使用的内在规律。教科书研究不仅关注教科书文本的编制和改进，而且还关注教科书使用的实际效果，它贯穿于教科书制作和发展过程的始终，具体包括教科书文本内容的分析、教科书的需求调查、教科书的专业审查、新教科书的实验研究、教科书使用的调查等。高品质的教科书研究有助于保障和提升教科书制作活动的科学性与专业性。

为了理解“教科书研究”，我们还应把它与“教科书解读”“教材分析”等相关概念进行比较。“教科书研究”“教科书解读”与“教材分析”都是对教科书中的现象进行分析和理解，但是三者截然不同。从性质上看，教科书研究是研究者通过对教科书中感性材料的加工来探索本质规律的理性认识活动，是一种描述式、解释性的研究活动；教科书解读是对教科书进行的感性认识或思想阐释，是一种肯定式、认同式的宣传解说活动；教材分析是教师对课程标准、教科书以及教学目标、内容、实施和评价各要素进行比较分析，揭示各要素之间的关系和组织原理，是一种教学前的准备活动。从主体上看，教科书研究是以研究人员为主体；教科书解读是以专业人员（教科书编写者、出版社、教研员、师生）为主体；教材分析是以教师为主体。从思想前提上看，教科书研究的前提是把教科书看作客观的研究对象和开放文本，具有改进和完善的空间；教科书解读的前提是把教科书视为当前国家课程政策的重要组成，占据着绝对的权威地位；教材分析的前提是把课程标准和教材视为教学设计的重要依据，是教师备课的前提和核心。从对象上看，教科书研究是针对历史或当前任何类型的教科书；教科书解读主要针对即将发行或正在使用的教科书；教材分析主要针对与教师教学相关的课程标准、教科书和教学参考资料等。从目的上看，教科书研究旨在把握教科书的内在规律，为分析、评价和改进教科书提供理论支撑；教科书解读旨在更好地宣传、推广和应用现有的教科书；教材分析旨在让教师更好地理解教材、运用教材、开展教学。由此可见，教科书研究是一种理性话语或研究话语，教科书解读是一种政策话语，教材分析是一种实践话语。

表 1－2　教科书研究、教科书解读和教材分析的区别

概念	性质	主体	思想前提	对象	目的
教科书研究	描述式、解释性的研究活动	研究人员	有待改善的研究对象	历史或当下的任何类型的教科书	探究教科书编制和发展的客观规律
教科书解读	肯定式、认同式的宣传解说活动	专业人员（教科书编写者、出版社、教研员、师生）	具有权威性的课程文本	即将发行或正在使用的教科书	宣传、推广和使用现有的教科书
教材分析	教学准备活动	教师	教学设计的重要依据	与教学相关的教科书和参考资料	理解和使用教科书

（二）教科书研究的主要特征

1. 教科书研究是一种科学研究

教科书研究是研究者在相关理论的指导下，运用一定的科学方法，遵循一定的科学研究程序，通过分析和重构教科书文本探寻教科书的本质规律。

科学的教科书研究有其先行的形而上学的前提假设，并受到这些前提假设的制约。塞兰德认为，教科书研究要成为一种科学的活动，必须建立五个基本假定：第一，在我们的意识之外存在一个客观的世界；第二，教科书是对客观世界的社会重建；第三，教科书在根本上是由制度（如教育体制）决定的；第四，教科书适应制度化定义的需要，具有其自身的内在结构；第五，可以通过解析重构教科书，探寻教科书文本与外部世界、教科书与其他文本（如科学著作）之间的关系，以此分析一本或一套教科书所体现的典型思想（观点、解释模式等）。[①] 前两条说明了教科书与外部世界之间的关系，教科书是对外部世界的解

① SELANDER S. Towards a theory of pedagogic text analysis[J]. Scandinavian Journal of Educational Research, 1990（2）：143－150.

释和反映，如果我们不能把教科书文本视为一种对应外部世界的事实或解释，教科书就不会有任何客观参考价值，教科书研究也会丧失意义。第三、四条揭示了教科书与其他文本之间的区别，作为学校教育制度的产物，教科书具有特定的内在结构。否则，学生就不可能通过学习来把握教科书的基本思想，教师的教学活动也失去了依据和支持。第五条揭示了教科书研究的本质，教科书研究就是通过构建一种分析框架来探寻文本与世界的双重关系：一是检验教科书与外部世界之间的“一致性”关系，探讨教科书是否客观正确地呈现了客观世界，教科书对于客观世界是否给出了有效的理论解释。二是考察教科书与其他文本体裁（科学著作或文学小说）之间的关系，探讨学校应该教什么知识，当学科知识转换成教科书时，知识结构发生了什么样的变化。

以上前提假设提供了教科书研究对象的性质假设，是开展教科书研究认识论的前提。在此基础上，教科书研究就是要通过系统的实证分析和严谨的逻辑推理，发展一种能够解释教科书中各种现象的科学理论、抽象化模型或概念框架，从而增进人们对教科书问题的理解。与自然科学研究不同，教科书研究也许难以发现具有普适性、规律性的“宏大理论”，但是可以通过分析和探讨特定的教科书现象，发展出有助于解释教科书相关问题的“解释模型”或“中层理论”。[①]这种“解释模型”或“中层理论”介于教科书的科学理论与经验描述之间，它是对部分教科书现象和问题的抽象，而人们在现实中观察到的教科书问题大致可以被这些理论或模型所解释。科学的教科书研究使我们对教科书的理解建立在可检验的模型和理论基础之上，有助于我们科学地解释教科书问题和开展专业的教科书研究，使我们观察教科书现象时具有专业的“理论视角”，并以专业批判与科学探索的方式推动教科书的发展和进步。

2. 教科书研究是一种文本分析

教科书研究是对教科书文本自身的研究，是一种静态的文本分析。与其他的文本分析不同，教科书研究以课程标准或教学大纲作为基本参照，是一种课程文本分析。

作为一种制度化的课程文本，教科书只有符合国家的教育目的并遵从学科的

---

① 默顿．社会理论和社会结构[M]．南京：译林出版社，2008：50.

课程标准，才能最大限度地促进学科教学活动。教科书与课程标准或教学大纲密不可分，两者的关系体现为：一方面，教科书应该以课程标准或教学大纲为指导，应包括国家课程标准所强制要求的最低限度的学科内容；另一方面，教科书还应与课程标准或教学大纲保持一定的距离，通过连接、重组和发展学科内容，实现学科内容的教学论转化和可操作化，真正地促进学科教学。从这个角度来看，教科书研究是以国家课程标准或教学大纲为主要指导，通过分析和阐释教科书文本，探讨教科书中可观察的现象和问题，提高教科书的质量，更好地完成学校课程的任务。教科书研究的开展必须以课程标准、教学大纲为重要依据，关注教科书与课程标准之间的一致性。

教科书具有文化性、教学性、政治性和商品性等诸多属性，不同的属性决定了教科书文本分析的不同内容。从文化性的视角出发，教科书是对文化知识的选择和重组，是学科内容的物质载体，教科书研究应探讨教科书文本所涉及学科内容的广度、深度和难度，内容选择的指导思想和基本原则，所选内容与课程标准的吻合程度等；从教学性的视角出发，教科书是为了提高教学有效性而有意结构化的工具，教科书研究应分析学科内容组织的科学性、合理性和准确性，内容呈现的开放性、生成性和启发性，文本表达与学生学习心理规律的符合程度；从政治性的视角出发，教科书是主流文化和意识形态的体现，教科书研究应探讨教科书文本内容体现的价值取向和文化意识，教科书在增进学生的国家认同和国际理解方面的作用，教科书在滋养学生的爱国精神和人文情怀方面的效果；从商业性的视角出发，教科书应满足出版者、使用者、编制者等教科书市场主体的意愿和需求，教科书研究应分析教科书的编制与学校资源环境的适应程度、教科书的投入发行与社会经济发展的适应程度。概而言之，教科书的文本分析是对教科书文本的内容、结构、价值和可接受性等问题的研究。

3．教科书研究是一种教学分析

与单纯的学术研究不同，教科书研究还是一种与课堂实践密切相关的教学分析。对于教师、学生和家长而言，教科书就是课程在课堂教学中的实际呈现形式，在课程与教学实践领域占据中心地位。教科书不仅是读者较广泛、内容较成熟、知识较基础的出版物，而且是“教师教”和“学生学”的主要依据；教科书不仅体现了课程标准，而且还规定了教师的教学方法，是学校课程从政策话语转化为实践活动的重要中介，是影响学校课程实施的一个主要因素；教科书不仅影响着教师教什么，而且还影响着教师怎样教，是课堂教学中师生互动的中心环节；教科书不仅是学科内容的集中体现，而且是教学过程中重要的教学工具。联合国教育、科学及文化组织（简称“联合国教科文组织”）指出：“教科书和学习资料在学习过程中发挥着重要作用”“学生与教科书互动的深度和质量是全世界公认的实现学业成功的一个重要因素”“如果学生不使用教科书，那么这些高质量的学习资料是毫无用处的”；因此，应“确保教科书研发工作在优质教育框架中开展”。[①] 从这个角度出发，教科书研究不仅需要静态的文本分析，而且需要动态的教学分析。

教科书的教学分析就是在教科书实际使用中，探讨教科书与教师、学生、课堂环境、教学目的等因素的相互作用及其结果。教学分析是一种动态的教科书研究，它充分考虑教科书使用者的实际情况，兼顾教师教学和学生学习的双重需要，探讨教科书的使用方式和使用效果，教科书易于教和便于学的特性，教科书与学生知识水平的适合性，教科书为学生自主学习提供的支持，教科书对教师选择教学策略的影响，教科书在提升教师教学效果方面的作用，教科书语言的可读性等问题。

平格尔指出，许多国家中不同的主体对于教科书问题的关注视角是不同的。历史、地理、社会科学类的大学教授主要关注教科书文本内容分析，而中小学教师更加关心如何将特定的学科知识传递给学生。自 20 世纪 80 年代后期始，联合国教科文组织在教科书研究中运用了参与性更强的行动研究模式，包括学习者、家长及社区成员在内的教科书使用者，被邀请和鼓励同教科书作者、出版商一起发现问题并提出建设性意见。国际教科书研究项目的经验表明，学术专家和教师能够且愿意合作是最重要的，学科导向专家的专业知识与教师的教育经验必须给予同等重要的地位。[②③] 由此可见，作为一种科学的研究活动，教科书研究需要

---

① UNESCO. A comprehensive strategy for textbook and learning materials [M]. Paris: UNESCO, 2005: 7 – 13.

② PINGEL F. UNESCO guidebook on textbook research and textbook revision (2nd revised and updated edition) [M]. Paris: UNESCO, 2010: 31.

③ UNESCO. A comprehensive strategy for textbook and learning materials [M]. Paris: UNESCO, 2005: 31.

跨越理论与实践之间的鸿沟，促进专家与教师的合作对话，实现文本分析与教学分析的统一。

二、教科书研究的重要价值

（一）学术价值：教科书研究可以促进课程与教学的理论创新

教科书建构了国家文化的基石，它不仅是一种静态的文化符号和课程文本，而且是一种动态的、旨在实现育人功能的文化实践形式，参与到知识传播、社会发展和思想变革的历史过程中，具有历史性、文化性和实践指向性。实际上，教科书不是一种普通的文本，它以“官方知识”和“合法知识”的身份参与到课程改革和教学实践之中，将宏观的教育战略转化成可供学生吸收的营养知识，发挥着巨大的育人功用。研究者们或是透过孩童手中的小课本来解读学校课堂中的知识启蒙和文化传播对国家发展的巨大力量，或是从课本内容、形式、价值的演变来探寻国家社会文化发展的脉络和起点。从这个角度来看，教科书研究在本质上是以课程知识的微观视角切入国家宏观的社会史和文化史的研究。教科书研究不是一个纯粹的教育学研究，而是裹挟着历史反思、文化重构、思想梳理等社会学、历史学、政治学、思想史等多个学科视角的探索。它试图将学科知识的组织、选择、演变与更加广阔的社会历史事件联系起来，理解教科书在国家文化建设和现代文明发展中不可或缺的作用。在新时期开放多元的文化语境中，教科书研究超越了传统的教育学领地，把历史学、社会学、文化学、政治学等跨学科视域引入课程与教学研究之中，消除了知识与实践、个人与国家、教育与政治之间的阻隔，推动了课程与教学研究的理论创新。

（二）技术价值：教科书研究可以为教科书编审和评价工作提供技术支持

伴随着教科书政策从“一纲一本”向“一纲多本”的转变，一方面，独家出版社“一统天下”的局面被打破，教科书市场焕发出勃勃生机；另一方面，我们面临着教科书设计理念和技术落后、教科书雷同现象、教科书质量参差不齐、教科书开发专业队伍及专业素养准备不足等问题。比如，在教科书编写上，教材编写者编写教科书仅仅停留在经验层面，缺乏深入系统的研究，由此导致编写出来的教科书雷同僵化、缺乏创新；在教科书评审中，由于缺乏科学的评价工具和统一的指标体系，较多地依赖评审者的主观判断和个体经验，导致教科书质量参差不齐、缺乏特色。这些事例表明，我国缺乏教科书研究的积累，缺乏专业的教科书研究，也就难以在教科书开发的理念和技术上获得创新。要深入推进课程改革，有效提高教科书质量，就需要加强教科书研究，并把研究成果有效地应用到教科书实际工作中。教科书研究不仅可以革新人们的课程观念和教材理念，而且可以为教科书的编写、评价和选用提供科学的方法、工具和技术支持。只有大胆地运用新方法和新工具，将科学可行的方法和客观的指标体系应用于教科书分析评价工作，才能推动教科书编写和评审工作的科学化和现代化，才能真正提升教科书的品质；只有不断地引入新理论和新概念，才能推动教科书设计理念的创新，才能探索出客观的评价指标体系和操作性强的分析工具，才能使教科书评审和选编超越个体经验和主观判断，真正步入科学有序的轨道。

（三）社会价值：教科书研究可以推动我国基础教育课程教材的整体改革

教科书在基础教育课程改革中占据重要地位。对于课改决策者而言，课程标准只有转化成教科书，才能进入中小学课堂；对于课改实施者而言，只有对教科书中的内容、要素和原理进行合理分析，才能利用教科书在课堂中落实课程改革的思想；对于课改评价者而言，教科书的质量评价是基础教育质量评价的重要组成，教科书本身也是开展基础教育质量评价的重要依据。每一次课程改革的实施都会伴随着新教科书的编写和出版，教科书知识的选择、传递、应用和评价的过程，就是课程改革从理想蓝图落实到课堂教学，从政策文件转化为教学实践的过程。因此，教科书的改革问题从根本上体现了中小学课程改革的问题。

教科书研究是把握和推进学校课程改革的出发点，是学校课程改革取得成效的前提和保障。教科书研究通过探索教科书政策、教科书编写、教科书评价、教科书使用等方面的改革途径，增强教科书政策制定的科学性，提升各科教科书的编制质量，推动我国基础教育课程教材的整体变革。比如，近年来有学者从晚清西学教科书引进开始到中华人民共和国成立直至21世纪的课程改革，对我国百年教科书内容和形式的发展演变进行了全面地梳理，第一次对教科书发展历程进行了全面系统地考查，为我国新时期课程教材改革提供了历史经验和思想基础；还有学者对我国现行教科书蕴含的性别偏见、道德观点、政治意识、价值取向进行内容分析，揭示教科书文本与社会文化环境之间的关系，对改进我国教科书的编写工作、提升教科书的质量发挥了重要作用；还有学者对我国教科书的管理制度、教科书的使用情况和实施效果进行了实证调查研究，揭示了主要问题和深层原因，直接推动了课程教材管理的规范化、课程教材实施的科学化。[①]

三、教科书研究的方法论路径

（一）采取“集大成”的跨学科研究范式

长期以来，教科书都是一个多学科研究领域，不同学科基于自己的理论视角探讨教科书问题，提出了探索教科书本质的不同路径。这种多学科研究不仅为教科书研究引入了新理论、新概念和新方法，促进了教科书研究与其他学科的交叉融合，而且推动教科书研究从单一线性的思维方式转向多元复杂的思维方式。但是，这种多学科研究大多是零散、片面和不系统的，仅仅给教科书研究带来了“片面的深刻”。当其他学科的研究者进入教科书领域时，他们关注的往往是与本学科相关的教科书问题，如社会学家关注的是教科书的意识形态和价值取向；出版学家关注的是教科书中的技术因素、市场因素和制度政策调控；历史学家关注的是教科书发生、发展的历史进程和文化演变；学科专家关注的是教科书中学科内容的选择和组织等。因此，教科书和教科书研究成为一个变幻莫测的“万花筒”，成为其他学科理论的案例。教科书的多元属性及其多学科的研究视角推动了教科书研究的繁荣和发展，但是并没有给教科书研究构建统一的理论基础和独特的方法论。

现代教科书研究应采用“集大成”的跨学科研究范式。现代教科书研究不是对多种学科思想的简单拼凑和机械组合，而是在理解和接纳多元化学科知识的基础上，打破学科壁垒，实现思想的深度整合与融通，通过探寻学科间共同的理论基础与方法论原则，推动教科书研究的科学化发展。从理论基础来看，教科书研究起源于诸多不同的学科，是一个跨越文化学、出版学、社会学、教育学等多个学科的研究领域，涉及人文科学、社会科学和自然科学等诸多领域，具有多层次、多视角的特征；从研究对象来看，教科书研究的对象是复杂多变的，教科书研究既要分析教科书文本、练习设计、插图编排、助读系统、印刷装订等静态内

① 王攀峰．教科书研究方法的现状、问题与建议[J]．课程·教材·教法，2017（1）：34－47．

容形式，又要分析教科书形成、使用和发行的动态流通过程。由于教科书和教科书研究涉及不同的学科知识、不同的主题内容、不同的历史时代，文化学、出版学、社会学、教育学、哲学、历史学以及相关的自然科学都为教科书研究领域提供了理论基础和方法支持。为此，教科书研究者必须采用跨学科的研究范式开展研究，通过打破学科界限，在理解和精通多个学科知识的基础上，对具体的教科书问题进行不同视角地探讨，使多学科的理论和方法形成“合力”，从根本上推动教科书研究的发展和创新。

教科书研究走向跨学科研究范式，必须具有自觉的方法论意识，必须不断吸收新兴的哲学、出版学、社会学、文化学和教育学等多学科的理论与方法，注重扬长避短，综合运用各种理论和方法；教科书研究走向跨学科研究范式，还必须面向现实、面向其他学科知识体系开放，多角度地分析和研究教科书问题，使得教科书研究获得一种宏观的理论视野，从深层上推进教科书理论与实践的长足发展。

（二）打造完整的教科书研究方法论体系

在哲学上，方法具有丰富的内涵，它不仅是通达本体的途径、达到目的的手段和方式、联结主客体的中介物，还是一种独立的理论意识，超越了器物层面的中介形式，能够达到对事物本体的直接把握。从这个角度来看，教科书研究方法不仅是一种具体的手段和技术，它在本质上是贯穿教科书编写、出版、评估和使用这一总体过程中各环节的理论意识和分析活动；教科书研究方法也不仅仅是一种以手段和途径形式存在的研究领域，也是作为整体的教科书分析方法模型或教科书研究体系而存在的独特领域。

教科书的多维属性要求我们采用多类型、多层次、多视角的方法开展教科书研究。现代教科书研究受到哲学方法、社会学方法、文化学方法、教育学方法等的影响，不再呈现出零碎的、分散的形式，而是在吸收融合各门社会人文学科方法的基础上，将其他学科的研究方法逐渐整合成一个适合教科书研究的完整有机的方法论系统。这个方法论体系大致可以分为三个方面：第一，方法论，这是指导教科书研究的理论基础和思想方法，包括基本理论、研究逻辑、思想原则等；第二，研究法，贯穿于教科书分析和研究过程的基本程序；第三，具体方法与技术，在教科书研究某一阶段使用的方法、技术和手段。教科书研究方法是一个有机的整体，如果说方法论是整个方法的灵魂，指导教科书研究的方向，那么研究法则是教科书研究的实施过程，体现出教科书研究基本的分析程序和研究步骤，而具体的方法与技术则是教科书研究方法的实际运用。教科书研究应注重宏观与微观、整体与具体相统一的原则，教科书研究方法是对一定的课程理论或学习理论的创造性运用，也是依照教科书分析的特定阶段运用的相应的具体方法或技术手段。因此，一方面在教科书研究中应该贯穿方法论精神，另一方面要努力做到“具体问题具体分析”。

（三）构建“理论—现实—历史”的三维研究框架

教科书研究者应坚持“理论引导”“现实指向”“历史反思”的原则，应在“理论—现实—历史”的三维空间中把握教科书问题。

首先，“理论引导”是指坚持理论在教科书研究中的指导和解释功用，提高教科书研究的理论思维能力。与传统研究不同，现代科学意义上的教科书研究不再停留于经验层面，而是上升到科学理论的思维水平。科学化的教科书研究必须以一定的理论原理为基础，构建一系列高层次、包容性强的理论框架，形成普适性和整体性的方法论原则，从多方面、多视角、多方位考查教科书问题。这种理论框架和方法论原则是不同学科对话和交流的深层根源，是推动教科书研究发展的“合力”。缺乏理论整合和方法论指导的教科书研究，不是真正科学意义上的教科书研究。

其次，“现实指向”是指教科书研究的目的在于用理论解决实际问题，改进教材编写和教学实践，为课程政策的制定提供依据。戴顿指出：教科书是为学生设计的某一学程的学科内容的书面性指导材料，这是教科书明显的本质特征。①可见，与科学专著不同，教科书的主要功能在于为学生提供某种学科领域的入门知识，提供为达到特定教学目标学生所必须掌握的内容，它必须遵循学生的学习规律。同时，教科书以中小学教师为主要使用者，还应有助于教师准确把握学科知识，循序渐进地开展教学活动。以此为基础，教科书研究不仅应注重内容的科学性和先进性，而且要关注学生学习的适用性和教师教学的有效性；教科书研究

① 戴顿．教科书在教育中的作用[M]//瞿葆奎．课程与教材：下册．北京：人民教育出版社，1988：105.

不仅要探讨教科书中应如何组织科学知识、融入科学思想，而且要考虑教科书内容如何适应广大学校教育的现状、满足多数教师和学生的需要；教科书研究不仅要发展科学的教科书理论，而且要将最新的研究成果和科学理论应用于教科书的编写工作中，提高教科书的编写质量，更好地完成课程改革的任务。在某种程度上来说，课程实施的效果是检验教科书研究水平的重要标准。为此，教科书研究只有指向现实、着眼于我国丰富的课程与教学实践，才能从理论与实践的融合中寻找研究的生长点，推动教科书研究进入一个创新和变革的时代。

最后，“历史反思”是指对教科书发展、演变的历史事件进行梳理、分析和整理，从整体上明晰教科书发展的历史进程和主要问题，揭示教科书发展的历史规律。以史为鉴是为了更好地前进，通过对教科书历史发展进程的考查，有助于探寻我国教科书发展的历史规律；通过剖析不同时期各类教科书内容和形式的特征及其演变，有助于我们从历史发展中寻求教科书质量评价标准的演变；通过阐明不同时期教科书的历史背景、学制政策、编制过程和使用情况，有助于我们理解学制与教科书发展之间的内在关系。在反思历史的过程中，通过批判性地继承和创造性地发展把握现实、展望未来，从而与时俱进，不断开拓教科书研究的新视域和新领地。

“理论—现实—历史”的三维空间是教科书研究的重要分析框架。作为一种科学的研究活动，教科书研究需要跨越理论与实践、历史与现实之间的鸿沟，促进专家与教师之间的合作对话，实现理论研究与经验分析、现实探讨与历史研究的统一。只有将高位的理论研究、现实的实践探讨和百年的历史追溯相结合，才有助于人们把握教科书的本质特征和基本属性，发挥其传承文化、启迪民智、增益教学的实际功用。

（四）运用多元互补的研究方法

多元互补的跨学科研究方法将成为主要的教科书研究方法，现代教科书研究方法应遵循“质”“量”并重、“纵”“横”贯通、“动”“静”结合的主要原则。

（1）“质”“量”并重，教科书研究注重量化研究与质性研究的结合。量化研究包括频次分析、篇章分析、难度分析、深度分析和广度分析等，它可以用于研究教科书中某个人物、主题或概念等相关类目出现的频率、教科书中阐述某个人物、主题等相关类目的文字篇幅、教科书内容的难易程度、教科书的思维深度、教科书所涉及学科领域或知识点的广泛程度等。这可以揭示教科书知识选择的价值标准、重难点及其与课程标准的吻合程度，为教育部门及教师选择、使用和评价教科书提供理论参考。作为对量化研究的补充，质性研究包括解释学分析、话语分析、价值取向研究等，它可以揭示教科书文本中难以测量的内容。比如，教科书中隐藏的基本假设和意识形态，教科书传达的价值和意义，教科书的内在呈现形式等。质性研究更大程度上取决于研究者的价值观念及其对教科书的理解，没有严格的分析步骤，是一种叙述性研究。

实际上，量化研究与质性研究在教科书研究中是相辅相成的。吉尔伯特指出：量化分析具有较高的信度，其对分类规则的明确界定、编码员的训练及其相关设计步骤使之成为一种低干扰的分析步骤。然而，选择哪些文本内容进行分析则是一个具有较高干扰性的步骤。① 选择哪些文本内容进行分析实际上是一个质性研究的问题，为此，量化研究与质性研究的结合在教科书分析中十分必要。作为一种最常用的教科书研究方法，内容分析便是量化研究与质性研究完美结合的典范。内容分析是采用量化分析的方法了解教科书文本的特征，以此获取质性的结论，推论教科书所蕴含的意义或分析其背景、原因和变化趋势，是一种“质”与“量”并重的研究方法。

（2）“纵”“横”贯通，教科书研究既要开展横向研究，又要开展纵向研究。教科书研究要注重开展横向的比较研究，应尽量涉及不同地域范围、不同类型的教科书，通过对不同地区、不同国家教科书及其相关问题的横向比较，揭示不同版本、不同国家教科书在编写理念、内容结构、编排体例和版面设计上的异同，吸收先进的理念方法、为改进本国或本地教科书提供借鉴。同时，教科书研究还要开展纵向的历史研究，探讨教科书中的主题内容、结构体例、功能地位在历史发展中的变化，考查不同时期的教科书中社会历史、地理和政治形象的演变，揭示教科书与社会历史转型的深层关系，探寻教科书在历史发展中发挥的社会作用。

（3）“动”“静”结合，教科书研究强调静态分析与动态分析的统一。静态

---

① GILBERT R. Text analysis and ideology critique of curricular content[M]// S DE CASTELL. Language, authority and criticism: readings on the school textbook. London: Falmer Press, 1989: 61 – 73.

分析是将教科书视为一种静态文本内容，从文化学、教育学、心理学等视角出发，对教科书的难度深度、练习设计、文字插图、助读系统、单元编排、印刷制作等方面进行分析，揭示教科书在文化知识、思想道德、认知发展和出版编制等方面的现状和问题。如果说静态分析是将教科书置于课堂教学之外的研究活动，那么动态分析则是将教科书置于课程实施背景中的研究活动。动态分析关注教科书与教育目的、教学活动、教师、学生等各种影响因素的相互作用，旨在了解教师、学生及教研人员对教科书的看法，社会大众对教科书的认同，教科书的实际使用效果，教科书从编写、审查、出版到市场流通的整个过程。动态分析是对教科书在课程行进中的见证。

总之，在教科书研究中，不同的方法不是相互排斥的，而是相互支持、联合一致。教科书属性的多元特质、研究领域的复杂性和分析目的的差异性决定了教科书研究应采用多元互补的方法，应依据研究问题的性质和特点选择其适用的方法。

第二章

教科书研究范式的发展

课程改革与教育思想是推动教科书发展的直接动力，不同时代的社会生活、知识发展和课程实践状况是推动教科书研究范式和方法转换的动力。在思想和技术日新月异的时代氛围中，教科书研究范式和方法日益成为教科书研究者探讨教科书、反思教科书、研究教科书，进而提高教科书质量的重要课题。这就要求我们在开展教科书研究时应具有方法论觉悟和理论意识，把握教科书研究发展的理论范式和方法形态，探寻教科书研究范式与方法转换及变革的一般趋势。

第一节　教科书研究范式的历史发展

一、教科书研究的主要范式及发展

（一）范式与教科书研究范式

库恩在探讨科学革命的结构时提出了“范式”这一重要概念，导致了科学史和科学观的深刻变革，也广泛地影响了其他学科知识领域的发展。库恩认为，“范式”是指某个科学共同体在其学科领域或专业实践中共同持有的价值信念、基本理论、基本定律和具体方法，以共同范式为基础进行研究的人，都会以同样的规则和标准开展科学研究实践，“范式”为该学科研究提供了理论模型和结构框架，是该学科延续和发展的先决性条件。在库恩看来，历史上科学的发展不是一个科学知识累积增长的过程，而是一种范式通过革命向另一种范式过渡和转换的过程，这种“范式转换”不是新范式对旧范式的修改或扩展，而是一种结构性、整体性的科学革命，是在新的基础上重建该研究领域的过程，这种重建改变了研究领域中的基本理论、方法模式及实际应用，也改变了该专业领域中的研究视野、研究方法和发展方向。当每次科学革命改变了经历革命的共同体的历史视角，那么视角的改变将影响革命之后教科书和研究著作的结构。[①]

库恩提出的“范式”及“范式转换”的思想具有广泛的认识论意义，不仅自然科学的发展受到范式的影响，而且社会科学领域中的教科书发展也受到范式的制约。在一定历史时期，教科书内容的选择、组织以及教科书的生产、发行、使用、评价都受到教科书研究范式的影响，具体而言，教科书研究范式具有如下三方面特征。

（1）教科书研究范式规范着教科书发展的方向。教科书研究范式在教科书的内容选编、生产发行和使用评价方面起着指导规范的作用，它不仅提出了教科书内容选编、政策制定的指导原则和思想基础，而且还提供了教科书使用的标准和方法。任何教科书的编制、生产和应用都是基于一定的教科书研究范式，从这个角度来看，教科书研究范式规范着教科书发展的方向。

（2）教科书研究范式展示着教科书发展的历史进程。随着人类社会和教育实践的不断发展，教科书研究也经历了由不成熟到成熟、从零散化到体系化的发展历程。研究范式的革新是推动教科书研究发展的重要动力。如果说科学革命是科学范式的转变，教科书研究的发展就是教科书研究范式的转换。可以说，没有教科书研究范式的转换就没有教科书研究的发展。教科书研究在不同历史时期有着不同的范式，不存在一种永恒的范式。探讨教科书研究的范式转型是认识教科书史或课程史的一个重要途径。

（3）教科书研究范式提供了教科书研究的共同基础。教科书研究范式是一个时期教育研究共同体对教科书研究领域所应遵循的基本规则和结构框架达成的共识。通常一个时代只有一种受到共同认可的研究范式，伴随着历史的发展，原有的研究范式会受到质疑和批判，新的研究范式开始涌现并得以倡导，新旧研究范式的冲突引发教科书研究的进化和革新。对教科书研究范式的探讨是一种回归原点的研究，对于寻求教科书研究的理论起点和思想基础具有重要的意义。

---

① 库恩．科学革命的结构[M]．北京：北京大学出版社，2003：5.

（二）教科书研究范式的发展与演变

教科书研究产生于第一次世界大战结束后，距今约一百年的历史，但是关于教科书问题的探讨早已有之。最初关于教科书的研究是通过哲学思辨的方式进行，后来经过拉米斯、夸美纽斯、赫尔巴特等人的发展，成为一种重要的教科书研究范式。古希腊哲学家柏拉图把“七艺”（文法、修辞、辩证法、算术、几何、天文、音乐）作为学校课程的重要内容，倡导学习课程知识应以探讨哲学理论为主旨，同时他大力倡导“表音文字”，主张“让我们抛弃荷马，追求理性的教育”，这不是对个人的宣战，而是对当时教育中的口头传统宣战，[①] 从此，西方文化逐渐从口语教育的传统向书写教育的传统转变。文艺复兴时期，伴随着欧洲“古登堡印刷术”的出现，法国教育家彼得吕斯·拉米斯将印刷课本应用于课堂教学，并将其置于课堂教学中的至高地位，要求以教科书的形式呈现和制定学科内容，由此在学校教育史中确立起“教科书”范式，进而推动西方文化从个别化的手抄传统向批量化的印刷传统转变，从以“口耳相传”为主的知识授受形式向以“阅读课本”为主的教育模式转变。为了适应印刷这种全新的媒介，拉米斯重新调整了“修辞、文法、辩证法”这三门经典人文教育学科的比重，加强了辩证法与逻辑学的比重，削弱了修辞和文法的地位。他编撰的《逻辑学》《辩证法》成为当时教科书的典范。捷克教育家夸美纽斯认为，教科书是实施“泛智”教育的百科全书式读本，包括学生使用的课本和教师使用的教学指导用书。他亲自编写了教科书《语言和科学入门》和《世界图解》，前者旨在引导儿童掌握拉丁文，后者是一本配有插图的儿童启蒙读物，这两种教科书被广泛采用，具有极大的社会影响。夸美纽斯主张，为儿童编写的教科书应当简单明晰，采用对话的形式，遵循儿童不同年龄阶段的特点。德国教育家赫尔巴特把教育学建立在实践哲学（伦理学）和心理学的基础之上，致力推进教育学的科学化进程，在课程或教科书研究中真正确立了哲学思辨范式。他力图培养“真正善良”的人，重视智育在学校课程中的重要意义，把教科书和教师置于课程与教学的中心位置，认为课程知识应由教师向学生传授，学生应深入钻研教科书和认真探讨其中的问题。同时他还主张，学校课程应以学生的“多方面兴趣”为基础，学

---

① 麦克卢汉. 麦克卢汉如是说[M]. 北京：中国人民出版社，2006：55.

科知识则相应地编制在不同的教科书之中，比如，根据经验的兴趣，应设置自然、物理、化学、地理等学科；根据思辨的兴趣，应设有数学、逻辑、文法；根据审美兴趣，应设有文学、唱歌、图画；根据语言兴趣，应设有外国语、本国语；根据社会兴趣，应设有历史、政治、法律；根据宗教兴趣，应设有神学。赫尔巴特在追求教育学科学化的进程中，探寻了一条哲学思辨的研究路径，对课程与教科书的研究产生了深远的影响。如果说赫尔巴特的教科书编制以学科知识为中心，那么美国教育家杜威则倡导教科书的心理化，教师在课堂教学中应把教科书转变成儿童的教科书。儿童与课程仅仅是确定一个单一过程的两极。正如两点决定一条直线那样，儿童的观点和学科中所包含的事实与真理决定着教学。从儿童的现在经验发展到被我们称为学科的有组织的真理体系所表征的经验，是一个持续改造的过程。① 教科书的心理化就是把抽象的学科知识逻辑转换成儿童的直接和个体的经验，促进学科知识与儿童既有经验的相互作用，引导儿童经验的不断生长和成熟发展。

这种研究范式表现为学者以哲学思辨的方式分析和批判课程教材的合理性，从个人经验出发探讨教科书修订和改革的原则。这种研究遵循从一般到特殊、从理论到实践的认识论路线，由一般的哲学思想推导出具体的课程教材观。虽然这些学者的课程教材观具有教育启蒙和社会批判的意义，但是他们的研究缺乏方法论层面的探讨，难以推动教科书研究成为一种专门的研究领域。针对哲学思辨的研究，人们不禁质疑：这种研究是基于可观察的客观事实，还是基于研究者的主观臆断？如果以哲学思辨的方式分析教科书，能否获得客观公正的结论？如何证明这种对教科书的研究和分析在结论上是真实可信的？这种研究的方式和结论是否具有可重复性，其他研究者采用相同的研究程序可否得到同样的结论？有没有专门的教科书研究方法？

此后，同教育研究一样，教科书研究也经历了对自然科学研究方法和人文社会科学研究方法模仿、转化和发展的过程。教科书研究主要有科学实证研究和人文理解研究两种范式。这两种研究范式在教科书研究的发展历程中相互对立、此消彼长，成为推动教科书研究向前行进的两个车轮。

---

① 杜威. 学校与社会·明日之学校[M]. 北京：人民教育出版社，1994：120.

1. 科学实证的研究范式

科学实证研究范式把教科书开发视为科学理性、价值中立的过程，完全排除主观因素的影响，探寻教科书开发中的普适化、技术化的程序，建构了教科书研究的科学化发展路线。

培根的经验论、笛卡尔的唯理论和牛顿的理论体系推动了近代自然科学的发展，观察、实验、演绎、归纳等方法在自然科学研究中相互结合，形成了科学实证的研究范式。孔德在社会科学领域确立了科学实证的研究范式，他主张以实证的知识来代替神学和形而上学的思辨概念，认为社会科学研究应该建立在实证自然科学的基础之上，以可以观察和实验的事实及知识作为内容，其目的在于揭示社会科学发展的一般规律和基本方法。斯宾塞把自然科学研究范式引入学校课程之中，强调自然科学知识的重要性，他提出："什么知识最有价值？一致的答案就是科学。"在此基础上，他建立了一个偏重现代自然科学知识的课程体系。1879 年，冯特在莱比锡创立了第一个心理实验室，拉开了心理、教育实证化研究的序幕，受其影响，梅伊曼和拉伊创立了实验教育学派，在教育研究中广泛运用观察、实验和统计等方法，排除主观情感和价值偏好，强调环境控制、精密测量和严格观察，致力探求教育活动的因果关系和科学规律。

在学者们的努力下，人们把教科书编制建立在心理学的基础之上，探寻教科书研究科学化的路线，由此衍生出行为取向和认知取向这两种教科书设计模式。行为取向的教科书设计模式是基于行为控制来设计教科书，旨在完善人的行为，代表人物有斯金纳、桑代克等。斯金纳把行为主义心理学和教学技术整合起来应用于课程与教学领域，编制了程序教材，大力倡导程序教学机器的使用，程序教材的设计遵循积极反应原则、小步子原则、即使强化原则、自定步调原则、低错误率原则。程序教材逐步呈现知识，步与步之间知识难度的增加非常小，在学习过程中能够及时强化学生的即时反应，有助于学生以适合自己的节奏进行学习，能够有效减少学生出现错误反应的可能。认知取向的教科书设计模式是基于人的认知发展来设计教科书，旨在发展学生的认知能力和水平，代表人物有布鲁纳和奥苏伯尔。布鲁纳指出："无论我们选教什么学科，务必使学生理解学科的基本结构。"学科的基本结构是指每门学科的基本概念、基本公式、基本原则、基本法则等。它有助于学生理解和记忆，有助于学生更好地迁移和运用。同时，他认为，当学科基本结构与学生的认识结构相适应时，便可做到任何学科的基础都可以用相应的形式教给任何年龄的任何人。奥苏伯尔认为，不论在哪一个学科，要使教材的内容编排有序，有两个原则是适用的，这就是逐渐分化原则和综合贯通原则。逐渐分化原则也就是从一般到个别的原则，首先介绍最一般的、包摄性最广的概念，然后根据细节对它们逐渐加以分化；综合贯通原则强调学科的整体性，要求明确相关概念或命题的异同，避免已有知识间的混淆和矛盾，使知识系统化和清晰化。

19 世纪末 20 世纪初，博比特和查特斯把“效率取向、控制中心”的“泰罗主义”管理模式应用于课程领域，通过活动分析或工作分析来确定课程目标、选择课程内容、开发教科书，教科书开发等同于企业中的产品开发，要求遵循实验验证和科学分析的基本规范，从而开启了教科书研究的科学化进程。泰勒是科学实证研究范式的集大成者，他将“选择学习经验”“组织学习经验”作为教科书及课程开发的重要分析范畴和基本问题，确立了课程选择和组织的基本标准与原则，使教科书及课程开发过程成为一种理性化、科学化的过程，为教科书及课程开发提供了一种普适性的程序，把科学化研究范式推向了顶峰。在泰勒看来，确定教育目标是选择和开发课程内容的出发点，教科书内容选择和开发的整个过程取决于教育目标，教育目标的确定受到对学习者自身的分析、对当代社会生活的研究和学科专家的建议等方面的综合影响。教科书内容的选择不仅要尊重学生心理发展的内在要求，反映当代和未来社会生活发展的需求，而且要体现学科知识的基本结构和逻辑体系。泰勒还提出教科书内容的有效组织形式包括：注重不同阶段间知识联系的纵向组织原则和注重不同领域间知识联系的横向组织原则，有效组织教科书内容还必须遵循连续性、序列性和整合性这三条标准。

2. 人文理解的研究范式

人文理解研究范式把教科书看作一种有意义的文本，强调理解、体验、对话和反思，关注学生的独特体验和人生经历，尊重学生对文本的价值赋予、文化创造和意义建构，注重学生对文本作整体意义上的理解，以及对文本背后的意义进行个性化的诠释，开拓了教科书研究的人文理解的广阔领域。

这种研究范式起源于狄尔泰等人的文化教育学和胡塞尔等人的现象学。狄尔泰主张“我们不能只是靠着把自然科学家们的研究方法直接移植到我们人文学科领域中来，这丝毫也不表明我们就成为大科学家的真正门人。我们必须使自己的知识适应于我们的研究对象的本性，只有以此为基点，才是科学家们对待他们的研究对象的方式。”只有活生生的人才是“精神科学分析的起点和终点”。文化教育学倡导以经典性著作作为教育课本，阅读文本是一种我与你的文化理解和精神对话，对于个体而言，文本是活生生的个体对世界、宇宙和人生的精神叩问，是人类性灵对宇宙、生命规律的深切追问。在解读人类文化符号的过程中，可以达成我与他人在情感、意识、人格方面的沟通，可以超越个体小我、走向无限精神世界，超越现实生活、指向未来可能性存在。理解文本就是理解自己和人生的过程，也是理解社会、传统和历史的过程。现象学家胡塞尔认为：近代科学丧失了“生活意义”与“生命意义”，完全变成了“实证科学”，人也被抽象化为科学事实，成为实证科学的研究对象。为了克服近代科学的客观主义和实证主义造成的科学危机和人的生存危机，胡塞尔主张通过先验还原，回到那个即时体验的而尚未加以反思与分类的世界，回到一个作为纯粹超验现象的主观生活世界，这个世界才是意义的根据和来源。

20 世纪 60 年代末，受存在主义哲学和“第三势力”心理学的影响，教育心理学家罗杰斯倡导“意义学习”，注重教材内容之于学生个体的价值和意义。他认为，教材不仅涉及事实性知识，而且应与个体的生活经验、情感态度密切相关，致力谋求认知与情感的统一，激发学生全身心的投入学习，教材不是教学的目的，而是教学的工具，教学的目的应指向培养“完整的人”和达成“自我实现”。70 年代以后，受现象学、解释学、精神分析理论的影响，派纳、马克思·范梅南等学者提出了存在现象学课程理论。派纳强调个体与文本之间的相互作用，倡导描述传记性经验的方法，通过文本分析和自传分析可以返回生活世界，转向日常经验，可以促进自我反思和个体解放。他主张，文本是一种纯粹的手段和工具，自身并没有独立的地位，完全服从于主体的生成、自我的超越和个体的解放。马克思·范梅南主张，在教师教育领域中，教科书不应当编写成一种教学管理的程序或教学技术的手册，也不应当提供抽象概念、理论解释、教育信息，而是应当面向实践，编写成一种凸显生活案例和人文精神的叙事性文本，以此激发教师的反思意识和直觉顿悟，帮助教师形成反思性智慧和情境性应变。艾斯纳把教科书视为美学文本，致力探讨教科书的美学本质与审美功能，教科书的作用如同艺术作品一样是对个体经验的深度拓展与创造性重构。教科书的知识是在不断地建构中动态生成的，需要引领学生运用多元的感知觉去体验和理解，使学习成为一种充满惊奇、想象、创造、意义和美感的旅行。

（三）教科书研究范式的博弈与困境

1. 教科书研究范式的二元博弈

教科书研究范式展示着教科书发展的历史进程。这两种研究范式坚守着各自的哲学理念，在教科书研究发展的历史中发挥着各自的作用，教科书研究的发展伴随着这两种研究范式在本质、价值、方法、路径等诸多方面的博弈。

科学实证研究范式在教科书问题上的基本观点为：①教科书在本质上是一种客观存在的知识实体，是反映和揭示世界本质的知识内容，由于这种知识是客观普遍的，因而教科书具有权威地位；②教科书研究应建立在自然科学的基础之上，采用量化统计的方法和程序，通过观察、调查、实验和频次统计等方法收集资料，以理论假设和逻辑推理来分析资料和形成结论；③教科书研究是对教科书中知识结构、数量关系等显性内容的揭示，其过程是客观量化、价值中立的，不受意识形态、主观情感及地域文化的影响。统计学、概率论、实证主义等是其发展的方法论基础。

人文理解研究范式在教科书文化上的观点为：①教科书在本质上是特定的社会文化建构的产物，其知识内容受到社会意识、历史时代、权力关系和个人偏见的影响，由于这种知识具有文化主观性，因而教科书不是“真理”和“权威”的代言者；②教科书研究应借鉴人文社会科学的研究方法，利用人种志、田野研究、历史研究、话语分析等方法收集资料，研究者在理解、体验和对话的基础上阐释文本和建构意义；③教科书研究是对教科书文本背后的意识形态、价值取向、个体偏见等潜在内容的探讨，旨在揭示教科书文本蕴涵的文化意义。现象学、解释学、批判理论、建构主义等是其发展的理论基础。

可见，两大研究范式的对立体现了教科书研究中科学主义和人文主义的立场分歧和学术争鸣，这两种研究范式在各自学术范畴中都具有理论的合理性和方法的恰切性，并以自己独特的思维方式和方法路径深化了教科书研究的发展。

2. 教科书研究面临的困境

两大研究范式的共时性存在导致教科书研究中二元对立的方法论困境。两大研究范式的冲突与对立成为教科书研究中的常态，在对立的两极之间，无论是哪边的方法论都只具有“有限的合理性”，双方处于相互批判、水火不容的对立境地。两大研究范式的存在体现了“二元对立”的方法论思想，这种“二元对立”的方法论表现为：研究者在教科书研究中持事实与价值相分离、客观与主观相分离、文本与实践相分离、过程与产品相分离的立场，研究者习惯于在对立的两极之间进行选择，立足于单一片面的视角对教科书进行阐释，没有意识到教科书研究是一个复杂的问题，没有对它进行全方位地分析和把握。二元对立的方法论促进教科书研究的片面化，却忽视了教科书研究的复杂性、多元性，阻碍了教科书研究的体系化和专门化，不利于人们把握教科书的真正本质。

教科书研究范式的历时性发展揭示出教科书研究面临着单学科研究的方法论困境。教科书研究范式的转换体现了教科书研究的发展。虽然教科书研究日渐走向成熟，但是至今它仍然没有发展成为一个专门的研究领域或独立的学科。教科书研究范式的演变从根本上体现了教育学尤其是课程理论思潮的冲突与发展，大多数的教科书研究仍然是在教育学尤其是课程理论的学科框架中进行，其研究方法的探索也是着眼于借鉴和运用教育学科的研究方法。尽管教育学科的研究方法起初推动了教科书研究的兴起和发展，但是却难以在教科书的现代化发展中提供助力。这种单学科的研究视角给教科书研究的发展带来了方法论困境。教科书研究需要寻找独特的研究方法，单学科的研究视角无法认识教科书的复杂性质和多元特征。对此，卡尔马斯指出：单学科视角经常阻碍了我们对于（教科书研究）方法论困境的理解，更不用说寻找克服这些问题的方法。比如，它难以识别我们对于教科书问题的基本假设，难以理解学生、社会机构与社会子系统之间的复杂关系。忽略了这种复杂性的教科书研究充其量只能提供充满偏见的结论。①

研究范式的纷争与冲突伴随着教科书研究的过程，给教科书研究造成了方法论上的困境，从而阻碍了教科书研究的深入发展。面对这种研究困境，研究者们渐渐放弃了“形而上”层面的辩论和思考，而是把关注点转移到“形而下”的具体研究实践之中。西方教科书研究在第一次世界大战结束后广泛兴起，研究者

① KALMUS V. What do pupils and textbooks do with each other?：methodological problems of research on socialization through educational media[J]. Journal of Curriculum Studies，2004（4）：469－485.

运用了广泛的方法和手段，探讨不同主题范围的教科书问题，不仅如此，研究者采用跨学科的研究方法开展研究，语言学、数学、哲学、历史学、社会学和心理学成为综合应用于教科书研究领域的多门传统学科。[①] 历史证明，教科书研究的广泛实践打破了传统的范式之争，也为突破教科书研究的方法论困境指明了方向。

二、二元范式下的教科书研究方法

（一）二元对立的教科书研究方法

教科书研究中采用的具体方法与教科书研究范式有密切的关系。教科书研究范式规定着教科书研究中的具体方法和操作工具，教科书研究方法是教科书研究范式和方法论思想的具体体现。在两大范式的影响下，教科书研究方法也大致分为基于实证主义的定量研究方法和基于人文理解的质性研究方法。平格尔指出：几乎所有关于文本阐释的方法论问题的研究都始于对“定量研究与质性研究”利弊的讨论，当然，不同的研究方法用于解决不同的问题。[②]

1. 量化的教科书研究方法

科学实证研究范式抛弃了哲学思辨的研究传统，主张教科书研究必须走科学实证的道路，集中探讨教科书中事实呈现的数量关系，主张用定量的研究方法对教科书中的问题进行客观描述。定量研究方法是对教科书中可以量化的部分进行统计和测量，运用标准化的工具收集和采集数据，对数据进行分析和解释，探寻不同变量之间的关系，从而验证假设、得出结论。定量研究具有固定的分析程序和操作技术，包括抽样的方法、资料收集的方法和数字统计的方法。在教科书研究中，定量研究方法占有绝对优势，主要包括内容分析法、调查法（包括德尔菲法）、实验法。其中内容分析法是教科书研究中使用最广泛、最普遍的，它是用比较规范的方法读取相关的文本资料的内容，把文本资料上的文字、非量化的、有交流价值的信息转化为定量数据，建立有意义的类目分解交流内容，并以此来

---

① JOHNSEN E B. Textbooks in the kaleidoscope：a critical survey of literature and research on education texts[M]. Oslo：Scandinavian University Press，1993：21.

② PINGEL F. UNESCO guidebook on textbook research and textbook revision（2nd revised and updated edition）[M]. Paris：UNESCO，2010：67.

分析信息的某些特征。① 它常用来探讨教科书发展过程中的不同主题的演变，也用来比较新旧版本或不同国别教科书内容的差异。调查法是用问卷的形式收集资料，了解和把握与教科书有关的一般事实，从宏观层面上对教科书发展现状进行预测和考察。调查法主要用于分析教科书的使用效果、人们对教科书的意见和看法，调查法中的德怀术是对专家意见的收集和征询，常用于构建公信力强的教科书评价标准。实验法是研究者通过控制或创设一定条件，人为地改变自变量，从而探讨和揭示自变量与因变量之间的因果关系。实验法主要用于探讨现行教科书的适切性和有效性，不同版本教科书的内容对学生学习的影响，教科书不同的使用方式对学生学习的影响等。定量的教科书研究方法关注教科书的科学性和客观性，在研究过程中采用科学的研究程序和测量工具，保持价值中立的态度，追求可验证、可证实的研究结论。

2. 质性的教科书研究方法

人文理解研究范式认为，教科书研究不应迷失在“科学化”的道路上。作为学科内容的教科书根本就不是一种科学客观的知识，而是具有价值性、历史性和文化性的内容；教科书文本不是一种客观、价值中立的知识表达，而是一种历史性、价值性和规范性的文化呈现。教科书研究必须放弃科学实证的路线，转向探讨教科书与社会权力、政治文化、意识形态之间的关系，通过定性的描述和分析，揭示教科书文本的价值与意义。质性的研究方法是采用访谈、观察等多种收集资料的方法对教科书问题进行整体性探究，在归纳的基础上形成结论，并从社会文化的视角对教科书文本做出解释性理解。在教科书研究中，质性研究主要包括民族志研究、文本分析、口述史研究等。阿普尔认为，教科书作为一种课程产品，迫切需要超越目前主导权力和文化关系研究的化约主义的分析，进行一种长期的、具有理论和政治基础的民族志研究。民族志研究是在自然教育情境中，以参与观察和深度访谈的方式收集资料，从整体上对教科书的撰写、销售和使用等问题进行深度描述，并对其背后的文化现象或文化规律做出合理的解释。它适用于教科书发展过程问题的研究，如教科书的政策、市场机制、编辑、审查、选择、使用与评鉴等。文本分析研究是采用多种收集资料的方法，对教科书内容进

① 王攀峰．教育中的非介入性研究：理论与方法[J]．教育科学，2008（4）：39－44．

行分析，通过描述和诠释教科书内容的主要特征，揭示教科书文本背后的意识形态、价值取向、文化意蕴。它主要适用于对教科书文本和内容的静态分析。针对教科书中不同的内容形式，文本分析还可以分为话语分析、故事分析、符号分析、图片分析等多种方法。口述史是通过访谈历史上与教科书发展相关的事件中的关键人物，获取一手史料，弥补官方文件的不足，厘清教科书真实的历史发展历程。它适合于从历史的视角探讨教科书发展与课程改革的问题。质性的教科书研究方法关注教科书的文化性和社会性，强调对教科书文本意义的理解，注重对教科书动态发展历程的展现，重视研究过程的互动性。

（二）教科书研究方法在实践中的应用

两大教科书研究范式对教科书研究的本质有不同的假设，在认识论、本体论和方法论上也截然不同，但是它们的争论仅仅停留于“形而上”的哲学思辨层面，并不能反映教科书研究者的实际工作。在教科书研究者的具体实践中，两大范式之间的壁垒不攻自破，两大范式的边界也变得模糊不清。针对教科书发展的不同阶段或教科书自身的不同特质，研究者会采用基于不同范式的研究方法，混合运用不同的技巧和工具。量化研究和质性研究与其说是对立的两极，不如说是连续的统一体，其连续性多于对立性，不同的研究方法都可以置于从量化研究到质性研究这一连续体之中。量化和质性方法共同应用于教科书研究，有助于研究者从多个视角理解教科书，进而有效地把握教科书的本质和特征。

魏因布伦纳、约翰逊、哈伍德等人把教科书研究划分为过程取向、产品取向和接受取向三个维度，各种不同的教科书研究方法就是在这三个维度上展开的，并推动教科书研究的发展。以此为依据，我们把教科书研究方法也划分为三个方面：①教科书开发过程研究，如民族志研究、口述史研究、社会学研究、历史研究；②教科书文本内容研究，如内容分析、文本分析、符号分析、话语分析；③教科书教学使用研究，如教育实验法、问卷调查法、访谈法等。

1．教科书开发过程研究

教科书开发过程涉及教科书的创作、生产及市场发行，包括教科书的编写、审查、出版、评价等具体环节。教科书的开发过程是由编写者、审查者、出版者、评价者等多个主体密切合作、同时或顺次介入其中的动态过程。第一，教科书是一种文化典范和思想精粹，作者需要通过编写和创作这种课程文本向教师和学生传达文化信息；第二，教科书是一种官方文本和制度文本，必须体现国家主流意识形态和主导价值观，必须通过国家审查机构及相关人员的审查，只有经过审查的教科书才能供学校选用；第三，教科书还是一种特殊的文化商品，出版在其开发过程中具有核心位置，它确保其他各个环节之间的有效衔接，从技术和经济上保障教科书计划的实现；第四，教科书是一种重要的教学工具，评价可以对教科书的科学性、思想性和可行性进行评估测量，它在提升教科书的教学质量和学术质量方面发挥着重要的作用。教科书的多元属性决定了教科书研究应指向教科书开发的全过程。

问卷调查、民族志研究、历史研究等研究方法被应用于教科书整个生命发展历程的研究。比如，“建立面向首都现代化的北京中小学教科书制度的对策研究”课题组以通州区和海淀区的八所学校的教师、学生、家长为对象，运用问卷调查的方法收集和分析人们对教科书的编写、出版、审查、选用、发行、供给等管理规范问题的看法。同时，还对教育部基础教育课程教材发展研究中心、两个教科书发行部门、新闻出版总署（2013 年机构改革组建国家新闻出版广播电影电视总局）、四家主要教科书出版社以及区县教研员、校长和教师等进行访谈，提出推进教科书管理制度规范化和科学化的具体途径。① 该研究不仅运用量化的问卷调查了解人们对于教科书管理制度的一般性认识，而且还通过访谈关键人物来获取人们对于教科书管理的个性化、主观性的看法。两种方法相辅相成、相得益彰，从不同角度帮助研究者获得客观真实的结论。宁彦锋的《教育变革中的教科书建构》采用民族志研究方法，通过访谈教科书开发过程中的实际参与者，揭示教科书开发过程隐含的课程异变文化，体现课程政策制定者、编写者、教师、学生、课程标准、社会环境等复杂因素之间的相互作用。由于教科书开发过程涵盖了课程改革的全部过程，涉及课程研制、课程实施、课程评价等多个方面，民族志研究可以动态地展示课程知识生产、开发和应用的实际发展过程。吴小鸥的《拯救文化——近现代名人与教科书》用历史研究的方法，依据第一手历史资料，选择“近现代名人与教科书”的话题讲述了百年教科书发展史上的故事，

---

① 杨德军，黄晓玲，张瑞海，等. 北京市中小学教科书管理现状调查[J]. 教育研究，2005 (12)：49－55，71.

记录了近现代时代转型的过程中，中国十六位著名的知识分子是如何通过制定教科书政策、编写与推广教科书，来投身于教育普及的事业，承担起文化启蒙的使命的。质性研究方法建立在长期的资料收集和分析的基础之上，注重教科书研究的整体情境性和社会关联性，有助于研究者从动态发展的视角把握教科书开发过程，拓展了教科书研究的广度。

2. 教科书文本内容研究

这类研究把教科书视为一种静态的课程文本，其任务就是对教科书文本内容进行分析，具体分为内容层面的分析与技术层面的分析。内容层面的分析包括教科书与课程标准的一致性，教科书的科学价值和社会价值，教科书内容体系和框架结构的设计，教科书的习题安排和助读系统的设计，教科书的插图创作等；技术层面的分析包括教科书的外观、纸张、排版、印刷、装订等。当前的研究成果大部分集中在教科书内容层面。台湾学者周佩仪统计发现，1979—2004 年的 401 篇教科书实证性研究中，运用内容分析法的教科书研究占据总研究成果的六成。

常用的研究方法有内容分析和文本分析等。内容分析具有量化取向，它把文本分解为可计算的单位，并以量化的方式处理和分析文本数据；文本分析具有质性取向，它把文本视为一个整体，从语言学、社会学、文化学等视角出发挖掘文本中潜藏的意义。实际上，量化研究方法与质性研究方法是混合应用于教科书文本内容研究中的。史静寰的《走进教材与教学的性别世界》以 20 世纪 90 年代的语文、社会、历史等教科书为对象，通过对其中的插图、标题、主角等进行不同性别人物的频次统计，对带有性别色彩的内容进行文本分析，揭示教科书所蕴含的性别社会意义。研究发现，教科书中出现男女比例失衡的问题，1994—1998 年使用的人民教育出版社出版的（简称“人教版”）义务教育阶段小学《语文》教科书 149 篇描写人物的课文中，以女性为主角的课文仅占 19.2%，小学以后的教科书不仅女性形象过少，而且缺乏有独立身份的女性主角；1994—1998 年使用的人教版义务教育阶段小学《社会》教科书中具有独立身份的具名者，男性占 95%，女性仅占 5%；男女在职业分工、活动领域、性格、行为等方面传统性别刻板印象严重，在 1994—1998 年使用的人教版义务教育阶段小学《语文》教科书中男性多为社会型、事业型、管理型、悠闲型，而女性则为家庭型，以女性为主角而描绘的课文涉及 49 名女性，其中 32 名出现在家庭领域中；缺少富有时代感、与学生现实生活贴近、鲜活具体的女性榜样，1994—1998 年使用的人教版义务教育阶段小学《语文》课本中共有 240 个人物角色，其中 49 名是女性，而具有社会榜样特质的女性形象仅有 8 位。史利特和格兰特的《当前教科书中种族、阶级、性别和残疾人问题》开发了一套教科书分析工具，它是由质性研究方法和量化研究方法混合组成的，包括图片分析法、文选分析法、人物研究法、语言分析法、故事情节分析法及其他分析法，探讨了 1980—1988 年间出版的 47 本 1—8 年级美国教科书，涉及社会科学、阅读和语言艺术、自然科学和数学等多个学科。研究发现，教科书把焦点放在白人男性身上，不重视甚至忽视白人男性以外的其他人所取得的成就和他们所关心的问题。对于不受重视种族的描述内容往往是肤浅和零碎的。由此，教科书确立了主导群体的地位，其“象征性表达”成为社会控制的重要媒介。[①] 受诠释学、后结构主义等哲学思潮的影响，教科书文本分析领域还出现了故事分析、话语分析、结构分析、符号分析等新的研究方法。

3. 教科书教学使用研究

教科书教学使用研究是学校和教学分析的组成部分，它把教科书视为教学工具和师生互动的社会文化媒介，其任务就是对教师和学生在课堂中使用教科书的过程及效果进行分析，注重教师与学生对教科书的理解，关注教师与学生使用和接受教科书的效果。这类研究具体可分为教师使用教科书的教学效果分析和学生使用教科书的接受效果分析，常用的方法有观察法、调查法、实验法、民族志研究等。

研究者在探讨教师使用教科书的教学效果时，主要运用以调查法、实验法等为代表的定量研究方法，辅以访谈、观察等质性研究方法。魏运华、李俏运用问卷法调查了教师和学生对新课标教科书的看法，同时辅以访谈法收集资料，探讨了不同教科书对学生学习发展的影响，不同教科书对教师教学组织的影响，教师和学生对不同教科书的评价等问题。[②] 哈尼什、卡洛斯和格斯滕运用实验法探讨了特殊学生在学习美国不同版本的历史教科书时的内容掌握情况和学习参与度。

---

① 阿普尔，史密斯. 教科书政治学[M]. 上海：华东师范大学出版社，2005：92－133.

② 魏运华，李俏. 基于动态研究的新课改后各类教材特点的比较[J]. 教育研究，2012(3)：75－81.

实验从两所中学分别选取了 24 名和 26 名八年级学生，分成实验组和对照组。其中，实验组采用 1994 年版的《理解美国历史》作为教科书，对照组采用 1991 年版的《美国历史》作为教科书。每周五天，每天上 90 分钟的历史课，经过 20 周后，对两组学生进行测试。实验表明，1994 年版的历史教科书框架清晰，更加有助于特殊学生习得历史知识。① 卢家楣运用实验法探讨了教师运用赋予情感策略对于学生学习效果的影响。实验选取了高二年级两个班作为实验班和对照班，由同一教师同时在两个班教授同一教材内容，不同的是教师在对照班不使用赋予情感的教学策略，在实验班则使用赋予情感的教学策略。通过前后测试结果比较，发现教师对于不含情感因素的理科教科书内容进行情感性处理，有助于促进学生的认知和情感学习、提高课堂教学质量。② 孔凡哲运用对比实验的方式探讨了数学教科书不同的呈现方式对课堂教学的影响。实际上，实验是教科书开发过程中的重要环节，教科书实验包括编写、试教、调整、推广、完善等，它是课程教材改革的重要组成部分，教科书实验的结果往往是评价教科书质量的客观指标，并能为其他的教科书研究提供科学依据。但是，由于教科书实验研究耗时较长、经费需求较高及无关因素难以控制，在实际教科书研究中采用实验法的成果非常少。

研究者在探讨学生使用教科书的接受效果时，主要运用了以民族志研究、访谈、观察等质性研究方法，辅以问卷调查法。1981 年，安扬和威利斯通过观察研究发现学生通过各种富有创造性的、彼此矛盾的方式接受、拒绝、改变和转换学校教材的不同内容。阿普尔倡导从文化政治学的视角对教科书教学使用问题进行研究，并尝试分析了人们使用教科书时有可能做出的三种类型的反应：受控型、协商型、对抗型。在"受控型"阅读中，读者完全接受教科书中的知识信息；在"协商型"阅读中，读者可能会对具体观点进行质疑，但是对课本的整体倾向或解释则表示认可；在"对抗型"阅读中，读者反对课本的整体倾向和

---

① HARNISH M K, CAROS J, GERSTEN R. Impact of the design of U. S. history textbooks on content acquisition and academic engagement of special education students: an experimental investigation[J]. Journal of Learning Disabilities, 2007 (2): 100 - 110.

② 卢家楣. 对教材内容的情感性处理策略：赋予情感策略的实验研究[J]. 心理科学，2000 (6): 650 - 654.

解释，在这种情况下，读者会重新定位他（或她）自己与课本的关系，并把自己置于“被压迫者”的地位。克里斯蒂安－史密斯综合运用人种学和问卷调查等方法，以美国三所学校中喜欢阅读爱情小说的29名女学生为对象，发现在美国学校，爱情小说常被视为“低品质”的图书和“不合法”的文本，只适合那些“懒惰的读者”阅读，但是不少女生赋予爱情小说很高的地位。为此，她探讨了学生、教师、课本和环境之间是如何在微妙的相互作用之中促使这些女学生喜欢阅读爱情小说的。①

由此可见，丰富多彩的教科书研究实践消融了两大范式的对立，推动了教科书研究在方法论上的转型。首先，当前的教科书研究在方法论上从“二元对立”走向了“二元共生”。在实际的教科书研究中，质性研究方法与量化研究方法均被应用于研究，甚至这两类方法在一个研究项目中同时出现、混合使用。研究者往往是根据研究的需要，选择不同的方法对教科书问题进行探讨，质的研究与量的研究二者结合揭示了教科书问题的不同侧面，实现了教科书研究在静态与动态、宏观与微观、事实与价值等对立层面的结合，大大增进了教科书研究设计的灵活性，提高了教科书研究结果的可靠性。其次，当前的教科书研究在方法论上从“单学科”研究走向“多学科”研究。长期以来，绝大多数的教科书研究都是在教育学这个单一的学科框架中展开的，但是单学科研究只能为教科书研究提供单一的视角或方法，不能帮助我们认识教科书研究领域的全貌。在实际的教科书研究中，社会学、历史学、传媒学、符号学、语言学等各门社会科学开始关注这一领域，从自身的角度对教科书问题进行探讨，现代教科书研究开始走上“多学科”研究的道路。多学科研究打破了单一静态的研究方式，逐步形成多元混合的研究方式，引入了诸多新理论和新话语，为我们提供了了解教科书问题的基本工具和方法。

三、走向融合的复杂性教科书研究范式

复杂性是20世纪末期产生的人类认识世界的新思维方式或新方法论。伴随着一系列横断学科（包括新老“三论”）的兴起，复杂科学研究逐渐兴起，人们

---

① 阿普尔，史密斯．教科书政治学[M]．上海：华东师范大学出版社，2005：237－264.

将复杂性科学理论和复杂性思维方法运用到各个学科领域的研究之中，将世界看作一个不断发展的、由复杂性驱使的、过程的集合体，将研究对象也视为复杂性存在系统。拉兹洛把这种从复杂形态角度认识事物的思维方法称为复杂思维方法。法国学者埃德加·莫兰是复杂性研究范式的倡导者，他认为，科学知识的高速发展带来了过分专业化和知识隔离，导致了科学发展的非人性化倾向，造成了事实与价值、科学与人文之间的二元对立。而当前我们处于一个科学的、技术的和社会的发展愈益紧密的历史时代。最纯粹的科学里也“悬浮”着文化、历史、政治、伦理的成分，所有“人类—社会”的存在都具有“生物—物理”的起源、根底、成分。科学及其研究对象的复杂性决定了科学研究需要采用复杂性思维模式。复杂性思维模式不仅有利于考察复杂的现实世界，而且有助于人类把握复杂的科学本性和研究复杂的科学问题。复杂性的出现，改变了自然科学、社会科学和人文科学的性质和方法论，自然科学逐渐与“软性”的人文社会科学融合，人文社会科学则日益走向开放多元。莫兰提出的“复杂性研究范式”是对构建经典科学的“简化范式”的超越，这种超越不是“新桃”换“旧符”，而是放弃二元对立、单一线性的研究范式，走向多元整合、复杂联系的研究范式，它促使人们用更加崭新开放的视角来探寻教科书问题。

复杂性范式下教科书领域在研究方法、研究基础和研究路径中表现出如下特征。

（一）研究方法：混合性研究

在很长时间里，教科书领域在研究方法上具有单维性特征，内容分析长期主宰着该领域，这被批判为“方法一元论”。在最近 5 到 10 年的研究中不难发现，教科书研究在方法论上不断扩展，走向跨学科研究；教科书研究现在日益建立在新的理论基础之上。体现这种变化的证据是，以内容分析为主的研究方法转向话语分析、混合研究方法、定量与质性共融的研究方法。[①] 复杂性所要求的教科书研究范式具有整合性特征，使主观与客观、归纳与演绎、价值与事实的矛盾统一在研究过程中。整合性要求教科书研究打破定量研究与质性研究的界限，使混合

---

① FUCHS E, BOCK A. The palgrave handbook of textbook research[M]. Basingstoke: Palgrave Macmillan UK, 2018: 65.

研究广泛应用于当代教科书研究领域，以此推动教科书研究的根本性发展。混合研究方法在教科书研究中具有独特的价值，它符合研究对象复杂性、多样性的特点，弥补目前教科书研究中质性与定量方法的局限性，能极大地提升教科书研究的科学化水平。这是因为教科书的复杂性导致教科书发展的成因有多面性，不能仅仅用单一的方法来解释，要根据问题和现象选择多样方法，才能符合教科书研究对象多元性的特点。比如，教科书文本内容受到社会文化的影响，定量的内容分析不能揭示教科书文本背后的文化意蕴，在内容分析中加入注重文化情境的质性研究才能全面揭示教科书文本发展的本质特征。因此，混合研究方法有助于全面完整地展现教科书形成和发展的内外部逻辑。

（二）研究基础：跨学科方法论

教科书研究是一个广泛复杂、多学科的领域，是一个极其复杂、多维度和多方面的事业①，其中包含着多学科的理论和方法论思想，因此，对教科书进行研究必须抛弃简单化原则，以复杂性研究视角开展跨学科研究。复杂性原则要求我们在思考时永远不要把概念封闭起来，要粉碎封闭的疆界，将分割的东西直接重建联系，努力掌握事物多面性，考虑特殊性、地点、时间，又不忽略总体的整合作用。② 从总体上看，科学知识的发展遵循着“混沌—分化—整合”式螺旋上升的路线，这也是当今教科书研究发展的主要特点，放开学科边界，放弃对学科理论和方法的独特性要求，通过跨学科研究促进教科书领域在更高层次上的深化与发展是必然趋势。

自 20 世纪 90 年代始，多种学科的方法论开始对教科书研究领域产生影响。班贝格能够确定教科书领域方法论发展的六个阶段：“文化解释方法”“基于理论的教科书解释方法”“社会学分析”“教科书分析的特定形式的社会学方法的发展”“多套教科书解释标准的发展”“基于社会学和传播学研究的内容分析”。③

---

① WEINBRENNER P. Methodologies of textbook analysis used to date[M]// BOURDILLON H. History and social studies - methodologies of textbook analysis. Amsterdam：Swets and Zeitlinger，1992：52.

② 莫兰. 复杂思想：自觉的科学[M]. 北京：北京大学出版社，2001：151.

③ FUCHS E，BOCK A. The palgrave handbook of textbook research[M]. Basingstoke：Palgrave Macmillan UK，2018：64.

研究发现，近年来教科书研究更密切地致力构建理论，解决领域中长期存在的理论缺失问题。对西方现有文献的梳理发现，当前的教科书研究广泛地吸收其他学科的理论，如话语理论、媒体理论，绘制出了教科书研究现存的理论方法。有的教科书研究通过各种学科交叉点与理论密切关联，包括源自社会学背景的结构主义方法、文化研究的媒体实践、关于媒体影响的传播研究、教育学的建构主义学习理论。[①] 以此观之，跨学科理论和方法已成为教科书研究领域的必然选择，研究者把其他学科的理论与方法整合应用于教科书领域，使之成为适合教科书领域的研究方法体系，这种方法体系致力于解决教科书领域的独特性问题，是属于教科书研究自身的方法论体系。

（三）研究路径：问题中心

作为一项复杂研究，教科书研究离不开对知识、方法和问题三个方面的探索，围绕着这一研究框架可以形成如下研究路径：首先透过现象深入挖掘教科书复杂系统中的问题，然后立足于教科书的立场整合自身的问题与症结，面向其他学科进行理论和方法的探寻与选择，变以往“知识中心”“方法中心”的研究为“问题中心”的研究。成熟的研究问题和教科书研究方法需要理论框架，研究者对调查方法和理论框架的选择也必须与研究问题密切相关。依据这种逻辑，在理论与方法选择的背景下，未来研究者发现，需要更加清晰地阐明这种关系，更加有意识地优先关注这种关系，通过在理论、方法和主题之间构建持续联系，未来教科书研究将会从中受益。[②]

复杂性思维的核心理念是整体联系，教科书研究只有整体联系教科书发展面临的具体问题，聚焦于教科书问题的特殊性，才能使多学科的理论与方法发挥作用。以复杂性思维审视教科书研究领域，其核心是立足跨学科的理论基础，从多层次、多角度挖掘和整合教科书问题，再将多学科的理论和方法应用于分析教科书问题中。问题是科学研究的真正灵魂，教科书领域的复杂性归根结底在其“问题”的复杂性，教科书领域中的“问题”是教科书研究的灵魂所在，它贯穿于

---

① FUCHS E，BOCK A. The palgrave handbook of textbook research[M]. Basingstoke：Palgrave Macmillan UK，2018：60.

② FUCHS E，BOCK A. The palgrave handbook of textbook research[M]. Basingstoke：Palgrave Macmillan UK，2018：66.

教科书研究的始终，同时还能不断发掘出更深入的问题。我们的研究永无止境，因为“问题”永无止境。因此，推动教科书研究发展的关键不是追求独特的研究方法或独特的研究对象，而是不断挖掘教科书领域的问题，保持教科书的“问题之泉”永不枯竭。因此，教科书研究应坚持“问题思维”的原则，用问题决定理论和方法。

第二节　大数据时代教科书研究范式的未来变革

在“万物皆可数据化”的大数据时代，数据被赋予世界本体的意义，也成为科学认识的基础和科学发现的新途径。大数据不仅改变着人们认识和理解世界的方式，成为新发明和新服务的源泉，而且从更深层次上引发了科学研究范式的转型。近年来，世界各国政府着手支持和推动教育大数据的研究和应用问题。2012 年 5 月，《美国政府大数据计划》出台，2015 年 2 月美国政府在《投资美国的未来：为学生的 STEM 技能做准备》的报告中指出，继续支持教育部教育科学研究所发起的“虚拟学习实验室”研究，探讨“通过运用快速实验和大数据的方法，发现帮助学生掌握核心学术科目中重要概念的更好途径”。这个报告还表示要继续支持“高级研究项目机构——教育”（the Advanced Research Projects Agency - Education，简称“ARPA - ED”），其目的是通过推动大数据的应用，指导传统课堂教学，反思课程，加快“学会如何学习”的步伐。2015 年，中国发布了《促进大数据发展行动纲要》和《教育信息化“十三五”规划》，强调积极发挥教育大数据在教育管理平台建设和学习空间应用等方面的重要作用。积极适应信息时代和技术革命的发展趋势，推动教科书研究范式的转型和创新，对发展基于数据进行教科书研究的新范式和新文化，实现当代教科书研究的新发展和新突破，都具有重要意义。

一、大数据时代传统教科书研究面临的挑战

对于教科书研究而言，大数据具有不同的含义，它既是研究工具和研究环

境，也是研究对象和研究内容，它对传统的教科书研究提出了诸多挑战。

（一）大数据时代的来临对教科书研究者数据素养的挑战

互联网加快了信息传递的速度，推动了教科书及其研究资料的数字化，为广大教科书研究者提供了一个全新的网络计算机环境，不仅改变了他们信息交流、科学研究和资源共享的方式，而且也使教科书研究者面临着海量数据的挑战和技术的困境。在大数据时代，伴随着教科书数据平台的创建和教科书数据的大量涌现，教科书研究过程愈来愈依赖教育数据分析技术的支撑。大数据时代呼唤着教科书研究与数据挖掘技术的深度融合，这是优化教科书研究质量、提升教科书研究效率和加强教科书政策制定科学性的必要途径。如何在纷繁复杂的教科书数据中寻找有价值的内容，如何对教科书数据进行深层解读和分析，以及如何利用数据进行科学的教科书评价和制定教科书政策，在大数据时代尤显重要。这对教科书研究者的信息技术素养和数据分析技术提出了较高的要求。而传统的教科书研究者大多是教育学科专家，缺少信息技术素养和数据分析能力，难以适应大数据发展的时代潮流，从根本上制约了现代教科书研究的深化和优化发展。不仅如此，传统的教科书研究方法论主要建立在教育学、社会学、历史学、文化学、出版学等学科的基础之上，注重与人文社会科学研究者的合作，忽视了与自然科学研究者尤其是数据分析专家的跨界合作。教科书研究者运用互联网的意识和能力不足、研究队伍中数据统计和分析人才的缺失等，是大数据时代下我国教科书研究中存在的主要问题。

（二）大数据时代教科书存在形态的变化对传统研究方法的挑战

互联网将进一步推动教科书的数字化、电子化、网络化、个性化，促进教科书存在形态的革新发展，教科书在某种意义上将转变成收集和分析数据的平台，教科书研究对象也将从有限文本内容转变成无限的数据信息。研究对象和资料总量的快速增长给教科书研究者带来了巨大的挑战，研究资料的数量已经大大超过了研究者以传统的阅读方式处理资料的能力范围，教科书研究者不得不采用新的计算机技术来开展研究。大数据时代的教科书研究离不开大量的计算机处理模式和数据分析方法，各类依托互联网存储教科书内容及学生学习过程的数据平台的开发，基于电子教科书平台的综合数据分析的教科书评价，个性化定制学生学习支持系统的开发等研究广泛兴起，从根本上改变了教科书研究的对象取样、资料收集、分析比较、结果阐释等方法。大数据对传统教科书研究方法提出了挑战、形成了冲击。比如，问卷调查和访谈调查常常用于了解和分析教科书的使用情况，但是这种传统的调查方法不仅难以处理学生学习数据平台上的海量信息，而且无法针对学生使用教科书的情况提出精准、有效的改进建议；内容分析法是在分析教科书文本时最普遍使用的研究方法，但是它只能选取有限数量的样本对象开展定量分析和定性分析，无法满足大数据时代对海量数据文本进行内容挖掘的要求；实验法常常用于了解学生使用教科书的真实情况和实际效果，分析教科书的适用性和有效性，但是传统的实验法需要严格控制实验条件，受到特定时空和条件的限制，实验过程无法消除“霍桑效应”，实验结果具有滞后性，效度和信度难以保证，无法为教科书的改进提供及时的反馈和精准的建议。

（三）关注用户体验的大数据时代对教科书研究中忽视读者接受分析的挑战

大数据时代，企业关注用户的个人体验和反馈，鼓励用户积极参与和互动，以此不断优化和改进自己的产品质量。比如，英国的培生集团、美国的麦格劳·希尔公司和其他出版公司共同开发了“课程精灵”系统（Course Smart），利用电子教科书收集和处理学生使用电子教科书的相关数据，不仅可以方便教师跟踪学生的学业进展、了解学生的学习参与度和学习成绩，为学生提供个性化指导，而且可以帮助出版商在分析数据的基础上有针对性地改进教科书质量，提升自己在同行中的竞争力。长期以来，教科书研究注重教科书的文本内容分析，集中探讨了教科书中的道德意识、价值取向、性别偏见、人物形象等问题，而忽视了教科书的读者反馈分析，缺少对学生学习教科书的体验、学生对教科书的理解和阐释、学生学习接受效果等的研究。① 事实上，不同的学生对相同的教科书会有不同的解读，而传统的教科书研究忽视了学生创造性理解能力、差异性的认知过程及个性化学习能力，学生被视为课程知识的接受者、技能的掌握者、学习的被评价者，而非课程文化的创造者、批判者和改进者；教科书被视为制度化文本、知识性权威，而非适合学生个性化阅读的文本、促进学生学习的工具；考试成绩成

① KALMUS V. What do pupils and textbooks do with each other?：methodological problems of research on socialization through educational media[J]. Journal of Curriculum Studies，2004（4）：469－485.

为判断学生对教科书理解、掌握和熟练应用程度的重要指标，而非评价或改进教科书编写质量和教师使用教科书效果的依据。对此，维克托·迈尔－舍恩伯格批评道："我们对学生的学习表现进行打分，并要求他们对这一结果负责。然而我们却很少评价自己，更不会全面或大规模地对自己的教学进行评估。我们并未衡量所采用的教科书、测验和课堂讲解等教学内容与手段是否对学习有益。这种做法在其他行业是极不合理的。"①

二、大数据时代教科书研究范式的变革

图灵奖获得者吉姆·格雷认为，人类历史上的科学研究范式经历了从科学实验、理论推演、计算机仿真到数据密集型研究的发展过程，作为科学研究第四范式的数据密集型研究正在成为科学发现的重要途径。大数据时代的来临也将推动教科书研究范式的变革，未来的教科书研究领域将构建综合运用计算机、互联网技术与大数据分析手段的教科书研究方法体系。为此，大数据时代的教科书研究将在研究的对象、功能、思维和特征等方面发生变革。

（一）研究对象：从有限数据走向海量数据

数据、资料的收集与分析一直是教科书研究中的关键问题，以往对教科书文本的分析主要包括内容分析、故事分析、论辩分析、话语分析等方法，对教科书使用情况的分析主要采用调查、实验、访谈等方法。这些研究方法大部分是采用抽样的方式，从总体中抽取有代表性的样本，从有限样本中分析出普适性结论，研究结论的科学性往往受样本代表性的影响。由于研究对象或研究数据是由研究者按照一定原则抽取，选择何种数据或哪些对象便成为一个主观性较高的研究环节，无论抽取的样本多么具有代表性，其误差都是不可避免的。

大数据的获取与分析有望为解决样本的代表性问题找到新的突破口。大数据不再是通过分析少量的数据样本来间接地研究事物总体，而是采用了"样本＝总体"的全数据模式，通过分析与处理全部数据来直接掌握事物的发展趋势。随着大数据分析的出现，教科书研究不再单纯地依靠经验数据或样本分析，教科书研

---

① 舍恩伯格，库克耶．与大数据同行：学习和教育的未来[M]．上海：华东师范大学出版社，2013：28－29．

究者没有必要进行抽样，收集和分析海量数据的技术为教科书研究提供了直接处理和分析全部数据的可能，基于大数据的教科书研究采用的基本上就是“自然数据”。教科书大数据既可以来自不同的学习者（学习者之间的广泛数据），也可以来自个体学习者（学习者个体的深度数据）；既包括纵向数据（多年来学生个体学习的多门慕课课程），也包括丰富的社会互动（视频会议中小组解决问题的视频），以及特定活动的详细数据（教育游戏中的个体活动或设计问题中的个体行为）。[①] 这些数据不是通过抽样获取的，而是电子教科书自身记录的数据或师生在使用网络课程时形成的数据，这样可以最大限度减少教科书研究的偏见。不仅如此，与有限的样本相比，大数据可以更清楚地展示出样本无法揭示的细节信息，从更加微观具体的层面上揭示事物的本质。大数据的特点是允许研究者做以前不可能做的事情，即大数据使研究者能够发现以前无法获得的新的信息、事实、关系、指标和线索。[②] 基于大数据的思维，教科书研究可以从文本内容、学生学习、师生互动等不同类型的数据着手，通过大规模与时序性数据的研究重构教科书研究的基础。

（二）研究功能：从描述性分析到预测性分析

描述性分析是基于已有数据信息，通过运用一套整理、描述和解释数据的方法，对已经发生的事情做出定性或定量的描述，它可以将收集的原始数据经处理后转变成有意义的信息，揭示事物发展的现状和问题。比如，课程改革实施十年后，教育部组织研究人员对全国普通高中新课程教科书使用情况进行大规模调查，从教研员、教师和学生等不同对象中获得教科书使用状况的反馈，通过收集和分析资料对新课程教科书使用情况进行描述。[③④] 这种大规模的调查和收集数据的过程是缓慢和滞后的，往往需要等待研究对象在大量使用教科书后才能进

---

① DEDE C. Data - intensive research in education: current work and next steps[EB/OL]. (2015 - 11 - 04). https://cra.org/wp - content/uploads/2015/10/CRAEducationReport2015.pdf.

② DEDE C. Next steps for “big data” in education: utilizing data - intensive research[J]. Educational Technology, 2016 (2): 37 - 42.

③ 包正委，董玉琦，杨宁. 普通高中信息技术课程实施的现状与反思（上）：基于9省份5版本教科书使用状况的问卷调查[J]. 中国电化教育，2014 (3): 24 - 29, 50.

④ 钱薇旭，董玉琦，杨宁. 普通高中信息技术课程实施的现状与反思（下）：基于信息技术教科书使用的访谈研究[J]. 中国电化教育，2014 (5): 33 - 38.

行，研究数据缺乏时效性，而且数据获取的成本比较大，问卷的发放、收集和整理大量依靠人工完成，这样不仅不能及时地为教科书编写者和出版社提供与教科书编写内容相关的反馈，而且也不利于教育管理部门制定合理的教科书政策和开展有效的行政干预。

对预测分析的关注是大数据时代人类文化认知的重要特征。大数据时代不仅意味着实时采集数据和高效存取海量数据的实现，而且意味着数据处理技术的极大提升和数据处理模式的多样化，这为提高预测的精准性提供了可能和便利。基于大数据的预测性分析是一种“用当下预测当下”的“现测”，即依靠大数据技术对新近的数据进行描述和挖掘，通过建立模型，发现事物发展之间的相关关系，帮助人们把握事物发展的真实趋势，并作出合理的决策。比如，2013 年美国调查发现，美国高等教育面临着巨大的学生辍学的压力，尽管 90% 的大学生希望进入大学并获得学位或相关证书，但是六年内只有 59% 的全日制大学生能够获得学士学位，只有 31% 的社区大学学生能够获得学位或相关证书。在此背景下，“西维塔斯学习”（Civitas Learning）公司应运而生，这是一家专门聚焦于运用预测性分析提高学生成绩和提升高校吸引力的新兴企业，它在高等教育领域建立起最大的跨校学习数据库，通过收集 100 多万名学生的数据记录和 700 多万门课程的数据记录，分析和揭示了大学生的学习成绩、出勤率、辍学率等主要发展趋势。这家公司的软件可以帮助教师和学生合理规划自己的课程和安排，有策略地制定目标，选择与自己相适应的课程；让教师和学生提前获知导致辍学和学业不良的警告性信号。大数据模型大大提高了对具体事件预测的精确度，对加强教科书设计开发预测工作具有重要作用。如何将大数据的预测性分析运用到教科书设计、开发和管理工作中，是我们需要思考的一个重要课题。

（三）研究思维：由简单学科思维走向复杂跨界思维

受传统工业社会中机械还原论的影响，当前的教科书研究探寻的是构建经典学科的路径，通过借鉴和运用教育研究的思维方式和方法论，力图谋求边界明确的独特对象、独特学科范畴，构建一个逻辑严密的学科体系，确立自己独立的学科身份。为此，学者致力于在这种经典的学科思维范式下推动教科书研究走向一门独立的学科形态，这种学科构建思维是建立在机械思维和还原论的基础之上，是以牛顿力学、爱因斯坦相对论为代表的简单性科学范式，可能造成传统教科书研究范式中科学与人文之间的长期分离和二元对立。尽管教育学科的思维方式和方法论曾经推动了教科书研究的发展，但是由于其局限在简单性学科思维之中，采用一种二元对立的研究方式，难以认识到教科书与社会、文化、政治、人之间的复杂关系，因而在某种程度上阻碍了教科书研究的发展和创新。

大数据时代带来了思维方式的革命，大数据思维是一种复杂性思维，具有多样、相关、整体、动态、个性的特征。大数据关注认识对象的多样性，认为世界万物都可以通过数据化来转变成为研究对象；注重事物的相关性，首先关注事物之间的相关关系而非因果关系；关注事物的整体性，强调把握与事物相关的全部数据而非少量信息；强调以动态发展的眼光来看待事物，加强对数据进行实时收集和分析；突出知识的高度语境特异性，实现事物的大规模个性化定制。大数据时代的到来引导教科书研究从简单学科思维转向复杂跨界思维。大数据的复杂跨界思维要求打破科学与人文的学科界限，鼓励教科书领域专家与计算机、互联网、大数据等各方面专家开展跨学科合作，将新型的数据密集研究方法应用于教科书研究领域，推动教科书研究的科学化和优化；大数据的复杂跨界思维要求教科书研究者应具备交叉学科的背景，能够开展一种真正打破学科界限的整合研究，能够将学科知识与数据技术有效结合，从不同角度对教科书问题进行研究；大数据的复杂跨界思维要求教科书研究者与大数据专家合作，开发出能够有效实现研究目的的实际操作工具和方法，将教科书研究和数据技术深度融合，真正实现定性研究与定量研究相融合、计算机方法与人工处理相混合，推动传统教科书研究方法的升级和革新，从根本上改变人们认知和理解教科书的方式。对此，克劳斯·施瓦布在《第四次工业革命》中指出，以人工智能、物联网、量子计算为代表的第四次工业革命的来临，我们需要学会变通，而不是眼界狭隘、目光短浅。①

（四）研究特征：由理论驱动走向数据驱动

理论驱动型研究范式在当前教科书研究中居于主导地位。教科书研究建立在一定的社会学、文化学、教育学的理论基础之上，与社会文化立场和意识形态之间具有密切的关系，研究者是以特定的理论立场和文化视角来审视教科书问题，

---

① 施瓦布．第四次工业革命[M]．北京：中信出版社，2016：112．

无论是人文理解取向的教科书研究，还是科学实证取向的教科书研究，都会自觉或不自觉地渗透研究者主观的理论预设、范畴体系和思维方式。区别是，人文理解取向的教科书研究不排除个人的主观经验，认为个人的主观经验构成观察问题和分析问题的“视界”，主张通过个体与历史“视界”的自觉融合，形成对教科书的深刻认知；科学实证取向的教科书研究强调通过观察和实验来收集“客观证据”，然后在推导和统计的基础上形成对教科书内在规律的科学认知，但由于教科书存在于一定的社会文化之中，对其观察和实验也不可能绝对客观。在基于理论驱动的教科书研究中，研究者的理论立场或文化视角不仅影响其使用的研究方法，还决定着实质性的研究内容和结果。

大数据时代呼唤着教科书研究走向新的数据驱动型科学研究范式。科学始于数据，数据成为教科书研究的基础，教育数据挖掘为教科书研究提供了新的研究途径。教育数据挖掘是一个将来自各种教育系统的原始数据转换为有用信息的过程，这些有用信息可为教师、学生及其家长、教育研究人员以及教育软件系统开发人员所利用。数据驱动型教科书研究就是利用教育数据挖掘来寻找海量数据背后的规律、揭示事物之间的相关关系，并利用数据之间的相关性来理解和认识教科书问题。教育数据挖掘来自教育系统的独特数据，既包括师生在使用电子教科书或网络平台时产生的和学校在开展教学管理过程中产生的数据，也包括可通过各类检索系统检索使用的科研数据库中的数据。数据驱动的教科书研究直接面向数据本身，不必提前进行某种理论假设，通过对海量数据的抽取、转换、分析和处理，提取辅助人们开展教科书研究的关键性数据，形成对教科书问题的新认识。在大数据时代，教科书研究首先要直面数据本身，这些海量数据是在自然条件下产生和收集的，没有被研究者“污染”，是对客观世界的真实反映；教科书研究不再需要进行理论预设，不再需要预设研究结果，而是通过对教科书大数据的全面收集、准确分析、合理利用，形成用数据说话、让数据发声、用数据发现科学知识和事物规律的新研究途径。

当然，大数据研究不会替代和颠覆传统教科书研究方法，它只是对传统教科书研究方法的补充，它代表着当代教科书研究的一种新型路径和新型取向；大数据研究并不意味着理论的终结和对因果规律的排斥，而是用数据规律和相关性补充传统的理论范式和单一的因果规律，它大大拓宽了教科书研究的领域和视野。

三、大数据时代教科书研究范式变革的路径

（一）加强我国中小学教科书数据基础建设

大数据不是有待于研究者收集和挖掘的客观存在对象，而是由能够产生数据的全新信息化生态环境带来的产物。从这个意义上说，“数据创建”是“数据挖掘”的前提，只有创建大型公共的教科书基础数据库，依托大规模在线开放课程的数据平台，才能产生标准化、可信度高、可无限获取的数据，才能成为研究者开展数据收集和数据挖掘的理想对象。哈佛大学教授指出，发展大数据技术，不仅要确立通用语言，而且更重要的是共享存储和分析数据的基础设施，从而确保数据的互通性。虽然这件事情是一件单调乏味、耗费时日、不能获得直接利益的事情，但是它会带来巨大的长远利益。一旦共享数据机制建立起来，公司被鼓励提供数据并与学者展开合作时，这将成为极其有益的事情。[①]

大数据时代的教科书研究需要加强专业的教科书科研数据库建设。教科书数据库是将与教科书有关的信息资料转换成数字形式，存储于数据库中，研究者可以根据自己的研究目的，利用检索系统寻找数据库中的相关数据。这种数据结构良好，可批量采集，可大大提升教科书研究的效率和质量。国际教科书研究机构基本都建立了专门的教科书数据库。比如，德国奥尔格·埃克特国际教科书研究机构创设了教科书研究的数据库（http://www.edumeres.net），韩国教育发展机构（KEDI）创建了网络教科书博物馆（http://www.textlib.net），西班牙国立远程大学创建了西班牙、葡萄牙和拉丁美洲的教科书数据库（http://www.uned.es/manesvirtual/portalmanes.html），意大利的马切拉塔大学创建了可对多个国际教科书数据库进行直接检索和深度研究的搜索引擎（http://www.reseducationis.it/multiopac/default.aspx? Src=adv），联合国国际教育部创建了世界教育数据库（http://www.ibe.unesco.org/en/meta-navigation/unesco-ibe-contacts.html），等等。[②] 在中国，教科书数据库的建设正处在起步阶段，人民教育出版社创建了

---

① DEDE C. Data - intensive research in education: current work and next steps[EB/OL]. (2015-11-04). https://cra.org/wp-content/uploads/2015/10/CRAEducationReport2015.pdf.

② PINGEL F. UNESCO guidebook on textbook research and textbook revision (2nd revised and updated edition) [M]. Paris: UNESCO, 2010: 80-82.

"中国百年中小学教科书全文图像库系统"，将清末时期、民国时期、中华人民共和国成立后"人教版"和各省、直辖市教科书进行了数字化，形成了独具规模的中小学教科书研究资料中心。[①] 北京师范大学在参加中美百万册数字图书馆项目（CADAL）的过程中，将馆藏的中华人民共和国成立前4700多册中小学教科书全部数字化，建立了"解放前师范学校及中小学教科书全文库"。教科书的数字化为教科书研究奠定了初步的数据基础，适应了大数据时代教科书研究的发展趋势。但是现有的数字化加工只能提供教科书的全文图像，它们只有通过人的阅读才能转化成有用的信息，其中的词语和内容不能被检索和分析，难以满足研究者进行数据挖掘和深度分析的需要。因此，有必要加强我国中小学教科书数据库建设，将现有的数字化教科书进一步转化成数据文本，使计算机能够识别教科书中的字、词、句等文本数据，以利于研究者对文本数据进行深度挖掘和专业分析。

（二）推进数据密集型教科书研究的方法和工具的研发

数据密集型研究是大数据时代占据主导地位的研究范式，数据密集型教育研究本身是一种手段，而非一种目的，应用于教育中的数据科学不应该被当作一种寻找问题的解决方案；相反，应当作为改进教学和教育中长期存在的问题、提高决策的工具。为此，加强教科书研究中大数据方法和工具的研发是推动教科书研究范式转型的重要途径。当自然科学和社会生活各个领域与大数据的关系日益紧密时，教科书研究领域也不应闭关自守、故步自封，而应主动借鉴发达国家的成功经验，将信息技术的最新成果应用到教科书研究之中。大数据时代，教科书研究需要与互联网技术、计算机和人工智能技术深度融合，根据特定的研究目的和数据分析的要求，开发出能够满足研究需要的数据密集型研究的工具和方法。

数据密集型教科书研究的工具和方法多种多样，可以把其他科学领域中的大数据研究方法转化和应用于教科书领域。美国教育部在《通过学习分析和教育挖掘来促进教学和学习》报告中指出，大数据在教育领域的具体应用主要体现为学习分析和教育数据挖掘。为此，在教科书研究中，学习分析和数据挖掘方法可以

---

① 人民教育出版社. 中国百年中小学教科书全文图像库[EB/OL].(2011-06-30). http://old.pep.com.cn/zt/szcb/rjszcp/yxs/201106/t20110630_1051926.htm.

用来分析网络环境下教师、学生、社会、教学环境等因素与课程内容相互作用时产生的数据，了解学生的知识基础、学习态度、学习动机和学习风格，改进教材内容的呈现方式和排列顺序，探寻有效合适的教学方法和教学设计，最大限度地提高课堂教学效果。不仅如此，教科书研究还应大胆改革传统教科书研究中常用的内容分析、话语分析等方法，根据研究需要开发和研制新的工具和方法。传统的内容分析和话语分析只能针对有限的样本数量和内容范围，无法满足大数据时代处理公共数据库中海量信息的要求。大数据时代的教科书研究可以引入语料库分析方法，语料库分析方法基于语言学、计算机科学和统计学等跨学科之上，是传统的内容分析和话语分析在大数据时代的升级。它不限于有限的教材文本，而是针对海量的文本数据开展定量研究；它不限于表层研究或定性分析，而是着重于对潜在信息价值的深度挖掘和整体揭示；它可以通过收集运用话语片段建成的大容量电子教材文本库，对教科书的文本内容进行全面而深入的研究，为教科书文本研究绘制出其在人类发展时空中的坐标系和发展轨迹。

（三）提升研究者跨学科的研究能力

虽然我国已经发布了促进大数据发展的国家行动计划，但是在教科书领域开展大数据研究还没有得到应有的关注，还存在种种实际困难。一方面，教科书研究者缺乏数据资源，难以获得海量的教育数据，同时，由于研究者长期接受人文社会科学研究训练，技术素养不高，数据意识不强，不善于引入计算机处理模式和分析方法开展教科书研究；另一方面，计算机专家或相关机构虽然掌握了海量的教育数据，但是缺乏有效挖掘、深度分析和充分利用教育数据的能力。研究学者指出，MOOCs 中的大部分数据都是由不熟悉教育研究文献的、计算机专业的研究者处理的，导致已发表的论文成果质量不高，在很多情况下，论文不知不觉地复制了经典教育研究中几十年来的正确结论。从这个角度来看，在教科书领域开展大数据研究，需要大数据技术与教科书研究的深度融合，需要一批既懂技术又懂专业的跨学科专业机构和跨学科人才。

首先，构建跨学科研究团队，促进教科书研究者与计算机数据专家之间的合作。在教科书领域运用数据密集型研究需要研究者开展跨学科的合作，通常情况下，在某个领域中开发的数据密集型研究方法可以应用到其他学科领域，节省时间和资源，有效推动各个领域的发展。为此，应鼓励跨学科、跨领域的教科书研究，大胆借鉴和运用国际上先进的大数据研究方法，促进大数据方法与教科书研究的深度融合，并将两者融合形成的理论和方法运用于我国的教科书研究中，用新的理论和方法拓展教科书研究的思维空间。

其次，培养教科书研究者尤其是青年学者的数据意识和数据分析能力、跨学科知识结构和研究能力，打破教科书研究中定量与定性二元对立的思维方式，探寻教科书研究中科学与人文深度融合的新理论、新范畴和新方法。大数据是一门新兴的计算机科学，研究者只有了解和掌握这种新型的计算机技术，才能在未来的大数据时代中掌握研究的主动权和话语权。对此，克里斯·德德大力倡导“培养资助研究生开展应用数字学习数据的研究”，并指出：由于大学的学术不仅是教授的工作，而且是研究生的工作，研究生也能促进研究团体之间的合作，甚至推动他们的导师去学习新的分析方法和提出新的问题。有一些正在开展数据密集型教育研究的最好的研究者就是研究生或最近的毕业生，其中许多人建构了可获得财政支持和培训的跨学科团体。[①] 因此，通过方法培训和课题资助的方式，鼓励青年学者或博士生对真实数据进行分析和挖掘，不失为一种提升研究者跨学科研究能力的有效途径。

（四）拓展理论基础与学科新方向

首先，重构理论基础。当前教科书审查委员会在审查和评价教科书时，更多关注的是教科书在学科内容组织上的科学性和准确性，教科书与课程标准的吻合程度，教科书的价值取向等问题，却难以及时了解教科书的教学有效性，教科书与学生学习心理规律的符合程度，师生对教科书使用的反馈意见等。大数据技术改变了教育数据生产和收集的方式，重构了教科书研究的理论基础与方法路径。以 MOOCs、PLeGs、可汗学院为代表的大数据时代的新型网络课程，将学校、课程和教科书转变为收集和分析数据的平台，这些开放的教育数据平台对师生与系统发生交互作用的情况进行了监测和记录，可以收集大量动态实时的教育数据，这些数据包括微观层面的数据（每个学生每秒钟的学习行为）、中观层面的数据（课堂中的教师模式）和宏观层面的数据（学生综合评价成绩）。在这些海量数

---

① DEDE C. Data - intensive research in education: current work and next steps[EB/OL]. (2015-11-04). https://cra.org/wp-content/uploads/2015/10/CRAEducationReport2015.pdf.

据的基础上，研究者可以用数据挖掘技术发现学生的认知发展和概念掌握情况、学生的情感投入、学生的元认知策略等的规律，在此基础上，形成和发展一种新型的基于数据的学习科学研究，并为我们开展教科书评价和研究提供科学理论和崭新视角，为教科书的质量改进提供更有针对性的建议。

其次，探索研究新方向。大数据的出现和使用改变了教科书研究的实证基础，推动定性与定量研究的深度融合，"教科书组学"这一新的学术方向将应运而生。2011 年，以哈佛大学让 - 巴蒂斯特 · 米歇尔为首的来自心理学、计算机与人工智能、基因组学、大英百科全书等跨学科领域的学者与谷歌研究团队，合作发表了《运用百万数字化图书的文化定量分析》。该研究主要建立在分析谷歌数字化图书的海量语料库的基础之上，该语料库收录了全世界从 1600—2000 年出版的 500 多万本书籍，涉及英语、法语、西班牙语、德语、中文、俄文、希伯来语等不同语言的 5000 多亿单词。研究通过对关键词在语料库中的使用频率变化，揭示了词典编撰、语法进化、集体记忆、技术使用、追求名望、文化审查与压制等领域中鲜为人知的现象，从崭新的视角展示了四百年来人类文化发展史的总体趋势。① "文化组学"这个全新的研究方向由此诞生。从词源上看，"文化组学"（culturomics）是由"文化"（culture）和"基因组学"（genomics）这两个词合并而成，其意思是指单个的词语好比人体的基因，正如基因通过不同排列可以构成功能复杂、形态迥异的人类机体一样，词语通过不同形式的组合也可以形成纷繁复杂、林林总总的人类文化。如果把"文化组学"的思想和方法引入教科书领域，将催生大数据时代教科书研究的新领域——"教科书组学"。教科书组学就是把教科书视为学校课程文化的有机体，教科书中的"话语"则是课程文化的基因，通过考查教科书文本中的"话语基因"的数量、内容和变化来揭示学校制度和课程文化的发展趋势。基于越来越完善开放的教科书大数据，通过对"话语基因"和词语频率的分析，研究者可以获得以往不能获得的理论启示和学科知识，可以从宏观层面和崭新视角上对教科书问题进行精准的把握。比如，把教科书中词频的时间序列与反映国家政策文件的时间序列进行相关分析，

---

① MICHEL J B, YUAN K S, AIDEN A P, et al. Quantitative analysis of culture using millions of digitized books[J]. Science, 2011 (331): 176 - 182.

有助于发现教科书内容和社会政治之间的关联；通过教科书中特定词频出现的时间序列进行统计分析，可以探讨教科书文化发展史、教科书政治发展史、教科书经济发展史、教科书语言发展史等。“教科书组学”的探索将极大地推动当代教科书研究深度和发展广度，适应大数据时代教科书研究范式的转型。

第三章

教科书研究的历史与理论

第一节　教科书研究的历史演进

教材随着学校教育的起源而产生，任何时代的教学都少不了教材。教科书虽然属于教材范畴，但是不等同于教材，它是伴随着现代学校教育体制的建立而形成的特殊教材样式。在古代社会中，学校课程往往是以古代经典著作为教材，这种经典著作往往是用古代语言表达的，包含着有关伦理、政治、艺术等方面的思想，由于不涉及教科书内容的选编问题，教科书研究并没有成为古代学者关注的研究专题。16 世纪、17 世纪，随着印刷机的发展和文化启蒙的需要，印刷课本被应用于课堂教学，教育学者开始倡导用本民族现代语来编写教科书，教科书内容的选择和编写问题提上议事日程。19 世纪末 20 世纪初，随着现代学校教育制度的建立，现代意义的教科书诞生了，真正的教科书研究也由此开始。

一、教科书研究的萌芽阶段

在这一阶段，现代意义的教科书还没有产生，作为制度文本的教科书也没有进入学者们的研究视野，但是对于课程内容的选择和组织问题的探讨早已有之，并为日后的教科书研究奠定了思想基础，因此我们称之为教科书研究的思想萌芽阶段。

自 16 世纪开始，教科书研究的思想开始萌芽。文艺复兴时期，伴随着欧洲“古登堡印刷术”的出现，法国教育家彼得吕斯·拉米斯将印刷课本应用于课堂教学，并将其置于课堂教学中的至高地位，要求以教科书的形式呈现和制定学科内容，由此在学校教育史中确立起“教科书”范式，进而推动西方文化从个别化的手抄传统向批量化的印刷传统转变，从以“口耳相传”为主的知识授受形式向以“阅读课本”为主的教育模式转变。为了适应印刷这种全新的媒介，拉米斯重新调整了“修辞、文法、辩证法”这三门经典人文教育学科的比重，加强了辩证法与逻辑学的比重，削弱了修辞和文法的地位。他编撰的《逻辑学》《辩证法》等成为当时教科书的典范。捷克教育家夸美纽斯认为，教科书是实施“泛智”教育的百科全书式的读本，包括学生使用的课本和教师使用的教学指导用书。他亲自编写了教科书《语言和科学入门》和《世界图解》，前者旨在引导儿童掌握拉丁文，后者是一本配有插图的儿童启蒙读物，这两种教科书被广泛采用，具有极大的社会影响。夸美纽斯在《大教学论》中专门论述了教科书编写的原则，主张教科书编写在内容上应遵循由具体到抽象、由简至繁、由具体到抽象的顺序，在时间安排上，也要合理地遵循教学工作的规律；在表达形式上，教科书应当简单明晰，采用对话的形式，适合不同年龄阶段学生的特点。

教科书研究萌芽阶段的主要特征为以下三点。

第一，教科书编写问题成为教育学者关注的重要问题。17 世纪，夸美纽斯倡导用本国现代语编写教科书，并率先进行了编写教科书的尝试。自此，教科书成为专门为学生设计使用的教学用书，逐渐取代了古代经典著作，在学校课程中占据重要位置。而教科书的编写问题也成为教育学者们关注和研究的内容。

第二，教科书研究处于前科学研究阶段，其思想具有经验性、朴素性的特征。受社会发展水平和时代的局限，教育学者对于教科书的研究建立在个体教学实践活动的基础之上，大多停留在感性认识和经验总结的层面，缺乏科学论证和理论推导。

第三，印刷技术为教科书的出版、发行提供了物质基础，使工业时代学校教育制度的建立成为可能。古登堡印刷术的发明开创了学校教育史上的“教科书”编写范式，用印刷课本代替手抄本置于课堂教学的中心，把抽象的课程内容转化成具体的“教科书”形态，把口耳相传的教育方式变为文字教育和书面教育。教科书可以记载科学严密的课程知识体系，便于长期保存和反复使用，使以文本为对象的教科书研究成为可能。

二、教科书研究的形成阶段

18 世纪到 20 世纪，教科书研究的二元范式开始形成，学者们对于教科书问题的探讨逐步分化为“教学论”和“学习论”两种研究取向。一种从教学的基本理论出发，运用哲学思辨研究，探讨教科书应“选择什么知识”的问题，旨在推进教科书的结构化；另一种以心理学为理论基础，运用实证研究方法，分析教科书应“如何编排知识”的问题，旨在推进教科书的心理化。这两种研究取向蕴含着以后教科书研究中哲学思辨范式和科学实证范式的产生。

（一）教科书研究的教学论取向

18 世纪到 19 世纪，学者们围绕着“什么知识最有价值”这一经典问题，探讨了学校课程应该“选择什么知识”以及“如何促进教师教学”，这些散布在各种课程与教学理论著作中的思想片段为日后的教科书研究奠定了科学基础。

18 世纪泛爱主义教育的代表巴西多发表《敬向志士仁人呼吁书》，指出编撰初级教学用书具有重要意义，能使教科书的编写问题受到社会的广泛关注。他编写的《初等读物》颇受赞誉，被称为 18 世纪的“世界图解”。拉夏洛泰、第斯多惠、狄尔沃兹等人强调编写教科书的重要性，并身体力行编写教科书。德国教育家赫尔巴特把教育学建立在实践哲学（伦理学）和心理学的基础之上，致力于推进教育学的科学化进程，他力图培养“真正善良”的人，重视智育在学校课程中的重要意义，把教科书和教师置于课程与教学的中心位置，认为课程知识应由教师向学生传授，学生应深入钻研教科书和认真探讨其中的问题。同时，他还主张学校课程应以学生的“多方面兴趣”为基础，学科知识则相应地编制在不同的教科书之中。比如，根据经验的兴趣，应设置自然、物理、化学、地理等学科；根据思辨的兴趣，应设置数学、逻辑、文法；根据审美兴趣，应设置文学、唱歌、图画；根据语言兴趣，应设置外国语、本国语；根据社会兴趣，应设置历史、政治、法律；根据宗教兴趣，应设置神学。赫尔巴特在追求教育学的科学化进程中，探寻了一条哲学思辨的研究路径，对课程与教科书的研究产生了深远影响。如果说赫尔巴特的教科书编制以学科知识为中心，那么美国教育家杜威则倡导教科书应从儿童的生活经验出发，教师在课堂教学中应把教科书转变成儿童的教科书。儿童与课程仅仅是确定一个单一过程的两极。正如两点决定一条直线，儿童现在的观点和学科中所包含的事实与真理决定着教学。从儿童的现在经验发展到被我们称为学科的、有组织的真理体系所表征的经验，是一个持续改造的过程。[①] 课程的问题归根到底就是教科书内容的组织和选择问题，教科书的编写应遵循儿童心理发展的顺序，教科书的心理化就是把抽象的学科知识逻辑转换成儿童的直接和个体经验，促进学科知识与儿童既有经验的相互作用，引导儿童经验的不断生长和发展成熟。

（二）教科书研究的心理学取向

早期的教科书研究与心理学的学术发展也密切相关，关注文本的可读性和可理解性，分析教科书应“如何编排知识”和“如何促进学生学习”的问题，旨在推进教科书的心理化。我们称这一阶段为教科书研究的心理学取向。

最早的教科书研究始于 19 世纪 80 年代的美国，其中教科书的“可读性”是一个重要的研究主题。所谓可读性就是学习者阅读和理解教科书文本的难易程度，它影响和决定着学习者实际学习效果的差异。教科书的可读性问题一直在中小学校中存在，教师长期认为不同年级使用的教材难度与学生的学习水平不相适应，为了找到一些客观的衡量标准来确定各种教科书的难易程度，研究者开展了教科书可读性的研究。早期的教科书研究注重从实践和理论双重视角探讨教材文本的可读性和可理解性。埃德蒙·伯克休伊的《心理学和阅读教育学》和爱德华·桑代克的《教师词汇手册》成为这个领域中的开创性著作，为教科书研究提供了重要的理论基础。其中，《教师词汇手册》对诸如儿童文学、英语经典名著、参考书和技术书、新闻和通信等广泛的材料中 1 万个单词的出现频率进行了测量。[②]

1923 年，莱弗利和普莱西对科学教科书的难易度开展了最早的实验研究。他们发现，中学科学教科书包含了过多的技术用语，以至于学生把大量时间花在科学词汇的学习上，从而影响他们对科学事实的学习。莱弗利和普莱西根据桑代克的词频数对教科书中的每个单词进行了标注，然后计算出全书所有单词词频的平均数，评测得分较低的教科书被认为难度更大。这种测量没有把教科书与学生

---

① 杜威．学校与社会·明日之学校[M]．北京：人民教育出版社，1994：120.

② FUCHS E，BOCK A. The palgrave handbook of textbook research[M]. Basingstoke：Palgrave Macmillan UK，2018：27.

的阅读理解关联起来，它只是按照单词难度对不同的教科书的难度进行了排序。1928 年，美国的沃格尔和沃什伯恩提出了第一个测量可读性的公式——温内特卡公式（Winnetka formula），温内特卡公式把词汇、句子结构、语法等多个变量作为区分文本难度的特征，构建了多元线性回归模型，它把文本难度与不同的阅读能力水平联系起来，成为一种文本可读性的主流研究方法。后来的学者也提出了诸多文本可读性测量公式，他们在本质上都沿用了温内特卡公式的基本原理。

斯金纳把行为主义心理学和教学技术整合起来应用于课程与教学领域，编制了程序教材，大力倡导程序教学机器的使用，程序教材的设计遵循积极反应原则、小步子原则、即时强化原则、自定步调原则、低错误率原则。程序教材逐步呈现知识，每一步之间知识难度的增加非常小，在学习过程中能够给予学生反应即时的强化，帮助学生以适合自己的速度进行学习，有效减少学生出现错误反应的可能性。

布鲁纳指出，无论我们选教什么学科，务必使学生理解学科的基本结构。学科的基本结构是指每门学科的基本概念、基本公式、基本原则等。它有助于学生理解和记忆，有助于学生更好地迁移和运用。同时，他认为教育工作者的任务就是把知识转换成一种适应正在发展中的学生的形式，当学科基本结构与学生的认识结构相适应时，便可做到任何学科的基础都可以用相应的形式教给任何年龄的任何人。奥苏伯尔认为，不论在哪一个学科，要使教材的内容编排成序，有两个原则是适用的，这就是逐渐分化原则和综合贯通原则。逐渐分化原则是从一般到个别的原则，首先介绍最一般的、包摄性最广的概念，然后根据细节对它们逐渐加以分化，这样设计教科书内容，不仅与学生自然的认知顺序相一致，而且与学生组织和储存知识的方式相吻合；综合贯通原则是指应该明确相关概念的异同、不同提法之间的关系，避免混淆和矛盾，使知识系统化和清晰化，这样编撰的教科书有利于促进学生认知结构的逐渐分化。奥苏泊尔还提出教科书中应编排清晰的引导性材料，即“先行组织者”，帮助学生把新的学习内容与其已有认知结构联系起来，使其能够更高效地掌握新的知识。

布鲁姆开展了教育目标分类学的理论研究，主张各个领域的目标是有层次结构的，认知领域的目标由低到高依次包括知识、领会、运用、分析、综合、评价六个层面，这些层次结构与各学科内容相结合，形成相应的学科教育目标体系，为教科书的编制提供指导框架。同时，他主张教科书的编制要有效地运用"形成性"评价思想，即把教科书的内容分成若干单元，每一单元分解成若干要素，这些要素按照从具体到抽象、从简单到复杂的顺序进行排列，从而使学习的各个要素形成教材单元学习任务，通过这种教科书编排方式促进学生循序渐进地掌握学习内容。

教科书研究形成阶段主要有三大特点。

第一，伴随着现代意义教科书的诞生和课程与教学理论的发展，教科书研究也逐渐走上科学化的道路。19 世纪末 20 世纪初，伴随着现代学校教育制度的建立，教科书成为学校教育中基本的教学工具，现代意义上的教科书诞生了。第一次世界大战结束后，西方的教科书研究也应运而生，自此教科书研究运用了广泛的方法和手段，并涉及几乎所有的主题范围。[①] 这一阶段的教科书研究仅仅是从教育学科内部系统来进行探讨，教科书被视为课程与教学系统的一部分，是教师教学和学生学习的材料，受到教育观、学科知识、教学目标、教学环境、学生心理等因素的影响和作用，是由特定时期教育教学理论与实践发展所决定的。

第二，教科书研究吸收了教育学、心理学的研究成果，逐渐分化成"教"和"学"两条研究路径：18 世纪到 19 世纪，教科书研究主要从教学论的视角出发，运用哲学思辨的研究方法，以研究"教什么""怎么教"为主要内容，探讨如何选择和组织学科知识、编制科目本位的教科书，力图编制一种有助于"教师教授"的材料；19 世纪到 20 世纪，教科书研究从学习论的视角出发，运用科学实证研究的方法，探讨"学什么""怎么学"，力图编制一种有助于"学生学习"的材料。纵观历史，教科书研究经历了从单纯关注教师"教什么"和"怎么教"转变为探讨学生"学什么"和"怎么学"，从教材建设到学材建设，再到教材与学材有机结合的发展。

第三，教科书编制的技术手段不断进步，纸质教科书开始向多媒体教科书转变。在工业革命的推动下，机械化、工业化的印刷技术能够生产出大量标准化的教科书，为义务教育的普及提供了物质前提。科技的迅猛发展为课程知识的传播

---

① JOHNSEN E B. Textbooks in the kaleidoscope: a critical survey of literature and research on education texts[M]. Oslo: Scandinavian University Press, 1993: 21.

提供了现代教育媒体，卫星电视、计算机、无线电广播等为现代教育形式提供了物质基础，推动传统纸质教科书发展成现代多媒体教科书。

三、教科书研究的发展阶段

第二次世界大战结束后，现代教科书研究走向多元发展的阶段，形成多种教科书研究的理论流派，并逐渐分化成三条研究路径：第一条是从社会学的视角出发，运用文化批判理论，分析教科书是“由谁来选择知识”；第二条从国际理解的视角出发，运用比较研究的方法，分析教科书是“如何达成国际共识和世界认同”；第三条是从技术学的视角出发，运用信息技术和计算机理论，分析电子教科书设计问题及其“如何传播知识”。

（一）教科书研究的社会学取向

社会学取向的教科书研究主要是从社会学的视角对教科书制度和文本中体现的意识形态问题、性别问题、多元文化问题、阶级压迫问题、种族问题进行批判性分析，探讨“谁来选择教科书的内容”“什么知识可以编入教科书”“什么样的理念可以指导教科书设计”等问题。国外学者对教科书的社会学研究起步较早且收获颇丰。

20 世纪 70 年代，以博恩斯坦、杨等为代表的英国学者创立了“课程社会学”，主张用社会学的理论与观点分析课程与教科书。博恩斯坦提出了“精致编码”和“局限编码”的概念，并以此解释不同社会阶层子女在学校学习成功或失败的原因。他认为中上层阶级子女的社会话语是“精致编码”，与学校教育知识之间具有同质性，而下层阶级子女的社会话语是“局限编码”，与学校教育知识之间存在异质性，这就使得不同阶级的子女在学业成功的可能性上存在差异，中上层阶级的子女更容易在学业上获得成功。杨提出，要用社会历史的眼光来考查学校课程中知识的选择与组织的问题。只有通过研究社会分层与知识分层之间的关系，才能着手研究权力结构与课程知识之间的关系，研究获得知识与进入“上层”社会的机会之间的关系，研究知识与它在不同社会中的功能之间直接的关系。“高地位”知识的课程具有较高的抽象性，强调写作，重视个人表现，与校外环境没有直接联系。一般来说，学术课程是以选择具有较高社会地位的知识为基础，这种课程可以受到正规评价，被授予最有才华的学生，只在相同能力组进行传授。相反，“低地位”的知识领域主要针对那些学业失败者，而以“低地位”为特征的课程明显阻碍了学生接近那些与社会中报酬、声望、权力相联系的知识，这些课程中即使取得成功的学生实际上仍然是“失败者”。

以阿普尔、斯里特、格兰特、安扬为代表的美国学者探讨了教科书知识的选择和传递、教科书中文化与权力的关系、教科书中蕴含的意识形态等问题。阿普尔认为教科书是一种“正式知识”，它体现了“谁的知识被社会认可”，并决定着“用谁的文化去教育孩子”。他主张，通过对教科书选择性文化的探讨，深层次揭示知识与权力之间的复杂关系；通过对教科书中种族、阶层、性别等问题的分析，揭示教科书中隐含的意识形态和价值观念。在阿普尔主编的《教科书政治学》中，斯里特和格兰特运用批判理论对社会、语言、科学和数学等学科的教科书进行了分析，展示美国教科书是如何处理种族、阶级、性别等问题的，揭示了教科书中的知识是经过筛选的社会主流意识形态的表达，是实现社会控制的重要方式。[①] 安扬在《意识形态和美国历史教科书》中对美国 17 本广泛使用的中学历史教科书内容进行了分析，从经济发展、社会变革、经济团体、工会、课程与社会利益等五个分析类目出发，探讨了从内战到第一次世界大战期间经济和劳工发展的历史。研究发现，美国历史教科书中隐含着代表统治阶级的主流价值观，是为特定资产阶级集团利益服务的，优势社会群体的利益和立场在教科书中得到充分体现，而弱势群体的立场或观点则被刻板化、歪曲化、空无化。[②] 安扬在《社会阶级与学校课程》中指出，学校课程内容及其实施反映了统治阶级的价值观和意识形态，再生产了不平等的社会关系和结构。在工人阶层的学校，课程知识主要是为低能力学习者提供事实性知识和简单的技能；在中产阶级的学校，课程知识是更为抽象的、有助于升学的概念性知识；在富裕阶层的学校，课程知识注重个体探究和自主创造，旨在促进学生个性的发展；在精英阶层的学校，课程知识是具有较强的学术性、思想性的知识，旨在培养未来社会中卓越的精英。[③]

---

① 阿普尔，史密斯. 教科书政治学[M]. 上海：华东师范大学出版社，2005：49－57.

② ANYON J. Ideology and United States history textbooks[J]. Harvard Educational Review, 1979 (3): 361－386.

③ ANYON J. Social class and school knowledge[J]. Curriculum Inquiry, 1981 (1): 3－42.

（二）教科书研究的国际理解取向

国际理解取向的教科书研究是在国际社会组织的倡导下，开展国际教科书比较研究，反对极端的民族主义，加强不同国家的教育工作者、教科书编写者开展合作，以便不同国家的教科书编写能够建立在共同认识和基础之上。该取向的教科书研究探讨了教科书研究运用何种方法可以达成共识、教科书如何兼顾不同立场和客观准确性、教科书准确表达的标准是什么等问题。旨在促进不同国家之间合作发展、尊重理解，帮助各国教科书编写者理解和欣赏其他国家文化历史，确保各国教科书能够提供一种更加客观全面的“共识”性真理。国际联盟、联合国教科文组织和欧洲委员会等国际组织致力于推动这种国际理解取向的教科书研究工作。

在第二次世界大战后欧洲重建时期，联合国教科文组织理事长平格尔在国际联盟原有工作的基础上，撰写了《联合国教科文组织教科书研究与教科书修订指南》，创建了一系列促进国际理解的教科书开发和修订标准。同时，联合国教科文组织举办了国际会议，旨在促进教科书中呈现地区和文化的多元性。伴随着冷战的开始和世界的两极分化，联合国教科文组织致力于在历史教学中开发培养学生多元文化意识，引导学生从不同的视角看待历史事件，通过批判性思维能力形成自己的理解。斯特拉德林的《历史教学的多元性：教师指南》就是这方面的代表作。自1949年始，欧洲委员会组织了六次重要的国际会议，旨在推动国际教科书修订和研究工作。1953年至1958年，欧洲委员会组织了六次重要的国际会议，其间在15个欧洲国家中使用的2000本历史教科书接受了教育专家的审查。1974年开始，联合国教科文组织倡导开展教科书和学习资料的互动研究和修订活动，确保教科书的准确、和谐、现代和无偏见，增进不同国家人民之间的共识和理解。20世纪80年代末，教科书研究要求编写者和使用者必须共同参与。近年来随着国际恐怖主义的扩散，联合国教科文组织优先关注和开发了有助于理解和尊重文化多元性的项目。教科书在国际社会抵制暴力和摆脱冲突的过程中发挥着重要的作用。

成立于1951年的格奥尔·埃克特国际教科书研究机构（简称“GEI”）是在国际理解取向教科书研究领域最重要的机构。GEI致力于解决如何在教科书中呈现复杂历史的问题“我们怎样才能接受那种带给我们羞耻感而非骄傲的历史?”

“我们如何接受这样的事实——尽管社区拥有共同的过去，但是如今却四分五裂?” GEI 在冲突的团体中充当着“中立”的调节者，一方面要确保教科书协商中较高的学术标准，另一方面还要创建一种值得信赖的氛围。GEI 试图为和平解决冲突铺平道路，促进历史、地理和社会教科书的国际理解，强化其跨文化维度。为达到这一目的，他们努力开展工作。如组织国际教科书会议，阐述和出版教科书编写建议，为教科书作者、编辑、教师和教师培训学校提供建议，提供研究奖学金，开展项目研究。GEI 的学者认识到，在编制教科书中“尊重历史传统，允许不同的解释，被邻国视为合法”是一件复杂而富有挑战的事情，致力于为来自不同国家、不同领域的研究者和教育实践工作者开展对话，分享理解提供一个平台。1985 年，GEI 被授予联合国教科文组织的和平教育奖。当前，GEI 与联合国教科文组织、欧洲委员会等国际组织开展合作，它们被公认为是有助于推进国际理解的教科书比较研究。

（三）教科书研究的技术学取向

技术学取向的教科书研究主要是从技术学或传媒学的视角出发，探讨网络和计算机技术对教科书出版方式的影响、电子教科书的开发和应用、个性化的教科书设计等问题。现代信息技术改变了教科书知识的呈现和传播形式：在形态上，教科书从静态封闭的纸质文本转变为动态开放的网络平台；在功能上，教科书从独白式的权威文本和知识标准转变为对话交互性的学习工具；在出版上，教科书从工业时代批量复制模式转变为信息时代个性化定制模式。在这个意义上，教科书进入后教科书时代或后现代发展阶段。

尼尔·波兹曼提出了“媒介即隐喻”的理论，认为每一种媒介都是对文化符号的再创造，都为人类思考问题、表达思想和抒发情感进行了重新定位，主流媒介能够以一种隐蔽而强大的暗示力量重新定义现实世界，甚至塑造一个时代的精神文化，媒介的变化不仅改变着世界的结构，而且影响着人们的意识形态。教科书作为承载着特定学科内容的“教育媒介”，其媒介形态的每一次变化都深刻地影响着学校教育的发展。从历史的角度来看，教育媒介的转变引发了西方教育发展史中的三次危机：第一次危机出现在公元前 5 世纪，那时雅典人经历从口头文化到书写文化的变更；第二次危机出现在 16 世纪，印刷机出现后，欧洲发生了巨变；第三次危机发生在 19 世纪末的美国，这是电子革命特别是电视机发明后产生的后果。[①] 如果说尼尔·波兹曼生活的20世纪是电子信息文化主宰的世纪，那么我们现今所处的21世纪则是一个由网络文化主宰的世纪。作为“教育媒介”的教科书经历了“口头文化—书写文化—印刷文化—电子文化—网络文化”的过程。进入21世纪，教科书及相关教育媒介日益走向数据化、智能化和个性化，从电子文化向网络文化的转变有可能引发未来学校教育的第四次危机。

20世纪70年代，安德里斯·范·达姆首次提出了“Electronic Book”（电子书）的概念。伴随着数字技术和计算机网络技术的发展，从单纯以纸和光盘为媒介的出版模式发展到以互联网为平台的出版、发行和阅读模式，电子书应运而生。技术的发展推动了电子书的发展，使电子书呈现出新的优势。电子书的发展推动了学者们从纸质教科书的研究转向电子教科书的研究。世界上50多个国家探索和制定了推进基础教育电子教科书的政策，国内外出版社致力于开发和试验各种电子教科书产品。同时，学者们围绕三个问题对电子教科书这一新生事物展开了争论：①电子教科书与纸质教科书有何区别？有的学者认为电子教科书呈现方式灵活多样，内容更新速度快，不仅方便学生迅速获取大量信息，而且可以针对学生特点实现个性化定制。[②] 有的学者则认为电子教科书不如纸质教科书方便，信息量过大，使用者认知负荷较重。日本的藤原教授、川岛教授认为，纸质教科书对语言能力的提高有极大优势，电子教科书以动画和图像取代文字，不利于学生思考能力和学习能力的提升。②电子教科书对学生学习有何影响？研究发现，阅读电子教科书有助于学生学习，但是这种学习方式与任务难度和学习时间高度相关。[③] 波特研究发现，使用电子教科书与纸质教科书对学生学习成绩的影响没有显著差异。[④] 韩国调查显示，电子教科书因所带来的信息量过大会导致学生学习效果下降。研究发现，电子教科书有助于促进学生互动，还可以为课堂上

---

① 波兹曼．娱乐至死[M]．北京：中信出版集团，2015：173.

② 项国雄．从传统教材到电子教材[J]．信息技术教育，2005（5）：8－10.

③ GRIMSHAW S，DUNGWORTH N，MCKNIGHT C，et al. Electronic books：children's reading and comprehension[J]．British Journal of Educational Technology，2007（4）：583－599.

④ PORTER P L. Effectiveness of electronic textbooks with embedded activities on student learning[D]．Minnesota：Capella University，2010.

不爱发言的学生提供最佳发言场所。[①] ③教师如何在课堂教学中使用电子教科书？日本齐藤教授认为，电子教科书应该作为一种副教材与纸质教科书混合使用，为学生的扩展性阅读与学习提供导引和帮助。只有通过长时间的试验，积累教师使用电子教科书进行教学的方法，并且应该知道电子教科书会对教育产生很好的影响时，才能大面积推广和使用电子教科书。在数字化时代，教师应树立新的思维方式，将电子教科书与纸质教科书混合使用，相辅相成，并进一步探讨如何使用电子教科书进行教学。

教科书研究发展阶段有三个主要特征。

第一，教科书研究的理论基础和研究视角不断扩展。这一阶段突破了以往教育中单学科的研究视角，主要从多学科的研究视角来探讨教科书问题，把教科书问题置于复杂多元的社会外部系统之中，认为教科书受到政治、经济、文化、精神等诸多社会因素的影响，是一定时期社会政治、经济、文化发展共同作用的结果。为此，教科书研究从教育内部系统转向复杂社会整体系统，教科书研究的基础从教育学逐渐扩展到社会学、政治学、文化学、传媒学、信息学等多学科领域，教科书研究的范围涉及内容研究、开发研究、评价研究、使用研究等多个方面，教科书研究呈现出流派纷呈、百家争鸣的局面，其科学水平不断提升。

第二，教科书研究方法问题越来越受重视。魏因布伦纳在《教科书分析方法论》中指出，教科书研究存在“方法上的缺失”，并初步阐明了教科书分析方法。联合国教科文组织理事长平格尔在《联合国教科文组织教科书研究与教科书修订指南》中探讨了教科书研究的多种方法和技巧，指出教科书研究应综合运用定量研究与定性研究的方法；教科书定量研究中常用的有频次分析和空间分析，教科书定性研究中常用的有解释学分析、语言分析、话语分析等。[②] 尼科尔斯认为教科书研究方法非常缺乏，有待深入研究，只有开发出清晰、系统的研究框架和研究工具才能确保教科书研究的深化发展，他在平格尔研究的基础上，提出教

---

① KIM M, YOO K H, PARK C, et al. Development of a digital textbook standard format based on XML[C]// Lecture Notes in Computer Science. Advances in computer science and information technology. Heidelberg, 2010: 363 – 377.

② PINGEL F. UNESCO guidebook on textbook research and textbook revision (2nd revised and updated edition) [M]. Paris: UNESCO, 2010: 67 – 72.

科书定性研究方法还包括历史传记分析、视觉分析、问题分析、批判性分析、结构性分析、符号分析等。在实际的教科书研究中，研究者采用了历史研究、比较研究、内容分析、调查和统计分析、实验研究等多种方法，其中内容分析法是最常用的教科书研究方法。

第三，教科书编制的技术水平不断提高。计算机、网络和数码技术推进了教科书出版技术的变革，教科书印刷走向个性化、智能化、数字化时代，教科书生产也从工业化时代的批量生产走向信息时代的个性化定制。教科书与高科技有效结合，在形态上也不断革新，出现类似视听教科书、超媒体教科书、电子教科书等新型教科书。未来的教科书不再局限于纸质文本或媒体设备，而是转变成网络课程系统或大数据平台，未来的教科书不再是面向学生群体的标准化文本，而是着眼于学生个体的学习需求，促进所有学生获得个性化、差异化发展。

四、启示与结论

纵观教科书研究的发展史，发现有三条线索贯穿于教科书研究的发展历程：第一条线索是教科书研究的理论基础的变革；第二条线索是教科书研究方法的转变；第三条线索是教科书所依存的媒体介质的改变。教科书研究受到理论基础、方法工具和媒介形态的影响很深，教科书研究的发展既体现了理论基础的流变、方法工具的创新，也体现了媒介形态的变革的影响。

（一）教科书研究基础的扩展：从单学科到多学科

教科书研究与研究者的理论信念密不可分，所有的教科书研究都带有文化思想的烙印，这种思想烙印存在于整个研究过程，是不能屏蔽的。研究者从问题的提出到问题的分析和解决都受到他所持有的基本理论主张的制约，研究者对教科书问题的认识与其基本的理论立场密不可分。中外学者致力于理论性地研究教科书，构建完整的教科书理论体系。最初的教科书研究是在教育学尤其是课程理论的学科框架中进行，其研究方法的探索也是着眼于借鉴和运用教育学科的研究方法。尽管教育学科的理论和方法起初推动了教科书研究的兴起和发展，但是却难以在教科书的现代化发展中提供助力。这种单学科的研究视角给教科书研究的发展带来了方法论困境。教科书研究需要寻找独特的研究方法，单学科的研究视角无法全面认识教科书的复杂性质和多元特征。教科书研究从“单学科研究”向

"多学科研究"转变，成为一个综合性、复杂性的研究领域。哲学、心理学、语言学、社会学、历史学、传播学、信息技术等不同学科理论为教科书研究提供了多元的理论框架、思维方式和价值规范，有助于研究者从不同的视角对教科书问题展开研究，有助于科学把握教科书的本质规律，指导教科书政策的正确制定。多学科的理论框架和研究视角促进了教科书与其他学科的融合渗透，引入了许多新问题、新概念和新观点，促进了教科书研究的科学化进程。

（二）教科书研究方法的转变：从自发到自觉

教科书研究方法的发展经历从自发到自觉、从经验到科学、从单一到多元的转变。在萌芽阶段，人们是从个人经验出发探讨教科书修订和改革的原则，后来经过拉米斯、夸美纽斯、赫尔巴特、杜威等人的发展，形成一种基于哲学思辨教学论取向的教科书研究范式。虽然这些学者的课程教材观具有教育启蒙和社会批判的意义，但是他们的研究缺乏方法论层面的探讨，难以推动教科书研究成为一种专门的研究领域。随后，教科书研究在斯金纳、布鲁纳、布鲁姆等教育心理学者的推动下，经历了对自然科学研究方法模仿、转化和发展的过程，形成了一种基于科学实证的心理学取向的教科书研究范式。思辨研究范式和实证研究范式在教科书研究的发展历程中相互对立、此消彼长，成为推动教科书研究向前行进的两个车轮。思辨研究范式是学者以哲学思辨的方式分析和批判课程教材的合理性，从个人经验出发探讨教科书修订和改革的原则，这种研究遵循从一般到特殊、从理论到实践的认识论路线，由一般的哲学思想推导出具体的课程教材观。实证研究范式把教科书开发视为科学理性、价值中立的过程，完全排除主观因素的影响，探寻教科书开发中的普适化、技术化的程序，建构了教科书研究的科学化发展路线。第二次世界大战后，现代教科书研究引入社会学、政治学、比较研究、信息论等多学科的理论和方法，通过运用新理论，使用新方法，开拓了教科书研究的新视角和多元空间，使教科书研究进入了方法自觉和理论创新的时代。自此，教科书研究在方法上告别了盲目模仿和被动研究的狭隘路线，确立了自觉的方法论意识，通过运用多种方法和多元视角开展研究，揭示教科书的本质特征和价值规律，推动自身在思想分歧和争论中不断深化，在国际合作与对话中不断发展。

（三）教科书存在特性的变革：从标准化到个性化

教科书的传播媒介是推动教科书发展的技术基础，传播媒介的形态决定着教科书的存在形态，也间接地决定着教科书研究与实践的方式。工业化时代的教科书研制推崇标准化、统一化。工业印刷推动了教科书的普及，为义务教育制度的建立提供了物质前提。工业社会主张用技术和规范开发教科书，追求教学有效性，教材编写遵循标准化、统一化的原则，教科书成为知识权威和文化标准，教师成为教科书的传授者和解读者，学生成为教科书的遵从者和接受者。与崇尚标准化、统一化的工业化社会不同，信息时代的教科书研制走向个性化和多元化。互联网拓宽了教科书知识的传播渠道，教科书无处不在，学生可以随时随地获取教科书内容，传统的自上而下的知识传播方式受到前所未有的挑战，每个人既是知识的接受者，也是知识的创造者和传播者，教科书的使用者与生产者之间的界限被消解。信息技术为个性化学习提供了技术支持，教科书不再扮演“权威”和“专家”的角色，而是成为有待质疑、有待改进的文本。好的教科书不再是为所有学生设置的知识标准，而是适应每个学生的个性并能促进其学习的工具。教科书的发展从近代社会走向现代社会、后现代社会，教科书的传播媒介也从印刷媒体转向电子媒体、网络媒体，教科书研究的价值取向也从追求标准化和统一化转向崇尚个性化和多元化。

第二节　教科书研究的理论基础

教科书研究与哲学思想密切交织、关系紧密，教科书研究总是建立在一定的哲学理论基础之上，哲学是制约教科书研究发展的理论基石。不同流派的哲学理论对知识、价值和世界有不同的观点，会直接影响教科书研究的思想、方法和路径，会决定不同的教科书研究模式。哲学为教科书的理论与实践研究提供了本体论、认识论和方法论。首先，教科书研究就是运用哲学去研究教科书本体论问题，探讨教科书本身的性质和特点是什么，揭示教科书与其他教育现象的区别与联系；其次，教科书研究还要利用哲学回答教科书认识论问题，重点探讨知识论是如何决定教科书内容的选择和组织，如何影响教科书的编制和实施的；最后，教科书研究还要在哲学的基础上构建科学的教科书研究方法论，探讨教科书研究方法上的性质和特点，说明教科书研究方法与自然科学或社会科学研究方法的异同。

斯科特和亚瑟在《研究教育－教育调查的数据、方法和理论》中批判了人们对教育研究中哲学问题的忽视，指出“大多数教育研究收集了与活动、机构和制度相关的数据，但是认为没有必要揭示其背后的本体论和认识论的关系”，同样地，“研究者的价值观、偏见和认识论框架”也经常被视为“与研究设计没有关系”。他们认为，这是一个错误的认识。[①] 早在 1992 年，魏因布伦纳就指出：教科书研究存在理论、经验和方法上的缺失。直至现在为止，缺乏详尽而公认的“教科书理论”，而如果没有教科书理论，就不可能构建出令人信服的教科书方法论。但是，魏因布伦纳的呼吁一直没有受到人们的重视，研究者不会主动探讨教科书研究背后应该有怎样的哲学基础，也不会对其研究背后的认识论、本体论问题进行思考，这便使教科书研究过程和方法成为“无源之水”和“无本之木”，而教科书研究至今也没有作为一门独立学科建立相应的理论体系。为此，我们应重新定位和认真建构教科书研究的理论基础，将哲学理论作为探讨教科书研究方法论的前提和基础。主要从理论层面探讨五种哲学理论对教科书研究的影响，并从案例层面分析基于不同哲学理论的教科书研究实践。

一、实证主义视域下的教科书研究

（一）实证主义

实证主义是以实证自然科学精神来改造和超越传统形而上学哲学流派的，主要代表是孔德、穆勒和斯宾塞。在主客体关系上，实证主义认为，主体与客体、事实与价值之间是二元对立、截然分离的，主体可以运用科学的工具和方法来获得对客体的认识。自然现象和社会现象都遵循客观的科学规律，不受个人因素和主体价值的影响，哲学的根本任务就是要精确地发现外部世界中存在的自然规

---

① SCOTT D，USHER R. Researching education－data，methods and theory in educational enquiry[M]. London and New York City：Cassell，1999：2－3.

律。在认识论上，实证主义反对从抽象概念出发，主张从实际经验出发，一切理论的提出都必须基于充分的事实证据，一切知识的获得都是认识者对外部世界的客观反映。人们获取的知识不是思辨的知识，也不是神学的知识，而是具有科学价值和意义的知识，是可以得到科学检验、实验证明和逻辑论证的知识。在方法论上，实证主义主张研究必须建立在观察事实和实验操作的基础之上，采用理论假设、归纳演绎和逻辑推理等方法来形成科学理论。数学方法或定量方法是获取科学知识的重要手段，即使是社会科学研究也应利用数学方法或定量方法。

（二）实证主义对于教科书研究的意义

实证主义把教科书研究定位为一种科学化的研究活动，试图像研究自然科学一样来研究教科书问题，把教科书领域的研究变成自然科学的研究。在实证主义视域下，教科书是对我们意识之外客观世界的真实反映，其自身具有科学性、规范性和可测量性，教科书是独立于研究者而存在的，与研究者之间没有动态的关联。教科书研究是研究者对研究对象镜式反映的过程，不受研究者个人判断和主观价值的影响，超越了意识形态、地域国界、思想偏见的束缚，其目的是要发现教科书背后隐藏的永恒不变、客观普适的规律。教科书研究就是运用数据统计、频次分析和逻辑推导等方法，检验教科书是否与客观世界的本质相一致或相符合，是否准确有效地反映了认识对象的本质属性。

（三）基于实证主义的教科书研究案例

孔凡哲的论文《现行教科书课程难度的静态定量对比分析——以初中数学课程标准实验教科书“不等式”“四边形”课程内容为例》构建了课程难度定量模型，并用其对三套数学教科书的课程难度进行了定量分析，从而探讨了三套教科书与《全日制义务教育数学课程标准（实验稿）》（以下简称《课程标准》）的吻合程度。首先，构建课程难度定量模型。他认为，影响课程难度的因素主要有课程深度、课程广度和课程时间，可以用不同的字母来代表它们：N 表示课程难度，S 表示课程深度，G 表示课程广度，T 表示课程时间。这几个变量之间的关系表现为：课程难度N与课程深度 S 成正比，与课程时间 T 成反比；课程难度 N 与课程广度 G 成正比，与课程时间 T 成反比；单位时间内的课程深度是“可比深度”，表示为 S/T，单位时间内的课程广度是“可比广度”，表示为 G/T；如果课程的“可比深度”和“可比广度”都大，这门课程就难。在此基础上，构建了课程难度模型的函数关系式 $N=\alpha\cdot S/T+(1-\alpha)G/T$，$\alpha$ 是加权系数，满足 $0\leqslant\alpha\leqslant1$ 的条件，反映了课程对于“可比深度”和“可比广度”的侧重程度。课程难度 N 实际上就是“可比深度”和“可比广度”的加权平均值。其次，选取样本并开展统计分析。选择2001 年9 月、2002 年9 月先后投入实验的、在全国发行较早、影响较大的三个版本的义务教育数学课程标准实验教科书作为研究对象，选取“不等式”和“四边形”这两部分的课程内容进行分析。为了提高研究的可行性，将研究变量进一步可操作化，课程时间界定为教授具体内容所要求的“课时”，课程广度界定为相关课程内容所涉及的“知识点的数量”，课程深度转化为给课程目标中的动词赋值。在此基础上，计算出不同版本教科书在关于“不等式”和“四边形”部分的课程难度。最后，研究发现，不同版本的教科书设计风格差异较大。人教版教科书课程难度最低，最贴近《课程标准》的课程难度，华师大版教科书中“不等式”的课程难度最大，北师大版教科书的相应课程难度介于华师大版与人教版之间。论文最后得出结论：无论是“窄而深”的课程设计方式，还是“广而浅”的课程设计风格，都有可能导致过深或过浅的课程难度。为了保证课程的难度不偏离《课程标准》的相应规定，好的教科书设计应当在控制教科书课程难度的前提下，统筹和优化课程的可比深度与可比广度，而不是单方面调整某一个因素。

与此相似的研究还有，黄郁郁的硕士论文《高中化学新课程教科书课程难度的静态定量对比分析》，李淑文的硕士论文《中日两国初中几何课程难度的比较研究》，芦淑坤的硕士论文《图形与变换课程内容的教科书呈现研究——以义务教育课程标准实验教科书数学7—9 年级为例》，王辉的硕士论文《不同版本初中数学教科书与课程标准的一致性分析——基于数与代数领域的课程难度层面》等。研究者运用课程难度模型公式计算出不同版本教科书的课程难度，并对不同版本教科书之间的难度进行了对比，从量化的视角展现了教科书的课程难度。但是，研究并没有揭示不同版本教科书为何会存在难度差异，以及这种课程难度差异具有何种意义。

爱沙尼亚研究者扬·米克也强调教科书研究的实证主义立场，注重量化方法和研究的信度和效度，开发了基于读者和文本特质的“可读性”公式，对教科书实验法与调查法开展了理论分析与案例研究。[①] 这类研究建立在实证主义的理论框架之上，教科书被视为客观普遍、可测量的知识内容，研究者与研究对象教科书之间保持一种客观中立、价值无涉的关系，研究者运用定量研究和统计分析的方法来揭示教科书内容的本质属性。

二、社会批判视域下的教科书研究

（一）批判理论

批判理论旨在通过理论上的批判来使人类摆脱受压迫、受剥削、受奴役的“异化”状态，构建一个更加合理、公正、人道的社会。一方面，批判理论与实证主义一样，承认外部世界是客观存在的、由普遍规律所制约，强调对理性的根本遵从。另一方面，批判理论又超越和不同于实证主义，正如霍克海默指出的两者之间的区别表现为：实证主义产生于现存社会制度之中，批判理论产生于社会制度之外；实证主义的目的是维持现存制度的再生产过程，批判理论的目的是破坏既定的、事实性的存在；实证主义研究主体是抽象的、孤立的个人，是脱离社会境遇的主体，批判理论研究主体是具体的处于一定社会关系中的人；实证主义运用自然科学的方法研究社会，主张认识过程是一种逻辑推导和经验实证的过程，批判理论在主体—客体的对话关系中研究社会，主张认识过程是社会历史文化建构的过程；实证主义是一种科学知识，一种资产阶级的意识形态，批判理论则首先是一种立场，其次是一种特定的理论。[②]

就主体与客体的关系而言，两者并非两极对立、彼此分离，批判理论倡导通过平等对话实现主体与主体、主体与客体之间交往的合理化，去除交往双方的误解和偏见，达到主客体之间的融合，唤醒个体的更多思考，实现主体的自我解放。哈贝马斯主张建立以语言理解机制为核心的交往行为理论，通过选择恰当的语言对话，承认和尊重共同的规范标准，实现交往行为的合理化，进而追求社会的合理化。真理只有通过增强意识才能获得，提高意识是认识不公平和压迫性社会关系的前提，是超越压迫和实现社会公平的基础。

---

① MIKK J. Textbook: research and writing[M]. New York City: Peter Lang Publishing, Inc., 2000: 79 - 102.

② 刘放桐. 新编现代西方哲学[M]. 北京：人民出版社，2000：464.

在认识论上，批判理论强调主体的认识受到他所处的社会文化环境的制约，知识不是绝对正确、价值无涉的客观反映，而是与认识主体的信念、兴趣、利益、权力和偏见密不可分。哈贝马斯把“兴趣”作为“认识论”的基本范畴和认识基础，理性兴趣是指导认识的兴趣，可分为三种类型：人在改造自然界的时候，形成的“技术的认识兴趣”；人与人之间在交往活动中，形成的“实践的认识兴趣”；人在自我反思的时候，形成的“解放的认识兴趣”。认识过程不再是纯粹的理性思辨和逻辑推导过程，而是一种受社会制约和价值建构的过程。知识的生产、传播和消费的过程实际上是一种社会权力关系得以实现和再生产的过程。

在方法论上，批判理论反对量化研究方法，主张理论思辨和意识形态分析的方法，认为社会本质上是由人的“主观性”来认识的，研究者要得出符合实际情况的结论，就不应该摆脱自己的“主观性”，更不应该放弃自己的理论思辨。研究过程与研究者的个人经历、认识兴趣或利益密切相关。同时，批判理论倡导在社会科学中开展跨学科的综合研究，坚持科学与艺术、哲学与具体学科之间的统一，强调从总体上认识和理解社会发展的本质。

（二）批判理论对于教科书研究的意义

批判理论对于教科书研究具有深远的影响，在阿普尔等的著作《意识形态与课程》《教师与文本》《教科书政治学》中可见一斑。批判理论认为，教科书是一种法定知识或官方文本，代表着社会主流意识形态。教科书不仅仅是“事实”的“传输系统”，它还是政治、经济、文化活动、斗争及相互妥协等共同作用的结果。教科书是由特定群体编制的，体现了“有选择的传统”，它只是某些人的选择，只是某些人对法定知识和文化的看法。通过这样的传统，某类人群的文化资本获得了合法地位，而另外一群人的文化资本却无法获得这样的地位。[①] 教科书知识的选择、组织和分配的过程是社会文化再生产的过程，实际上是社会中有权力者所做的意识形态的抉择，是统治阶级实现其控制的工具，隐含着复杂的社会权力关系和意识形态问题。如弱势群体在教科书中的缺乏，主要是因为在社会中他们缺少话语权。教科书研究是理解学校课程本质及意识形态霸权的重要途

① 阿普尔，史密斯．教科书政治学[M]．上海：华东师范大学出版社，2005：5.

径，对此，人们应追问四个重要问题：“这是谁的知识?”“知识是由谁来选择的?”“为什么要这样组织和传授知识?”“这些知识是否服务于特定的社会阶层?”教科书参与了社会意识形态的构建，制定了关于真理的标准，帮助师生确立了重要的参照，让人们借此了解“真正”的知识、文化、信仰和道德。教科书的传递是实现社会文化再生产的重要方式，通过让不同的学生掌握不同类型的知识经验，使学生进入未来社会的不同行业，实现社会行业的分化和再生产。在批判理论视域下，研究者承担着文化启蒙者的角色，把探讨教科书问题当作追求社会正义的重要研究领域，通过运用意识形态分析、语言分析和批判性反思的方法，探讨教科书中存在的文化霸权和社会偏见等问题，揭示教科书文本中不平等性别和种族关系等，将改进教科书、解放个体意识和促进社会公平作为最终追求的目标。

（三）基于批判理论的教科书研究案例

詹姆斯·洛温运用文献研究、实地调查、人物访谈和史料分析等方法，考查了美国最畅销的 18 本中学历史教科书，对美国历史教科书开发和使用中存在的问题开展了批判性分析，在此基础上撰写了《老师的谎言——美国历史教科书中的错误》。这本书先后获得“美国图书奖”和“奥利弗·克伦威尔·库克斯‘接触的反种族主义学者奖’”，发行量超过 100 万册。

洛温揭示美国历史教科书提供了“一个令人沮丧的乐观主义、盲目爱国主义的令人难以置信的混合物”，是对主流意识形态的“歌功颂德”，其中存在大量错误和失实之处，涉及的内容有美国英雄的塑造、美国国家的形成、印第安人和黑人的历史、美国的对外政策、经济发展与生态环境等。例如，关于美国英雄的塑造，历史教科书为了宣扬“通过个人奋斗实现美国梦”的价值观，“塑造”了一批美国人崇拜的英雄人物，但是这种“人为”的塑造往往会掩盖英雄人物与美国主流价值观不相符的性格部分，海伦·凯勒被塑造成身残志坚的盲人作家，而其社会主义者形象则被教科书“忽略”了；伍德罗·威尔逊总统被塑造成民主先知，而他实施的反民主种族隔离政策和对外国的军事干涉则被教科书“空无化”；“9·11”恐怖袭击、伊拉克战争、阿富汗战争、越南战争等被教科书有选择性地“回避”；克里斯托弗·哥伦布被塑造成美洲大陆的发现者，开启美洲历史的新纪元，但是哥伦布从事奴隶交易、给美洲原住民——印第安人的社会带去的灭绝性灾难却被教科书“遗漏”了。教科书掩盖了美国历史上的种族主义，歪曲和误导性地呈现了北美土著人和非裔美国人的历史。[①]

不仅如此，洛温还在深度考查美国历史教科书的实际使用及出版发行体制的基础上，提出美国学界“真正的学者不写教科书”的问题。[②] 历史教科书不是以求真为目的的学术研究成果，而是社会环境、利益团体、行政部门、政治经济等复杂因素之间相互制约、相互博弈、相互妥协的产物。由于出版商是借“爱国主义”名义，而不是学术性目的来销售自己出版的教科书，教科书作者们就不必过于关注历史上究竟发生了什么。[③]

针对以上问题，洛温提出，学校必须帮助我们学会如何就我们的社会和历史提问，学会自己寻找答案，让所有人都成为有判断力的学习者和思考者，对各种观点与证据进行筛选，然后做出理性的判断。教师应引导学生学会正确地对待素材，要注意问五大问题：①它是什么时候和为什么写的，要考虑创作者试图通过这些读者（参观者）达到什么目的？②它代表的是什么人的观点，说话者、作者等人在社会结构中居于什么地位？此观点服务于什么人、什么样的利益或什么样的意识形态？谁的观点被忽略了？③那些论述可信吗？假定处于同样的形势之中，经历同样的社会化过程，那么每个群体的行为都会那么恰当——就像我们可能这样吗？它的某些结论是否与其他结论相冲突？④那些论述有材料支撑吗？或者其他作者是否不同意那些论述？⑤在读到那些文字或看到那些图像之后，一个人对被那样展现出来的美国可能会作何感想呢？只要心中牢牢记住这五大问题，就能学会如何学习历史。[④]

与此相类似的新近的西方研究有《国家、欧洲和世界：转型中的教科书和课程》《审查历史：日本、德国和美国的历史、公民和记忆》《我们应该告诉孩子

---

① 洛温．老师的谎言：美国历史教科书中的错误：修订版[M]．北京：中央编译出版社，2015：350.

② 洛温．老师的谎言：美国历史教科书中的错误：修订版[M]．北京：中央编译出版社，2015：353.

③ 洛温．老师的谎言：美国历史教科书中的错误：修订版[M]．北京：中央编译出版社，2015：354.

④ 洛温．老师的谎言：美国历史教科书中的错误：修订版[M]．北京：中央编译出版社，2015：399.

什么？——学校历史教科书的国际透视》《战争、国家、记忆：学校历史教科书中“二战”的国际透视》《东亚的历史教育和国家身份》和《跨文化的学校历史教科书：国际争端和观点》等；国内的相关研究有《控制与教化》《中学物理教科书的意识形态研究》《意识形态、价值取向与大学英语教科书选材》等。这类研究从批判理论的视角出发，把教科书视为社会文化建构的结果，认为教科书不是纯粹客观、价值中立的知识体系，而是与社会的权力、政治、经济、性别、意识形态等有复杂关系的知识编排，教科书的编制、发行和使用过程实际上是社会权力关系得以实现和再生产的过程。教科书研究不再关注“什么知识最有价值”，而是关注“谁的知识最有价值”，反思教科书知识背后的社会文化、利益、价值、权力和意识形态，消除无知和误解，追求解放和公平。

三、解释学视域下的教科书研究

（一）解释学

解释学关注和研究语言问题，以意义的理解和解释作为主要研究目标，赋予理解以本体论地位，并提出理解的条件、本质和方式等解释学的基本原则，创立文本解释的方法论，代表人物有施莱尔马赫、狄尔泰、海德格尔、伽达默尔（上海译文出版社出版的《真理与方法》又译作“加达默尔”）和保罗·利科。

施莱尔马赫和狄尔泰把解释学引入哲学领域。施莱尔马赫主张从语言特点和作者心理两个层面对文本进行阐释。狄尔泰认为，自然世界是用来说明的，人文世界是用来理解的，在人文科学研究中，应该用“理解”代替自然科学的因果解释，使人文世界变得可知。他认为解释学应成为人文科学研究的方法论。海德格尔从存在论的视角看待理解，把理解和解释作为人的存在方式，赋予理解和解释以本体性。在其影响下，伽达默尔进一步把解释学的研究从理解方法论转向理解本体论，从解释学角度看待存在的问题，深入探寻使理解得以产生的条件，偏重理解作为历史流传物的“文本”。伽达默尔的解释学系统探讨了三个重要原则。第一，“前理解”是理解意义的必要条件。伽达默尔认为，理解的前结构是由前有、前见和前把握组成，被理解的东西保持在前有中，并且前见地被瞄准，它通过解释上升为概念。一切理解都具有这种前结构。伽达默尔指出，人们无论是观察事物，还是阅读文本，并不是一无所有地去看，而总是先有一种筹划、预期或前理解，带着前理解去观察事物或阅读文本的。第二，主体间的“视界融合”是理解的本质。所谓视界融合，也就是将理解者现在的视域与理解对象所包含的传统视域融合在一起，从而使理解者获得一个包含自己的前理解在内的新的观念，用伽达默尔的话说，“我们要把他人的见解放入我们自己的整个见解的关系中，或者把我们自己的见解放入他人的整个见解的关系中”。[①] 这样，伽达默尔的解释学突破了传统解释学中“主客二分”的模式，理解不再是理解者对文本含义的客观把握，不再是理解者对原始作品的重构与复制，而是理解者的前结构与理解对象内容之间相互对话和视界融合的过程，是理解者和作者两个主体之间平等对话和意义创生的过程。第三，“历史性”是理解的重要基础。伽达默尔认为，历史不是客观事件的连续存在体，而是理解者根据自己所处的历史环境对传统进行创造性理解的结果，是理解者的前见与传统习俗产生视界融合的结果。历史思维应同时想到它自己的历史性。只有这样，它才不会成为追求某个历史对象（历史对象乃是我们不断研究的对象）的影子，而将学会在对象中认识自己，并因而认识自己和他者。真正的历史对象根本就不是对象，而是自己和他者的统一体，或一种关系，在这种关系中同时存在历史的实在以及历史理解的实在。一种名副其实的诠释学必须在理解本身中显示历史的实在性。这表明，伽达默尔使解释学从一种客观性研究转入一种历史性研究，“理解的历史性上升为解释学的原则”。[②]

保罗・利科的文本理论试图从方法论着手，从语言出发，促使解释学在方法论、认识论与本体论上实现结合统一。利科认为，语言是一种处于开放、交往状态中的话语，可以实现信息交换和思想交流，是事件与意义的结合。他区分了口头话语与书面话语，认为口头话语旨在实现自我与他人的沟通理解，书面话语旨在达到自我理解。而解释学的最终目的就是自我理解。每一种解释学，明确或不明确，都是通过理解别人来理解自己。[③] 文本世界展现了一个可能世界，使人们

---

① 加达默尔．真理与方法［M］．上海：上海译文出版社，2004：345.

② FIGAL G. Hans georg gadamer：wahrheit und methode［M］. Berlin：Akademie – Verlag，2007：1 – 100.

③ RICOEUR P. The conflict of interpretations：essays in hermeneutics［M］. Evanston：Northwestern University Press，1974：17.

通过文本世界向自我回归。利科倡导利用文本世界开启人类新的存在方式。他认为，语言不仅仅是思想表达的工具、人类外在的意义符号，更是人类自身的组成部分，是与人类现实生活息息相关的存在形式。文字具有自我创造能力，可以脱离声音话语、心理意向和客观现实的束缚，构造一个无限丰富、异彩纷呈的文本世界；在这个意义上，利科的文本世界不是纯粹的符号世界，而是胡塞尔所说的"生活世界"和海德格尔所谓的"在世"存在。通过对文本世界的理解和分析，有助于人们达到理解自我价值和生活意义。

解释学传统构建了系统的理解本体论，凸显了理解本身的创造性、历史性、对话性，为教科书研究提供了丰富的思想资源。

（二）解释学对于教科书研究的意义

解释学对教科书研究的影响表现在三个方面。

第一，确立了研究参与者之间的主体际对话关系。首先，教科书研究是研究者与教科书文本之间的主体际对话。研究者与文本之间不是实证主义中二元对立的主客体关系，而是一种主体之间平等对话的关系。"对话"是实现研究者视界与文本视界融合的途径，是连接研究者与文本之间、现实与历史之间的纽带。对话是研究者以纯粹主体的身份去理解文本，是文本意义生成的过程，是不断形成新理解的过程。其次，教科书研究是研究者与其他研究者之间的主体际对话。研究者的研究不是一种与其他主体没有关系的单独活动，而是一种处于复杂社会关系中，隶属于整个人类认识系统的活动。研究者必须以宽容的心态接纳不同的观点，开展真诚的思想交流和学术对话，教科书研究只有在与他人、社会的对话中才能实现其意义，发挥其效用。总之，研究者只有在对话中超越对话双方，进入一种已表达和未表达的无限可能的关联域，才能达到对教科书本质的正确理解，才能把握教科书文本的世界意义。

第二，在认识论上，教科书研究受到历史、文化和"偏见"的制约。研究主体所处的历史、文化和社会情境往往会形成其"前理解"的结构，研究者的"前理解"所蕴含的主观性会渗透到教科书研究的过程中，由此获得的研究结果就不会像自然科学那样客观，就会带有主体的"偏见"和历史的烙印。教科书研究是一种主体参与介入的认识活动，这一活动必然带有研究者自身精神人格的主观性，这种主观性是教科书研究中不可或缺的视角和基础。正是研究者的主观性激发研究的不断创新，促使研究走向深入。在解释学视域下，重视研究主体的“前结构”和“偏见”是开展教科书研究的关键。

第三，构建人文理解取向的教科书研究方法论。解释学视域下，实证主义是一种“无人的哲学观”，人文科学的研究主体是有血有肉的知、情、意统一的人，人文科学研究的起点和终点也应是活生生的人，理解是人文科学研究方法论的基础。作为一种人文科学的研究，教科书研究仅用自然科学中定量研究方法进行研究是不合适的，应把“理解”作为教科书研究的工具和方法，在理解中开展研究。人类的文化世界是一个有意识的生命或精神表达自己的文本，生命在流逝，教科书“文本”是人类知识留下的物质实体，它们表达了人类的文化经验，这些文本的意义是可以理解的。只有从人的精神、文化心理结构层面解读教科书文本，才能理解人类知识的历史和课程发展的文化。教科书研究的目的就是促进人们更好地理解自己、理解他人、理解本国和他国的文化历史。自我认识的真理性就在于人际交流的可能性、客观性，对自我的认识必须通过对他人的认识才能达到，理解他人可以加强对自我的理解，解释学的“理解”打开了一个文化对话和主体际交往的广阔的可能性领域。

（三）基于解释学的教科书研究案例

申大魁的《中学教师教材理解研究——以高中地理教师为例》① 首先从哲学解释学的理论视角出发，把教师的教材理解分为意义复原式和意义创生式两种类型，提出教师应从意义复原式教材理解走向意义创生式教材理解。意义创生式教材理解是一种教师基于自身的偏见对教材进行意义创生的教材理解。依据伽达默尔关于理解何以可能问题的研究，论文探讨了教师对教材理解发生的前提条件，即教师的前见影响着教师对教材理解的视野；完整性的先把握和时间距离使教师对教材理解成为可能；语言是教师对教材理解的媒介；教师视域是教师对教材理解的必要条件；解释学循环是教师对教材理解得以实现的本体论条件。其次，论文结合符号互动理论和古德莱德的课程层次理论，提出教师对教材理解应经历三次课程文本的转换：①教师最开始要与课程标准进行互动，将思想层面的课程转

① 申大魁. 中学教师教材理解研究：以高中地理教师为例[D]. 西安：陕西师范大学，2015.

换成领悟层面的课程；②教师还要与教材进行互动，将领悟层面的课程转换成为教学层面的课程；③教师最后要与学生进行互动，将教学层面的课程转换成体验层面的课程。论文还从理解理论和泰勒原理出发，确立了教师对教材理解的正确性标准和实践接纳性标准。再次，论文探讨了教师对教材理解活动中存在的主要问题：意义复原式教师对教材理解依然较为普遍；缺少对教材情感、态度和价值观层面的挖掘与分析；忽视课程本身的系统性、层次性，只对教材进行孤立地理解；随意增减教学内容、任意拔高教学要求。在此基础上，论文分析了教师对教材理解出现问题的原因：教师对教材理解的意识不强；应试教育和功利主义思想的影响；教师对教材理解的能力不足；教师对教材理解缺乏相关理论的指导；课程标准自身的缺陷和不足。最后，解决教师对教材理解中出现的问题，应以提高教师对教材理解的能力作为突破口。要有效地提升教师对教材理解能力，需要提升教师的自我意识，丰富教师的专业知识，培养教师的反思能力，掌握教材加工的主要策略等。

该论文主要从中学教师教学的视角探讨教科书理解的问题，涉及中学教师如何分析、研究和使用教科书，在教科书研究方面具有重要的方法论意义。教师和学者一样，都是教科书研究人员，该论文尊重教师的个人“偏见”和“视域”，主张教师对教材理解就是教师和教材、教师与课标、教师与学生之间的视域融合，教师通过“拓宽”“增删”“修改”和“整合”教材，形成新的视域和理解，实现教材的创造性利用。在西方，此类代表性研究有斯特拉德林的《教二十世纪的欧洲史》[①] 和《历史教学的多元性：教师指南》等。

四、后现代主义视域下的教科书研究

（一）后现代主义

后现代主义本来是指一种以抛弃普遍性、背离和批判现代主义的设计风格为特征的建筑学倾向，后来用于文学、艺术、美学、哲学、政治学、社会学等诸多领域中产生的类似思潮。“后现代主义”一词中的“后”一般是指现代之后，它

---

① STRADLING R. Teaching 20th – century European history [M]. Strasbourg: Council of Europe Publishing, 2001.

被用来泛指19世纪60年代以来以反传统为特征的哲学，被视为超越现代西方哲学的一种新哲学思维方式，代表了西方哲学发展中一个最新阶段，其代表人物有德里达、福柯、伽达默尔、利奥塔、蒯因、罗蒂等。[①]

在主体与客体的关系上，后现代主义反对近代哲学以主客分立为特征的主体性原则和人类中心论，主张主客融合、天人合一的思想，认为人的存在不是作为自然的主宰，人不是置于宇宙的核心，而是与自然融为一体，是众多的在者之一。福柯将尼采的“上帝之死”发展成为“人之死”，这里的“人之死”不是笼统地否定人的存在及其意义，而只是要求取消作为与客体相对立的主体（人）的存在，使人摆脱对外在世界和普遍理性的依赖，不受外在或内在的制约，只享受当下的现实生活。

在认识论上，后现代主义以非理性主义反对理性主义，以非确定性否定确定性和整体性，以多元论和非决定论反对一元论和决定论。后现代主义否定认识的相对稳定性和确定性，否认理性认识形式和方法的可靠性，否定真理的确定性和客观性，认为一切都是变动不居的、非决定的、不可比较的东西。

在方法论上，后现代主义反对追求普遍性和确定性的方法论，认为那种以理性逻辑、普遍规则为基础的实证科学研究方法不适合于人文社会科学，只有个体的情感、体验和想象才是真理的衡量尺度和创造的源泉，是科学研究的出发点。利奥塔认为，科学研究就是一种“语言游戏”，其中的规则不是固定的，而是参与者通过约定形成的，参与者之间人人平等，都可以按照自己的选择和想象去参与游戏。语言游戏是人们实现自由思考的重要途径，是发挥个体创造性和个性的主要方式。德里达主张用“解构法”来开展研究，所谓“解构法”就是对原有文本做出多义的、不确定的、含混解释的方法。它通过解读文本来发现其中的矛盾，摧毁和颠覆文本原有的结构，发掘其中被排除、被隐藏或被遗忘的意义，强调文本意义的多元性、不确定性和含混性。

（二）后现代主义对于教科书研究的意义

在认识论上，教科书研究受研究者所处社会条件的制约，且难以超越所处社会条件。曼海姆提出了“社会决定的知识”概念，反对科学主义和科学真理观，

---

① 刘放桐. 新编现代西方哲学[M]. 北京：人民出版社，2000：167.

认为没有任何一种知识体系和价值系统可以宣称是永远有效的，理性、知识、真理都必须被重新定义为与一定社会历史条件相联系的非完全客观事实。波普尔提出了科学知识不是绝对性真理和终极性解释，而是一种“猜测性的知识”，在以后的认识活动中是可以“被证伪”的，有待于不断地批判和修正。在后现代主义的视域下，教科书文本不再是凌驾于师生之上的“专业权威”和“立法者”，不再是师生绝对遵从和认同的真理，而是对话互动和弹性开放的文本，是有待质疑、反思和改进的材料；教科书不再是客观真理和普遍真理的代表，而是一种具有多重可能性、多种解释性和多元价值性的文本；研究者应摒弃客观绝对的知识标准，反对知识霸权，承认人类文化的多样性，关注教科书中那些“被剥夺”“被压抑”和“被空无”的知识。

在方法论上，教科书研究倡导多元主义的方法论，反对传统的理性主义一元方法论。费耶阿本德倡导无政府主义的多元方法论，认为同一个科学问题可以允许存在各种不同的观点或理论，即使是面对一个被普遍接受的科学理论，研究者也应该敢于阐发出一些与现阶段观点不一致的理论，因为只有方法上的多元论才能“导致真理”。为了知识的进步，专家和外行、专业研究者和业余爱好者都应该被邀请来参与讨论，对于丰富人类的文化作出贡献。为了促进教科书的国际理解和视界融合、消除教科书中的文化偏见和政治冲突，20 世纪 80 年代联合国教科文组织国际教科书研究开始转向以参与和行动为导向的研究范式，教师、学生、家长及社区成员在内的教科书使用者受邀，与教科书作者、出版机构一起发现问题、讨论问题和提出建设性意见。国际教科书研究能够开展的关键在于学术专家和教师、教科书编写者和使用者能够且愿意合作。为了比较不同国家教科书中呈现的不同观点，学科专业知识和教育实践经验被置于同等重要的地位。①②

（三）基于后现代主义的教科书研究案例

盛静的《后现代主义教育思潮对我国中小学英语教科书的影响》③ 分析了后

---

① PINGEL F. UNESCO guidebook on textbook research and textbook revision (2nd revised and updated edition) [M]. Paris: UNESCO, 2010: 31.

② UNESCO. A comprehensive strategy for textbook and learning materials [M]. Paris: UNESCO, 2005: 31.

③ 盛静. 后现代主义教育思潮对我国中小学英语教科书的影响[J]. 上海教育科研, 2016 (4): 52 – 57.

现代主义教育思潮的历史演变和基本观点，论述了后现代主义教育思潮对我国中小学英语教材的影响。20 世纪 80 年代以后，我国中小学英语教材的编撰体现了现代主义哲学思潮向后现代主义教育思潮的过渡，尤其是 21 世纪新课标之后的英语教材突出体现了后现代主义教育思想的特点。

首先，在宏观指导思想层面，英语教材在编写主体、内容形式、指导原则、教学大纲上走向了多元化。专家学者、教师都被鼓励参加编写教材，允许在教材的内容选择和体系设计上有不同的风格。英语教材的编撰整合多种语言学原则，遵循“多元大纲”思想。在课程设计和教材编写过程中，综合考虑语言的功能、结构、话题和任务等与语言学习有关的要素，并使这些要素彼此建立联系，如语法知识与技能相结合、任务与功能话题相结合。教材的编撰注重任务型教学，任务型教学整合了后现代主义英语教学中合作、自主、以学生为中心和意义协商的基本精神，帮助学生在课堂互动和实际活动中实现知识的建构。

其次，在具体教师教学层面，英语教材是后现代主义的多模态性、情境化、跨文化、重构精神的完美整合。教材的“多模态”性是指人们运用听觉、视觉、触觉等多种感觉，通过语言、图像、声音、动作等多种手段和符号资源进行交际的现象。不同模态的语言通过强化、互补等方式协同体现讲话者的整体意义。教材的“情境化”是指英语教材尝试把对话和语篇纳入其所产生的具体历史文化情境，在内容上表现为有情境的故事和对话，在情境中学习语言的使用。教材中整合了很多“跨文化”元素，教材的内容不只是融入中国元素，而且还有其他国家文化元素。“重构”的精神融入教材编写中，知识的重构体现为“旧瓶装新酒”。具有后现代特征的教材，需有相应的后现代主义教学方法来适应。教师的教学不应拘泥于以往约定俗成的答案，应实现学生对教材内容的重新理解和建构。

最后，在学生实际学习层面，教材的编撰旨在通过学生积极主动地体验、参与、实践、尝试与创造，从而推动学生多渠道获取知识，促进学生多种认知形式的发展。教材增强了学生学习英语的趣味性和互动性，通过说唱、表演、读写等多种活动，促进学生兴趣和语感的形成、思维能力和想象能力的发展以及语言学习能力的提高。融入后现代主义精神的英语教材有助于培养学生使用英语解决实际问题的能力，提升应对未来全球化形式下新问题和挑战的能力。

相关的研究成果有刘慧超的《后现代课程视野中的中美母语阅读教材比较研究》、娜奥米·西尔弗曼的《从象牙塔到地平线：一个编辑眼中的大学教科书出版》①。

五、后结构主义视域下的教科书研究

（一）后结构主义

后结构主义的产生与发展和语言学的研究密切相关，实际上就是把后结构主义的语言学模式变成一种具有普遍意义的哲学思维模式。福柯是后结构主义的代表性学者，他就是把话语作为理解历史、理智和癫狂等精神病现象的钥匙。

20 世纪 60 年代福柯专攻“知识考古学”，他通过对人类认识史、人文科学和“癫狂”现象进行考古学分析，探究决定特定历史时期各种社会实践的话语结构和“知识型”，探究知识的条件。文艺复兴以来，人类社会的知识型分为四个阶段：文艺复兴时期是以神学和神秘科学占据主导地位的知识型；古典时期是以自然科学和理性主义占据主导地位的知识型；现代时期是自然科学、人文科学和人类中心主义占据主导地位的知识型；后现代时期是以主体消亡和异制多元为主要特征的知识型。

20 世纪 70 年代福柯转向了“权力谱系学”，把话语置于社会制度和实践之中，揭示出其中的权力机制，认为“知识”和“人”都是由权力机制造就的。一方面，福柯反对“知识是中性的和客观的”实证主义观点和“知识是解放全人类的力量”的马克思主义观点，他认为知识是与权力控制分不开的，任何时期的“知识型”都是一种权力机制，任何学科同时也都是一种社会规范。不同学科是从不同社会实践中产生出来的专门研究领域，同时这些学科的研究结果又强化和改进了社会规训和控制手段，而这些学科对应的社会机构则是这些所谓学术研究的实验室，目的在于更好地实现社会控制。另一方面，福柯认为“人”和“主体”的概念也是权力机制的构造物。他在《规训与惩罚》中考查了人是怎样在监狱、学校、医院和军队中被权力机制规约和塑造的，作息时间表、监视行为

① SILVERMAN N. From the ivory tower to the bottom lines: an editor's perspective on college textbook publishing [M]// ALTBACH P. Textbooks in American society: politics, policy, and pedagogy. Albany: Atate University of New York Press, 1991.

的措施、对服从的奖励和对抗拒的惩罚等都是有效的规约手段，规约的目的就是塑造出温驯有用的主体。福柯对那些被科学所排斥的、被主流社会所遗忘的边缘话语进行了谱系学考查，这些边缘话语包括癫狂话语、医疗话语、惩罚话语和性话语等，虽然它们处于社会等级体系的下层、长期被人们忽略，但是它们都有着自己独立的历史和制度，理应被认可和关注，也应获得合法性地位。

20 世纪 80 年代福柯关注“自我伦理学”，个体是如何通过一套伦理学和自我塑造的技术来创造他们自己的同一性，不能只强调个体是由社会规范和话语实践形塑的主体，还应该关注个体自由的创造性和能动性，构建一个人与自然、人与社会和谐相处的主体性观念。福柯在《性经验史》中探讨了我们是如何构造出我们的道德的，强调古希腊罗马的伦理、中世纪基督教伦理与现在伦理之间既是连续又是断裂的，既是相似又是不同的。古希腊罗马文化中，用道德来规范欲望和快乐，注意自我对欲望的“适度”态度，中世纪和现代伦理则是单纯压抑和克制欲望。因此，古希腊罗马文化可供我们借鉴。

（二）后结构主义对于教科书研究的意义

在研究主体上，后结构主义视域下的教科书研究者持有强烈的政治批判立场，要求把教科书研究置于“权力—知识—主体”的框架下进行考查；与实证主义不同，教科书研究者不应只从认识论的角度来探讨教科书中的知识问题，而应该对研究者自身的社会身份及其研究实践进行反思，对教科书文本背后的权力体制和社会规范进行探讨，对于教科书中的官方立场和客观中立的研究方法持一种质疑态度。

在研究对象上，后结构主义视域下的教科书研究从宏观视野转向微观领域，不再寻求教科书背后的基本结构和科学规律，而是通过对教科书话语和符号进行深度解释和价值分析、对形塑教科书话语的权力运作机制进行探讨，致力于揭示和批判教科书中呈现出来的不公平和不平等的社会现象，以此唤醒和启发每个人努力争取自由和追求解放的意识；后结构主义视域下的教科书研究从寻求统一转向尊重差异，不再把教科书视为有待诠释的圣经和权威，而是把教科书视为可以进行解构性阅读的文本，教科书研究就是要对教科书中的权威话语和各类文本进行解构，这种解构不是用一种解释代替另一种解释，而是明确教科书文本的多元意义和开放性质，引导人们从多元视角理解教科书话语和文本。

在思维方式上，后结构主义视域下的教科书研究者坚持一种流浪者思维。后结构主义视域下，教科书研究是一个不确定的、复杂变化的过程，研究者应该持有一种以复杂开放、差异多元和动态生成的“流浪者”思维方式。教科书研究应充分预见和应对教科书中的混乱和异质性，不再从单一特定的路线中探寻教科书问题，而是以多元的视角、流浪的姿态和游戏的态度开展教科书研究，无拘无束地自由探索。

在方法论上，后结构主义把考古学和谱系学引入教科书研究中，把教科书话语置于历史发展空间和社会制度实践之中，关注教科书历史发展中的不连续性和断裂冲突之处，发现不同教科书话语之间的冲突、矛盾与对立，揭示教科书话语实践对于人思想的塑造；关注在教育制度中不同权力对教科书话语的影响，揭示国家权力对教科书话语实践的控制和操纵，解构主流、官方的教科书意识形态，关注被历史喧嚣淹没了声音和沉默的大多数。

国内同类的研究有李雪峰的硕士论文《对小学科学教科书的话语分析》；西方的代表性研究有尼科尔斯的著作《超越国家和国际：来自三个欧洲国家历史教科书中“二战”的观点》，爱德华和艾丽莎的《东亚的历史教育和国家身份》[①] 等。

综上所述，我们从实证主义、批判理论、解释学、后现代主义和后结构主义五个视角对教科书研究的哲学基础进行了大致的考查。任何研究活动都蕴含着构成自己的思想前提和哲学基础，对思想前提和哲学基础的反思是研究活动的重要使命，也是推动研究活动走向科学化的主要路径。作为一个独立的研究领域，教科书研究也应对构成自己的哲学基础和思想前提进行反思；然而，当前的教科书研究长于事实罗列和经验描述，缺乏思想的批判、价值的对话和哲学的反思，至今尚未形成详尽而公认的“教科书理论”。真正的教科书研究不只是一般所理解的对教科书文本内容的分析，还应加强理论思维和思想批判，能够对构成研究的理论前提和哲学思想进行选择、阐释、辨析和反思。哲学思想和理论基础是教科书研究中“一只看不见的手”，它们构成了教科书研究的前提和根据，并深刻地

---

① EDWARD V，ALISA J. History education and national identity in East Asia[M]. London and New York City：Routledge，2005.

影响着研究的过程和结果。它们规范着人们研究什么和不研究什么、怎么研究和不怎么研究、用什么方法和不用什么方法。只有把握教科书研究的理论前提和哲学基础，只有把教科书研究建设成为更具有批判性、反思性和辩护性的领域，才能真正理解教科书基本问题的真实意义，才能接近教科书中各类现象的本真存在。

第四章

教科书内容分析法

第一节　教科书内容分析法的概述

随着现代社会的发展，信息传播工具的日益增加和信息内容的急剧扩大，内容分析法在教科书研究中逐渐得到广泛应用。以下对内容分析法的起源、开展教科书内容分析的必要性和可能性，并对其在教育研究中的应用作初步探讨。

一、内容分析法的理论来源

（一）内容分析法的内涵

20 世纪初，内容分析法伴随着大众传媒和国际政治的迅猛发展而产生。第二次世界大战期间，美国传播学家拉斯韦尔组织了“战时通讯研究”的工作，通过监听德国电台音乐节目和研究德国报纸刊发的各种消息，推测德国国内战况，获取重要的军政机密情报，确定欧洲大陆盟军反攻行动。这项工作取得了成功，并初步建立和发展了内容分析法。第二次世界大战后，内容分析法被用于研究广播和报纸的宣传方法，还有人通过统计和比较文献中相同文字出现的频数来查证历史文献的作者。1952 年，贝雷尔森出版了《传播研究中的内容分析》一书，确立了内容分析法在大众传播学中的地位。1982 年，奈斯比特出版了享誉全球的《大趋势——改变我们生活的十个新方向》，该书通过分析美国本地报纸中 200 多万篇文章，预测了美国社会在未来的十大发展趋势，推动内容分析法走向独立和成熟。伴随着信息时代的来临，计算机、网络技术将各种定性和定量研究方法有效结合，使内容分析法进一步取得了实质性发展和广泛应用。至今，内容分析法广泛应用于传播学、情报学、社会学、心理学、教育学、历史学等诸多学科领域，其研究对象扩展至课程教材文本，内容分析法日渐成为一种常用的教科书研究方法。

内容分析法可以使研究者通过间接的方式来研究人类的行为，并从人类的行为中提取相关信息进行内容分析。在教育研究中，内容分析法不仅是一种广泛应用的资料分析方法，而且本身是一种独立、完整的研究方法，它主要用于如下情况：①通过考查专业出版物或者普通出版物，可以对学校教育的趋势进行描述；②理解组织模式（通过考查学校管理者的图表、大纲等）；③说明不同的学校是如何以不同的方式来处理相同的现象的（例如课程设置模式、学校行政管理等）；④推断不同国家的态度、价值观和文化模式（例如可以考查哪些课程或者活动受到资助等）；⑤比较人们对学校的想象以及实际的真实情况（例如比较民意调查的结果和老师或者其他作者所写的与学校相关的文章等）；⑥理解老师对他们工作的看法（例如通过考查老师所写的有关其工作的文章）；⑦了解人们对各个学校的感觉（通过看描述相同的学校的电影或者电视节目等）。[①]

就分析对象而言，内容分析法不仅包括文本中的显性信息，也包括文本中的隐性信息。显性内容是可见的、表面的内容，是与内容分析法相关的、文本信息中所包含的有形词。比如，为了确定某课程是否能够促进学生批判性思维的发展，研究者只需要简单地调查在课程大纲里出现的“批判性思维”这个词的次数即可。相反，隐性内容则区别于显性内容，是指与内容分析法相关的话语或图像背后所隐含的意义。隐性内容一般是间接通过外在信息表现出来的这些事件现象或过程的特征、性质。内容分析法的目的是弄清或测验文本信息中本质性的事实和趋势，并对事物的发展作出预测。比如，研究者可能会通读整个课程大纲或者选择几页作为样本来阅读，然后再总体评价该课程对训练学生批判性思维的有效性。虽然研究者的评价可能会受该文件中“批判性思维”一词出现频率的影响，但是它并没有完全依赖于这个词的出现频率。

就分析过程而言，内容分析法大致分为定量分析和定性分析两种。定量分析

---

① 弗林克尔，瓦伦. 教育研究的设计与评估[M]. 北京：华夏出版社，2004：430－431.

是用比较规范的方法读取相关的文本资料内容，把文本资料上的文字、非量化的有交流价值的信息转化为定量的数据，建立有意义的类目分解交流内容，并以此来分析信息的某些特征。其实，这里的量化也是基于定性分析之上的，它需要对文本信息内容进行透彻的理解和分解，进而对文本信息内容获得质的把握，并在质的把握基础上得出结论。比如，卢立涛的论文《澳门中学一年级中国语文教科书性别意识形态之内容分析研究》就是对澳门中学通用的两个版本的《中国语文》教科书进行多角度的内容分析，揭示了现行教科书内容中的性别意识形态，显露了教育现实中男女两性不平等的事实现状。[①] 定性分析主要由研究者通过阅读、收听或观看，然后依据主观的感受理解、体会和分析，来解读、判断和挖掘信息中所蕴含的本质内容。在这种研究方式中，研究者的主观分析占据绝对重要的地位。

（二）内容分析法的理论基础

内容分析法是以拉斯韦尔的大众传播模式作为理论基础。拉斯韦尔在《社会传播的结构与功能》中指出，描述一种传播行为的便捷方法就是回答“谁说了什么、对谁说、为什么说、如何说以及产生什么影响”的问题，建立大众传播的科学研究过程。内容分析法主要就是分析拉斯韦尔传播模式中五个因素。第一，信息传播者（Who）——传者分析。传者分析主要是探讨创作或生产这些信息文本的人，分析传播者所处的社会生活背景及其个性特征，分析传播者在信息中表现出来的意识形态或价值体系等。第二，信息内容（Says what）——传播内容分析。传播内容分析主要是对信息本身及其意义进行探讨，Holsti 把这种研究分为三类：①内容在不同时间内的变化；②作者的特征和内容之间的关系；③内容符合某些外在标准的程度。第三，传播媒介（In which channel）——媒介分析。媒介分析在内容分析法中比较少，信息传递的媒介既可以是报纸、图书、信件等书面语言，也可以是谈话、电话等口头语言；既可以是人与人之间交流的口语符号，也可以是语气、握手、微笑、皱眉、叹息等传达意义的“非语言”或“超语言”信息。第四，受众（To whom）——受众分析。信息只有被受众接收才能

---

① 卢立涛. 澳门中学一年级中国语文教科书性别意识形态之内容分析研究[M]//史静寰. 走进教材与教学的性别世界. 北京：教育科学出版社，2004：164－174.

转化为现实的存在，受众分析就是探讨针对不同的受众对象，是否会传播不同的信息。第五，传播效果（With what effect）——效果分析。传播效果是受众在接收信息前后，其心理和行为发生的变化。效果分析就是要探讨传播活动是否使受众的心理和行为发生了预期的变化。如果受众的变化与传播者的愿望一致，就说明传播取得了正面效果；相反，则是负面效果。

这种内容分析存在于传播者、传播内容和受众三者之间，是以简单的行为主义取向的“刺激—反应”模式为基础的，是依据拉斯韦尔的经典公式“谁说了什么、对谁说、为什么说、如何说以及产生什么影响”构建的传播过程。

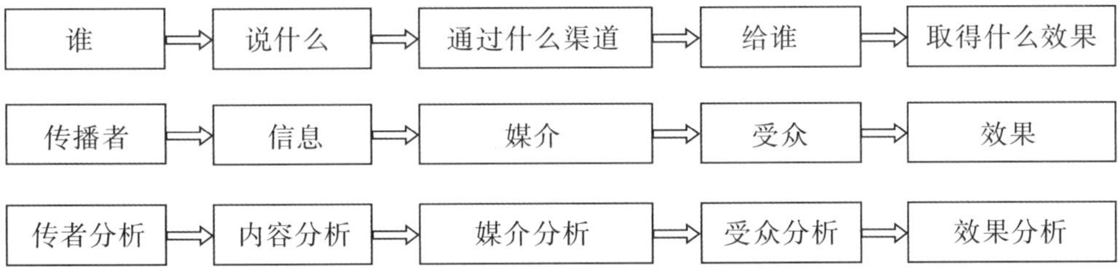

图 4－1　拉斯韦尔传播模式

“信息传输模型”也是影响内容分析的另一个重要传播理论。1949 年，香农和韦弗在《传播的数学理论》中提出了新的“信息传输模型”，认为人类交际过程是通过对信息内容的编码和解码来完成的，发送者利用代码来包装思想，接收者接收代码并进行解码，从而获取发送者包装在代码里的思想。人类交际过程主要包括信源、信息、发射器、信号、噪声、接收到的信号、接收器和信宿等要素。在这个模式中，传播被描述为一种直线性的单向过程，所谓线性就意味着非相互作用。第一步是信源，它发出一个信息或一组信息供传播。第二步是由发射器将信息转换成信号。这些信号应当适宜于通向接收器的信道。第三步，接收器将信号还原成信息。在这里，接收到的信号不等于发射器发射的信号，原因在于信号在传递过程中会受到噪声的干扰，即信号在从发射器到接收器的途中，噪声将会或多或少地干扰传递的信号。第四步，接收到的信息抵达信宿。由于可能受到了噪声干扰，信号是不稳定的。由信源发出的信息与由接收器还原并送达的信息，两者的含义可能不一样。传播的失败在于传播者可能认识不到以这种模式传播的信息前后不一致。在社会传播中，一般会存在物理噪音、语义噪音、社会差别噪音等的影响。

内容分析吸收了编码和解码技术，成为一种“符号分析”，不仅关注客观的信息，而且关注信息被赋予的意义。

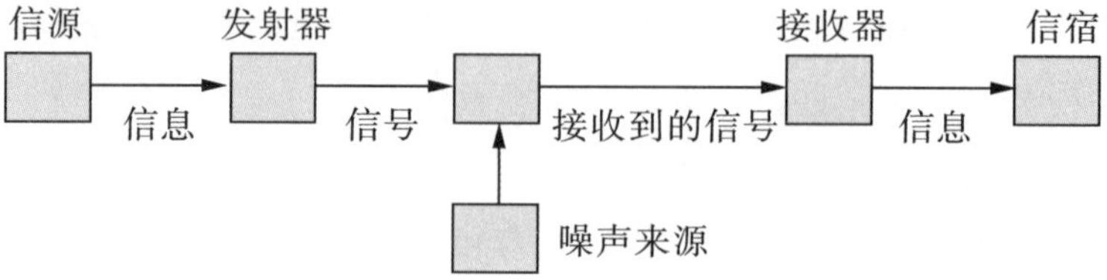

图4－2　香农－韦弗模式示意图

综上所述，拉斯韦尔的大众传播模式和香农－韦弗的信息传输模式等为内容分析法奠定了理论基础，确立了内容分析在传播研究领域中的地位。早期的内容分析在很大程度上等同于“传播分析”，而非局限于对书面文本的分析，注重信息符号的分析，而忽视语言信息背后蕴含的意义。在这些理论的推动下，内容分析法逐渐超出传播学范围，扩展到语言学、社会学、政治学等人文社会科学领域，其内涵也不断发展和改变。

二、开展教科书内容分析的必要性和可能性

教科书研究方法论的贫乏限制了该领域的深入发展，现代教科书研究的发展只有建立起明确的方法论意识，发展系统的理论架构和研究工具，才能确保高品质的教科书研究。教科书研究方法论探讨的重点问题，不在于“有没有”方法，而在于方法与教科书问题是否“适切”和“匹配”。因此，我们在探讨内容分析法应用于教科书研究的方法论问题时，首先应探讨内容分析法与所要研究的教科书问题之间的适当性，内容分析法应用于教科书研究的必要性和可能性。

（一）内容分析法适合于教科书问题的研究

从研究对象来看，内容分析是对被记载下来的人类传播媒介的研究，包括书籍、杂志、报纸、信件、网站等载体。通过考查这些载体，描述和揭示社会生活的变化发展过程。教科书是一种教学媒介和教学用书、一种课程文化的载体、一种制度化的课程文本。无论是记载着数字、几何、等式、定理的数学教科书，还是承载着语言文字、小说故事、文化传统的语文教科书，都是适合内容分析研究的对象。《教育的科学研究》指出：科学研究的重要原则之一就是“使用能对研究问题进行直接研究的方法”，也就是说“研究方法必须适合研究问题，而且研

究者必须有能力实施这个方法”。[①] 与其他社会调查法相比，内容分析法非常适合教科书问题的研究，它是一种专门用于文本分析的方法，并且拥有一套完整、系统、客观的分析程序，它不仅成本低、较省时，而且资料容易获取，研究者可以在不影响研究对象的情况下对课程资料进行分析。因此，内容分析法能够应用于教科书研究，针对教科书文本的研究，除内容分析法之外，似乎别无他法可替代。事实上，内容分析法也是当前最常用、最主要的教科书研究方法。

从研究领域来看，教科书研究属于课程研究中的一个重要领域，隶属于一般的社会科学研究，因此也应受到一般的社会科学方法论的指导。一方面，教科书研究应从宏观层面上接受社会科学研究一般方法论的指导，社会科学中的内容分析法可以作为一般方法应用于教科书研究；另一方面，教科书研究在具体层面上具有其特殊性，教科书研究在借鉴社会科学方法论指导的同时，还必须将普适性的方法论转化成自己的方法论，一般性的内容分析还需要转化成特有的“教科书内容分析”。如何将社会科学研究中的内容分析法转化成特有的“教科书内容分析法”，内容分析法如何有效地应用于教科书研究，均是教科书研究过程中需要深入思考的问题。

（二）内容分析法是实现教科书跨学科研究的手段

教科书研究是一种复杂的多学科研究领域，不同学科的研究者进入教科书领域时，他们关注的往往是与本学科相关的教科书问题，如教育学者关注教科书中呈现的学科知识、教学目标、知识与教学的适切性；语言学者关注教科书在语言的音韵、修辞、文字规范、口语交际等方面的设计意蕴；社会学者关注教科书承载的价值观念、意识形态；传播学者关注教科书在学校教育中的出版形式、编写体例、传播功能和传播价值。不同学科的研究者开拓自己的知识疆界以便进入教科书研究领域，但由于各自研究的重点不同，导致研究框架多元化并存、研究结论彼此冲突。在教科书研究领域，如何实现多学科的合作对话、如何将不同学科的理论范畴有机整合、如何实现不同学科研究者的共同参与，是迫切而重要的事情。在教科书研究中，内容分析法是一种超越学科界限的综合性研究方法，是促进教科书跨学科研究的重要手段，它有助于教科书研究打破不同学科之间森严的

---

① 沙沃森，汤. 教育的科学研究[M]. 北京：教育科学出版社，2006：59.

壁垒，实现多学科理论范畴和概念框架的融合，真正推动教科书领域的跨学科研究。作为一种定量研究，它提供了一系列需要遵循的高度结构化分析步骤和操作流程，可以客观地揭示教科书中“存在什么问题”；作为一种质性研究，它还需要其他学科为其提供思想基础和理论视角，以此深刻地解释教科书中“为什么存在这些问题”。从这个角度来看，内容分析法是一种跨学科的综合研究方法，它不仅提供了教科书研究的科学方法和实施路径，而且还提供了实现特定研究目标的多元化学科理论和文化视角，是促进教科书研究中多学科融合的有效方法。

（三）内容分析法是推动教科书研究科学化的方法

2016 年，全国教育实证研究联席会议发表了《教育实证研究华东师范大学行动宣言》，并提出“教育的科学决策有赖于教育的实证研究，教育的实证研究有助于发挥教育学科的学术影响力，有助于推动教育研究的实质性进展”。[①] 如果说实证研究是教育学走向科学的必要途径，那么内容分析法则是推动教科书研究科学化的重要方法。

内容分析法是“透过量化的技巧以及质的分析，以客观及系统的态度，对文件内容进行研究与分析，借以推论产生该项文件内容的环境背景及其意义的一种研究方法”。它是一种基于证据和事实的典型实证研究方法，具有客观性、系统性、定量化和解释性的特征。首先，在教科书研究中，内容分析法是以明确的教科书文本数据和事实信息为基础，具有客观性；其次，内容分析法构建了一套完整的文本分析的程序、规则和工具，体现其系统性；再次，内容分析法以精确的数量把握教科书文本的总体特征和发展趋势，具有定量化的特征；最后，内容分析法从整体视角和理论层面把握教科书文本的社会背景和思想内容，发掘文本数据背后的真正意义，具有解释性的特征。内容分析法是数据与理论相互支撑、量化与质性相结合的方法，它用比较规范的方法分析教科书文本，对大量文本信息进行有序的分类、编码和量化统计，让研究者收集大量的文本数据，观察到曾被忽视的事实信息。在此基础上，内容分析法还从不同的理论视角对数据和事实进行描述、分析和解释，揭示出教科书文本中不同要素之间的关系，增进对教科书

---

① 华东师范大学学报（教育科学版）编辑部．加强教育实证研究，提高教育科研水平：“第二届全国教育实证研究专题论坛”及“全国教育实证研究联席会议”成果览要[J]．华东师范大学学报（教育科学版），2017（3）：18－36.

有关现象和问题的理解，形成科学的教科书理论。内容分析法为教科书研究提供了一种实证的研究方法和科学的研究程序，为促进教科书中知识积累和理论发展提供了有效手段，为教科书决策提供了科学依据，推动了教科书理论与实践发展的科学化进程。

第二节　教科书内容分析的类型

一、基于实证的教科书内容分析

（一）定量的内容分析

古典内容分析是一种定量的内容分析，它是在经验主义社会调查方法中建立和发展起来的，历史最悠久的文本分析法。一般来说，古典内容分析包括抽取分析样本、确定分析单元、确定分析类目和类目表、分析编码和评判记录、对结果进行统计描述和定性分析，古典内容分析是用规范的方法把文本资料中的文字或信息转化成定量的编码或数据，运用有意义的类目表格来分析文本信息的总体特征。贝雷尔森指出，内容分析是对显性传播内容进行客观、系统和定量的描述研究技巧。[①] 可见，"客观""系统"和"定量"是古典内容分析的重要特征。所谓"客观"是指内容分析必须依据明确科学的程序规则，分析者必须受过科学的训练，能遵循科学程序和研究规则分析符号资料，其分析结果具有可验证性和可重复性；所谓"系统"是指内容分析的类目选择和分类体系必须全面一致，与特定的研究问题相关，类目的分析和归类在研究过程中必须遵循统一的标准和一致的法则；所谓"定量"是指内容分析应对类目出现的频率和数量进行统计，用精确的数字来说明文本符号的呈现特征。

古典内容分析注重类目的统计和频率的多少，适合于分析大范围的文本资

① BERELSON B. Content analysis in communications research[M]. New York City: Hafner, 1952: 18.

料，仅限于探讨可见的、显性的传播内容，对于传播内容的潜在意义、传播的动机、社会背景、传播引发的反应等不加探讨。不仅如此，古典内容分析遵循系统规范的研究程序，注重类目的选择和分类，但由于类目的选择和分类标准是由分析人员制定的，操作难度大，主观性强，因而程序的科学性和系统性并不能保证结果的有效性和可靠性，这便限制了内容分析法的实际功用。对此，克拉考尔批判了定量取向的内容分析，认为它忽视了文本内容的潜在意义，真正的内容分析应关注文本背景的重构，不应通过计算和测量显性内容的方式来分析文本，应尝试从不同的视角来揭示文本的多元意义。对于克拉考尔而言，从定量分析中选择和组织类目非常重要，有助于研究者审视其分析前提和研究假设，揭示出文本的内涵意义，应根据潜在内容和背景研究来建立类目，考虑特定文本的意义。克拉考尔主张定量的内容分析应转向定性的内容分析。①

（二）定性的内容分析

梅林倡导定性的内容分析，包括九个步骤：确定文本材料，分析文本产生的情境，正式描述文本材料，确定分析领域，从理论上对有待解决的问题进行区分，选择分析技巧（概括、说明、结构化），界定分析单元，分析文本材料（概括、说明、结构化），解释。定性内容分析有三种分析技巧，依据特定的研究问题，这三种技巧既可单独使用，也可以全部使用。第一，概括。把文本材料进行提炼，在保持文本基本内容的同时，构建一种既能体现原始材料，又容易处理的材料。为了达到这个目的，研究者可以对文本进行改写，省略那些不相关的段落和具有相同含义的内容；对相似的内容进行归纳和概括，在更抽象的水平上对文本材料进行总结。第二，说明。借助语境资料对那些模糊、矛盾、松散的内容进行解释、阐述和分析，可从以下六方面进行分析：①尝试下一个“词汇—语法”的定义；②确定需要解释的文本资料；③进行狭义语境分析，狭义语境分析主要借助上下文来阐明文本本身的意义，这对应于谈话分析中使用的上下文意思；④进行广义语境分析，广义语境分析借助文本外的信息（如文本作者及文本背景信息）来阐明文本的意义；⑤在分析的基础上，对文本的特定部分形成阐明性释

---

① KRACAUER S. The challenge of qualitative content analysis[J]. The Public Opinion Quarterly, 1952 (4): 631-642.

义；⑥参照整体背景情况对解释进行审查。第三，结构化。目的是从资料中筛选出特定的内在结构，文本可以根据内容、形式和比例来进行构造。可从以下七个方面进行剖析：①确定分析单元；②在相关的理论基础上构建结构维度；③确定类目系统的特征；④形成定义，并根据不同类的编码规则确定关键示例；⑤在首次分析材料的过程中，对数据位置进行标记；⑥在第二次分析材料时，处理和提取这些数据，如有必要，可在评估和分析材料的基础上重新审查和修改类目系统；⑦获取结果。[①]

定性的内容分析是对文本内在结构和各部分之间的关系进行描述、阐释和分析，它适合于分析文本的潜在内容，注重结合情境资料，从整体上把握文本中蕴含的意义。“结构化”被梅林视为最重要的定性内容分析技术，这显然是对经典内容分析技术的借鉴。从这个角度来说，定性的内容分析并不能称其为独立的研究方法。内容分析法从其产生开始，就既包括定量分析也包括定性分析，是一种“质”与“量”并重的研究方法，很多学者倡导将定量方法和定性方法统一于内容分析之中，取长补短、相得益彰。定性、定量相结合的内容分析法应具备以下几个要点：①对问题有必要的认识基础和理论推导；②客观地选择样本并进行复核；③在整理资料过程中发展一个可靠而有效的分类体系；④定量的分析实验数据，并做出正确的理解。[②]

（三）计算机辅助内容分析法

伴随着信息时代的来临和文献数量的急剧增长，研究者分析文献资料、开展内容分析的难度越来越大，内容分析法对文献的数量来源、类目划分和统计要求较高，这无疑给研究者增加了负担。计算机技术应用于内容分析领域，不仅可以大大提高研究工作的效率，提升结论的准确度和可信度，还可以进一步促进定性和定量研究方法的有效结合。国外现已开发了数十种内容分析软件且数量还在不断增长，主要有 CATPAC、WordStat、DIMAP、Concordance、General Inquirer、Atlas - ti 等。但国外内容分析软件绝大多数只能处理英语等，难以进行汉字处

---

① TITSCHER S, MEYER M, WODAK R, et al. Methods of text and discourse analysis[M]. London: Sage Publication, 2000: 62 - 64.

② BOS W. TARNAI C. Content analysis in empirical social research[J]. International Journal of Educational Research, 1999 (8): 659 - 671.

理，因而中文内容分析软件发展相对滞后。在大数据和人工智能的时代，我们应加大计算机辅助内容分析法的研究，尤其是加强中文内容分析软件的开发，促进研究理论与社会实践的进一步结合，推动内容分析在现代社会的应用和发展。

二、基于符号学的教科书内容分析

内容分析可以与符号学理论相结合应用于教科书研究中。符号学是一种哲学理论，研究作为代码系统的一部分符号和象征的产生，以及研究如何用符号和象征来表示信息。莫里斯以意义关系为基础把符号学划分为语构学、语义学和语用学三个分支，由此为符号研究提供一个分析架构和参考系统，一切符号学问题都可以放在这个架构中进行研究。在莫里斯看来，任何符号都是由符号载体、符号的所指和解释者这三部分组成，三部分之间的关系构成了符号学的三方面意义：言内意义（符号与其他符号的关系）、所指意义（符号与所指对象的关系）和语用意义（符号与解释者的关系）。这三种意义的总和就是符号的完整意义。从符号学的角度来看教科书，教科书就是按照一定规则编制的表意的符号系统。这个符号系统与课程知识的社会生产过程具有不可分割的联系，在分析教科书时不能只注重静态文本结构本身，还应将文本传达的信息与学校教育制度和知识生产过程结合起来，揭示教科书文本背后的社会、政治和文化的意蕴。从符号学理论出发，对教科书文本进行内容分析，也就是从语构学、语义学和语用学三个层面来分析教科书文本，并揭示文本的言内意义、所指意义和语用意义。默特指出，从符号学视角进行的内容分析分为六个层次：①在语构层面，分析文本中的字母、音节、单词或句子及其结构，这些纯粹是形式上的；②在语构—语意层面，探讨语言结构对意义形成的影响；③在语意层面，分析单词、句子等的意义；④在语构—语用层面，说明句法与文本效果之间的关系；⑤在语意—语用层面，把这种效果与承载特定意义的词语或句子关联起来；⑥在语用层面，寻找决定文本接收的真正的语用结构，如修辞结构。①

（一）教科书语构分析

教科书中的语言符号作为完整的语言体系组成部分，不是孤立存在的，而是

---

① TITSCHER S, MEYER M, WODAK R, et al. Methods of text and discourse analysis[M]. London: Sage Publication, 2000: 61.

与符号系统中的其他符号存在各种各样的复杂关系。比如，“家具”一词与“桌子”“椅子”“陈设”“沙发”等词汇构成了相互关联的概念组；“价值”一词与“道德”“政治”“文化”“经济”等词汇构成了密切的联系；等等。教科书语构分析就是探讨教科书中某些语言符号与其他符号之间的内部关系，揭示教科书编者是如何利用不同形式、不同读音、不同意义和不同特点的语言符号来达到某种特定目的的。比如，石鸥等在《论教科书的基本特征》中分析教科书文本阅读的特殊性时指出教科书是一定要能实现“教与学”的文本，必须具有可读性和可听性的特征，这实际上是教科书编撰在语构学层面上表现出来的文字特征。①

词频分析法是最常用的教科书语构分析法。这种方法是首先确定与研究问题有关的关键词，然后统计这些关键词在各个样本（分析单元）中出现的频数和比重，最后进行比较。例如，研究者想探讨不同版本的政治教科书法制教育内容的编写情况，可以选取两套不同版本的政治教科书，统计每本教科书中与“法制教育”相关的词语、句子出现的频次，再计算其在整本书中所占的比重；通过比较，我们可能会发现不同版本的政治教科书中关于“法制教育”内容所占的比重存在差异，说明不同版本的政治教科书对于法制观念的强调和倡导有所不同。

有些研究中，作为记录单位的词语过于简单，可以采用主题分析或概念组分析的方法，即寻找与研究内容相关的主题或关键概念，这些主题或关键概念相当于研究假设中的一个变量，其下包含若干词语，它们共同组成了概念组。比如，研究者从性别的视角探讨 1994—1998 年使用的人教版义务教育小学《社会》教科书的内容，发现教科书中人物从事的职业有着明显的性别差异。教科书中女性数量明显少于男性；教科书中女性从事的职业非常有限，往往集中在一些特定行业；教科书中女性大多出现在家庭之内。根据教科书的具体内容，将“男女人物的分布”“男女人物从事的职业”“男女人物出现的场所”三个主题定义为相应的概念组，比如“男女人物的分布”主要包括“年龄”“国别”“时间”三个维度；“男女人物从事的职业”主要包括“官员”“企业员工”等；“男女人物出现的场所”主要包括“家”“工作场所”“生活地区”等。概念组分析的第一步是收集 1994—1998 年使用的人教版义务教育小学《社会》教科书中的所有文章，

---

① 石鸥，石玉．论教科书的基本特征[J]．教育研究，2012（4）：92－97.

以文章为分析单位计算不同“类目”出现的次数，研究时只关注出现次数总计就可以了。[①]

（二）教科书语义分析

教科书中的语言符号不仅可以表示事物的性质，也可以表示具体的行为和过程，表示事物发展中抽象的原因、关系和规律等。教科书语义分析旨在探讨教科书中语言符号与其所代表的实际事物（实物、性质、行为、过程、规律等）之间的关系。

语义强度分析，首先是给出词汇的“强度权”，以显示它们在使用时的差别。强度权是由词汇的语义所决定的，比如探讨教科书的深度或难度时，对课程标准中与教学目标相关的动词进行赋值，将教学目标的难易程度量化，难度越大、赋值越高，“应用”就比“知道”的赋值更高（见表4－1）。“认知性学习目标”主要分四个层次，“技能性学习目标”和“体验性学习目标”分别分三个层次。课程深度就是这些赋值的加权平均值。人教版的“物质的量”中一共有三个知识点，这些知识点对应的动词分别是“了解”“了解”“能”，那么它们分别赋值为“2”“2”“2”，人教版“物质的量”的课程深度就是$2\times3\div3=2$。这样，就可以测算出教科书的深度和难度了。

（三）教科书语用分析

教科书语用分析致力于探讨教科书中的语言符号与教科书开发使用过程的参与者（包括教科书编写者和使用者）之间的关系。教科书编写者和使用者是开发和使用教科书的人，他们对于教科书中的语言符号非常关注，在编写、讲授或阅读教科书的过程中会对其赋予自己的主观感受和情感体验。教科书语用分析就是探讨教科书开发使用过程中其语言符号的起源、应用与效果等问题。

---

① 石鸥，石玉．论教科书的基本特征[J]．教育研究，2012（4）：92－97．

表 4－1　课程标准中行为动词的赋值①

课程目标			赋值
认知性学习目标	技能性学习目标	体验性学习目标	
知道、说出、识别、描述、举例、列举	初步学习、模仿	感受、经历、尝试、体验、参与、交流、讨论、合作、参观	1
了解、认识、能……、表示、辨认、区分、比较	初步学会、独立操作、完成、测量	认同、体会、认识、关注、遵守、赞赏、重视、珍惜	2
理解、解释、说明、判断、预期、分类、归纳、概述	学会、掌握、迁移、灵活运用	形成、养成、具有、树立、建立、保持、发展、增强	3
应用、设计、评价、优选、使用、解决、检验、证明			4

元话语分析就是从教科书的修辞入手分析教科书语言符号使用效果的方法。元话语就是“作者对基本论述所作的论述；是作者插进基本论述中，或明确或不明确地指导读者，而不是告诉读者某些内容”。元论述是给予读者的各种指令，以便使读者理解基本论述中的内容和含义，指导如何“把握”作者。这种对作品进行不涉及内容的论述，包括对基本论述的轮廓、作者的态度、作者对自己的一系列论断所持的态度，以及供自己使用的参考材料和供读者使用的参考材料（即人际关系部分）所作的评论。比如，文学史学家和科学史学家在元话语方面存在着根本性的差异。文学史学家的兴趣在于为历史而再现历史，因此他们对戏

① 吴刚平．国家课程标准中的学习水平与行为动词问题探讨[J]．乐山师范学院学报，2002（1）：66－69．

剧、壮观场面、古装表演、演员等感兴趣。科学史学家则具有比较实际的目的，他们想激起的是理性，而不是想象；需要对往事作解释，而不是再创造；他们关心的是历史演进过程和解决问题。教科书中的元话语主要包括知识性的元话语和态度的元话语。研究者需要探究最佳程度的元话语。哪些学生在什么条件下，为了哪些任务，需要什么样的类型，数量为多少？他们要调查元话语是使教科书增加了读者的兴趣还是减少了兴趣，如果读者的兴趣有增减，是哪些原因造成的？读者对趣味性做出的判断是否长期有效？读者对社会科学的内容或范围持有某些态度，或许元话语对这些态度的影响应该加以研究。①

三、基于传播学的教科书内容分析

内容分析法可以与传播学理论结合应用于教科书研究中。拉斯韦尔在《社会传播的结构与功能》中指出，描述一种传播行为的便捷方法就是回答“谁说了什么、对谁说、为什么说、如何说以及产生什么影响”这个问题，这便建立了传播学界有口皆碑的“5W”传播模式。霍尔斯蒂认为内容分析是对信息内容进行编码和解码的过程，信息传播者进行编码，利用媒介传送编码，接收者接收编码并进行解码，将信息内容置于传播者与接收者之间的传播过程之中。霍尔斯蒂认为，内容分析首先应通过分析“说什么”“如何说”和“向谁说”来描述传播内容的显性特征；其次，通过分析“为何说”来推断出传播的原因或“先决条件”；最后，通过分析“有何影响”来推断传播的效果或后果。从传播学的视角来看，教科书的开发过程是传播者（作者）向接收者（教师和学生等）传达某种信息的过程，其有效运作依赖于传播者、传播内容、传播媒介、接收者、传播效果和传播原因等因素之间的相互作用。教科书内容分析可以分为教科书传播内容分析、教科书传播效果分析、教科书传播原因分析这三种类型。

（一）教科书传播内容分析——What

教科书传播内容分析主要是对教科书内容本身及其意义进行探讨，回答“是什么”的问题，经常用于描述教科书传播内容的属性和特征、教科书传播内容的趋势或比较不同教科书之间的内容差异。传播内容分析可以清楚简洁地描述教科

① 瞿葆奎. 课程与教材[M]. 北京：人民教育出版社，1988：177.

书内容和形式特征，为其他的研究提供基础。一般来说，教科书传播内容分析可以分为单一型内容分析和比较型内容分析两种。

1. 单一型内容分析

单一型内容分析只是单纯具体地对教科书中的某个现象或某个属性进行描述，通常是针对特定时间段上的一个变量进行描述分析。这类研究的设计思路呈直线形，即根据研究问题需要什么信息就直接寻找教科书中与其对应的数据资料。这类研究只要按照内容分析的一般操作步骤来做即可，而对于较为抽象的研究问题，则需要先对抽象概念或类目进行操作化定义。比如，关于数学教科书难度测量研究，就需要考虑如何界定教科书难度并使之可操作化。

2. 比较型内容分析

比较型内容分析是通过比较发现差异，在此基础上揭示更深层次的问题。教科书传播内容分析大部分都是比较型的，这种研究设计主要探讨的是差别性研究问题。比较型内容分析大致可以分为三种情况。

第一，同一信息源生成内容的比较。这个类型的比较是以同一个信息源（同一个版本的教科书）所生成的内容作为分析资料和研究对象。比如，在同一个文献资料范围内比较两个不同变量的差异，这种内容分析是探究教科书传播内容某一个特质的性别差异或种族差异，其中一个变量是研究者所关注的语文教科书中的选文人物、情节、图片，而另一个变量则是性别、种族或其他。在研究设计中引入各种内容变量，多层次、多维度地建构类目，探讨教科书中人物形象、人物职业、人物地位之间的性别差异。同一信息源生成内容的比较还可以是以某一个关键变量为轴心，进行跨时段的比较。这种比较不仅可以反映出教科书内容本身的发展趋势，折射出外部社会环境的变化对教科书内容带来的影响，研究者可以做出教科书未来走向的推论和提出有益的改革建议。比如，通过比较新课程改革前后人民教育出版社出版的 1999 年版和 2005 年版的小学品德教科书，纵向考查榜样人物的年龄、性别、职业、教育方式等方面的演变轨迹，发现两个版本教科书中榜样人物的变与不变，揭示出课改理念和课程标准是榜样变迁的主要政策依据。新课改之后教科书中榜样运用体现出主体性、真实性、生活化、时代性和多元化的特点，而女性榜样少、趋避明星人物和道德功利主义倾向则是未来教科书优化的重点。①

第二，不同信息源生成内容的比较。其比较的目的是考查由不同主体出版的教科书在内容特质上存在的差异，这种差异的比较有助于进一步推论出不同主体所处的社会环境与教科书内容之间的关系。教科书内容比较涉及来自不同出版机构、不同国家或跨文化层面的教科书比较。例如，比较人教版和北师大版的小学数学教科书在课程观念、知识结构、呈现形式等方面的异同，揭示小学数学教科书的发展趋势；比较日本与中国小学数学教科书在教学内容、教材编排和编写特点等方面的异同；比较美国与中国的语文教科书在编写者、出版社、编写体例、学法指导、阅读指导等方面的异同，从而为我国课程教材的改革提供建议。

第三，信息源内容与外部参照标准的比较。这种标准参照研究最常见的是将教科书内容与课程标准进行比较，以此来评估教科书内容的质量及其实现课程目标的有效性。探讨不同版本的初中数学教科书在课程广度、课程难度和课程深度上是否达到国家课程标准所规定的基本要求，分析不同版本的教科书与课程标准的一致性程度，推断不同版本教科书的质量水平，为教科书的重新修订提供建议。

（二）教科书传播原因分析——Why

教科书传播原因分析是对教科书内容“何以如此这般传播”的各种条件和情况进行研究和推断，其分析可分为两种类型。

第一，用于判定作者身份。其研究目的主要是通过内容揭示和洞察教科书传播者的特征，如分析其编写和创作教科书的动机、兴趣和目标等，从中推断出传播者所处的社会结构、生活背景或社会环境等。教科书的传播者是构思、编写和创作教科书的人。教科书传播者对教科书的产生具有重要的作用，他们落实了教科书编写的指导思想和基本原则，决定着教科书编写的质量和水平。教科书传播者分析主要是探讨创作或生产教科书文本的人，分析传播者的个性特征、传播者身处的环境及其在社会结构中所处的位置，分析传播者在教科书中表现出来的意识形态或文化价值等，揭示传播者持有的课程观、教育观和知识观。比如，张菁

---

① 张丽敏，谢均才. 中国大陆小学品德教科书中榜样的嬗变：人民教育出版社 1999 年版和 2005 年版小学品德教科书内容分析[J]. 教育学报，2016（3）：28－44.

的《改革开放以来初中语文教科书选文作者变化的研究》通过考查人民教育出版社出版过的6套初中语文教科书中选文作者的变化，揭示语文教科书中意识形态和价值取向的变化，通过定量分析和定性分析发现不同版本中选文作者的入选状况呈现出较大差异，选文作者的职业类型、政治身份在比例上呈现出历史性变化。选文作者遴选标准从重视作者外在身份走向关注作品文学价值，从相对单一走向多样并存，文本意义的解释从封闭单一走向开放多元。[①]

第二，用于探讨教科书内容生成的影响因素及其与教科书内容之间的关系。研究者依据相关理论，探讨社会政治、经济、文化等外部环境因素在何种程度和情境下影响教科书的开发和使用，将教科书文本开发使用的情境及其社会意义联系起来，将教科书研究中的内容分析法应用于更加广阔的社会文化背景中。比如，周淑卿、章五奇运用口述史的方法对台湾教科书的“板桥模式”进行了考查，通过访谈当时事件的关键人物，针对1972—1994年期间小学社会的两期课程实验计划，展现“板桥模式”通过研究、实验、修正、推广的系列步骤来探究教科书的实际历程，揭示“板桥模式”的教科书特质，分析“板桥模式”的社会影响和启示意义，在此基础上提出了重建教科书研究机制的建议。[②] 宁彦锋在《课程异变的社会学分析》中从课程社会学出发，以“上海二期课改”为主要对象，分析教科书建构系统中的结构和影响结构变化的因素，揭示教育行动者的行动资源和潜在规则，探究教科书建构的社会机制和影响因素，明确课程异变的原因和消除课程异变的策略。[③] 又如，石鸥教授对于我国抗日战争时期教科书的研究，其目的并不是对抗战时期教科书内容、手段和技巧的探讨，而是通过分析抗战时期教科书的选材特征，试图推断出教科书编写者在澄清抗战认识、宣传抗战精神、坚定抗战信念方面的意图、价值观和相应的策略。[④]

---

① 张菁．改革开放以来初中语文教科书选文作者变化的研究[J]．教育学报，2016(5)：52－59.

② 周淑卿，章五奇．以研究为本的教科书发展：台湾板桥模式的启示[M]//石鸥．教科书评论．北京：首都师范大学出版社，2016：105－121.

③ 宁彦锋．课程异变的社会学分析[M]．上海：学林出版社，2012.

④ 石鸥，廖巍．课本也抗战：试论“战时教科书”[J]．课程·教材·教法，2015(9)：3－9.

（三）教科书传播效果分析——What Effect

教科书传播效果分析就是通过分析教科书内容的重要属性和关键特征来推断受众对教科书内容的反应，揭示受众在接受教科书内容前后，其心理和行为是否发生变化，教科书的传播是否使受众的心理和行为发生了预期的变化。在此基础上，揭示教科书内容对受众的影响。这类研究的关键是将接收者的态度与教科书内容在个体层面与宏观层面联系起来，在教科书内容与教科书接收者之间建立证据连接，如果受众的变化与传播者的愿望一致，就说明传播取得了正面效果；相反，则是负面效果。

为了将教科书内容与教科书接收者的反应连接起来，研究者需要对研究数据进行推测性阐释，这种推测分为两个方面：一是由接收者的反应反推至作为信息源的教科书，二是由教科书中的信息推测其对接收者的影响。在教科书传播效果研究中，只有将教科书的内容分析和接收者的反应分析相互整合才能获得更为有效的结果。因此，内容分析法和以人作为数据采集和分析单位的方法（如问卷、访谈和实验）必须相互融合。教科书传播效果分析为了在教科书传播内容与接收者反应之间建立证据联系，至少必须进行两种分析：一是对教科书中相关传播内容的特征和属性的分析，二是显示和说明接收者受到传播内容的影响。由这些分析获得的三种数据有助于完成教科书传播效果分析。比如，崔英梅在《信息技术在初中数学教科书中的呈现及其效果的学生认同研究》中就运用内容分析法对信息技术在3套初中数学教科书中呈现的具体内容及其问题进行了研究；同时，运用问卷调查法研究了学生对信息技术在初中数学教科书中呈现效果的认同程度。①

① 崔英梅. 信息技术在初中数学教科书中的呈现及其效果的学生认同研究[D]. 长春：东北师范大学，2006.

第三节　教科书内容分析的规程

一、教科书内容分析的程序

（一）提出研究目的和问题

运用内容分析法分析教科书，首先要明确且清晰表述研究目的，确保资料收集能够紧密围绕研究主题，减少收集那些无用的研究资料。一般来说，利用内容分析法探讨教科书问题可以达成以下四种目的。①教科书内容的趋势分析。趋势分析就是选取不同时期的教科书文本，对其内容进行定量和定性的比较，分析其主题思想的发展历程、变化规律和未来趋势。比如，吴小鸥的博士论文《清末民初教科书的启蒙诉求》将教科书放在历史发展的长河之中，多方探寻清末民初教科书的启蒙诉求；曾东平的硕士论文《我国百年小学语文教科书语言选文研究》选取从清末至今一百多年间影响较大的小学语文教科书，分析寓言选文的数量变化和篇目的演变，揭示寓言选文的价值取向的流变。②不同教科书的比较分析。比较分析就是围绕某一中心问题，采用统一标准，对不同地域、不同版本、不同时期的教科书文本进行定量和定性的对比，揭示它们在内容风格上的差异。例如，牛波的博士论文《中美高中生物学教科书科学本质表征的比较研究》既对中美高中生物教科书中科学本质表征数量的平衡性进行了定量的比较分析，也对教科书中科学本质表征的准确性进行了定性的比较分析。③教科书中的主题分析。主题分析就是围绕教科书中特定主题或内容特征展开分析，常见的主题包括意识形态、价值取向、性别偏见、种族歧视、学科概念、理论范畴等。例如，曲慧敏的硕士论文《上海高中语文教科书价值取向研究》对上海高中语文教科书选文在政治、道德、自然、知识、文化等方面的数量和表述方式进行了内容分析。④教科书的难度分析。利用课程难度模型，对教科书文本的内容难度进行定量分析，具体涉及课程深度、课程广度、课程时间与课程难度等问题。黄郁郁的硕士论文《高中化学新课程教科书课程难度的静态定量对比分析》就是对三个版本教科书的课程广度、课程深度、课时分配、课程静态难度进行了量化分析，揭示出各个版本教科书的难度与课程标准的一致化程度。

（二）确定研究范围和抽取样本

1. 界定研究范围

研究者在抽样前首先应界定研究范围，给研究对象下操作性定义，这里界定的研究范围既要与研究目的密切相关，又要包括完整的相关材料。例如，在研究“中小学理科教材国际比较研究”这一课题时，研究者选取了世界上使用范围广、使用时间长、得到政府部门或专业委员会认可的教材文本作为研究对象，这些教材涉及数学、物理、化学、生物、地理、科学六门理科学科，涵盖了小学、初中、高中三个不同学段，包括中国、澳大利亚、日本、韩国、新加坡、德国、法国、俄罗斯、英国和美国等十个不同国家。在明确了研究对象的总体范围之后，研究者就应确定分析单元，运用相关技术进行抽样。

2. 确定分析单位

研究者应针对研究问题和研究假设对研究内容的分析单位进行界定。所谓分析单位，是指内容分析时判定的最小单位，也是量化统计的实际对象。在教科书研究中，分析单位可以是书、章节、单元、课文、段落、句子、字词、体裁、题目、语意或以上各项的合并，分析单位应该依据具体的研究目的来确定。如果要分析“大陆与台湾初中语文教科书”的差异，就要把语文教科书中的课文作为分析单位，通过比较大陆和台湾初中语文教科书中课文之间的差异，揭示出两岸语文教科书的视域分歧。[①] 如果要探讨“语文教科书中的性别意识形态”，就要把语文教科书中的字词、语句和故事线索等作为分析单位，通过分析语文教科书在字词、语句、故事线索等方面呈现出的性别差异，揭示出不同教科书的性别意识形态特征。[②] 在确定抽样策略之前，必须先明确分析单位。

3. 抽取样本

在教科书研究中，研究者不可能对全部的文本信息进行研究，因此需要采用

---

① 刘云杉．视域的分歧：大陆与台湾初中语文（国语）教科书比较[J]．教育研究与实验，1997（4）：31－37.

② 傅建明．教科书性别意识形态的话语分析：以北师大版小学《语文》与新亚洲版《学会中国语文》为文本[J]．全球教育展望，2010（5）：18－23.

适当的方法进行抽样。例如，分析“我国小学语文教科书中的价值取向问题”，研究小学语文教科书中价值取向的内容和呈现方式的主要特点及有待改进之处，研究对象的总体就是我国所有的小学语文教科书。为了高效地达到这个研究目的，研究者有必要按照一定的抽样方法选择有代表性的小学语文教科书，即内容抽样。内容抽样需要考虑文本资料的代表性、样本的大小以及抽样与译码单元。随机抽样、分层抽样、整群抽样等抽样方法都适用于内容分析。

（1）随机抽样。随机抽样是指对资料来源或研究对象进行随机抽样。例如，分析英语教科书前言中语类结构时，可以从所有的英语教科书中随机地选出 80 本，对其前言的语类结构进行分析。再如，研究高中数学新课程教科书的使用情况时，研究者可以在某个地区随机选取使用高中数学新课程教科书的几所学校及相关班级，分析师生使用高中数学课程教科书的现状和问题。

（2）分层抽样。在有些情况下，研究对象不是同质的，为此研究者把研究对象分成两个或更多的层，然后从每层中随机抽样。例如，研究者对高中历史教科书语言难度进行研究时，可以首先确定以全国使用范围广泛的四个版本《普通高中课程标准实验教科书历史（必修）》作为研究对象，从政治史、经济史和文化史三个模块中选取 36 篇课文建成一个五万多字的小型语料库，通过这种分层抽样的方法，确保了选择出来的样本可以代表不同版本和不同题材的历史教科书文本，然后研究者再对这些课文语料在汉字、词汇、句子等方面的语言难度进行分析讨论。

（3）整群抽样。整群抽样是一种以群为单位选择样本的方法。当研究者简单地从总体中直接进行随机抽样不切实际或花费太高时，通常就以群为单位进行抽样。例如，分析我国当前小学语文教科书时，研究者就可以在当前我国大部分地区广泛使用的小学语文教科书中随机选取一个版本（如人教版），以该版本的小学语文教科书作为样本，分析其内容特征、编排形式等。

（三）确定分析类目和类目表

研究者根据研究问题设计一系列的分析类目，编制成类目表格，作为整理和分析资料的基础。类目就是根据研究需要确定的、把资料内容进行分类的项目。无论采用哪一种方法形成分析类目，都应在正式进行内容分析之前就编制好，而不能边分析、边修改。同时，所有类目都应具有独立性、完整性和可信度。

（1）类目的独立性。类目的意义要有明确的限定范围，彼此不能重叠，任何分析单位可以而且只能归入一个类目中，如果研究者对分析单位的判断模棱两可，认为它既可放入这一类目，又可放入另一类目，就说明类目的定义模糊不清，需要进一步修改。

（2）类目的完整性。内容分析的类目必须具有完整性和系统性，类目表必须为每个分析单位提供合适的位置，不能遗漏任何分析单位，不能出现某些分析单位“无家可归”的现象。为了确保类目的完整性，可以把具体类目进一步划分成不同的次类目，比如态度可以划分为积极态度和消极态度，陈述方式可以分为正面、中性和负面三种类型。

（3）类目的可信度。类目应该具有良好的可信度，不同的编码者对分析类目的意见应具有高度一致性。

（四）内容编码和评判记录

内容编码和评判记录工作，就是按照预先编制的类目表格，按分析单位顺序，系统地判断并记录各类目出现的客观事实和频数，将分析单位置于分析类目表中。这是内容分析中最耗时，也是最有意义的部分。一般需要使用标准化表格，只能记录某类项目的有或无、长或短、大或小等明显的客观性事实，必须避免使用主观的、价值性的判断，如好与坏、善与恶等来判断内容。需要注意的是，如果进行的是较大规模的内容分析研究，还需要对分析单元进行编码整理，记录数据时要考虑如何把文字语言转换成计算机识别的符号，方便计算机对各类别出现的频数进行处理；否则，资料太多，有可能使研究者迷失方向，进入数据“垃圾”之中而难以自拔。

（五）信度和效度分析

信度分析是指两个以上的研究者在把分析单位归入适当的类目中时，其结果的一致性。一致性越高，内容分析的可信度就越高；一致性越低，则内容分析的可信度越低。因此，信度直接影响内容分析的结果。内容分析只有经过信度分析，才能保证其结果的可靠性和较高可信度。

内容分析的信度公式之一（霍尔斯蒂系数公式）为：

$$信度=\frac{2M}{N_1+N_2}$$

式中　M ——两个研究者一致同意的编码数；

N_1 ——第一个研究者分析的编码总数；

N_2 ——第二个研究者分析的编码总数。

例如，如果有一项研究有 15 个类目，两个研究者的编码项目中有 12 个相同，则其计算结果是：

$$\text{信度} = \frac{2 \times 12}{15 + 15} = 0.80$$

克里彭多夫认为信度可分为三种类型：①稳定性。稳定性是指将同一分析工具应用于同一文本时是否获得相同的结果。②可重复性。可重复性是指在不同的情况下获得相同结果的程度，例如使用不同的编码。③精确性。精确性是指分析满足特定功能标准的程度。克里彭多夫指出内容分析中有四种可能性错误来源会导致信度的缺失：①分析单位的特点，分析单元确定错误，与编码存在不一致，与其他材料有系统的差异。②个别分析类目的属性，尤其是一些特殊的类目是否存在分歧，这些类目界定是否清晰。③类目的差异，类别之间的区别是否太细。④编码的适当性，如果信度的缺失不能归因于前面三种原因，那么问题通常是由编码本身引起的，也许可以通过更仔细的选择、更彻底的培训、缩短操作时间等方式来解决。[①]

效度分析是指检查分析类目表是否能够有效地测量研究内容，类目是否严谨且符合要求，分析的程度是否适当。效度分析需要熟悉该项研究的人反复讨论，多次修改和预测，保证分析类目表的设计内容全面、意义明确、切合实际需要。克里彭多夫认为，效度分为三种类型：①以材料为导向的效度——语意效度和样本效度。语意效度是指对材料的意义重构，是以类目定义、关键案例和编码规则的适当性来表达；样本效度是指准确抽样的常用标准。②以结果为导向的效度——相关效度和预测效度。相关效度是指与外部标准的相关性（如其他方法的结果）；预测效度是指测量可以预测出某一概念的具体结果。③以过程为导向的效度——结构效度。结构效度是指用同样的构造实现以前取得的成功、已建立的

---

① TITSCHER S，MEYER M，WODAK R，et al. Methods of text and discourse analysis[M]. London：Sage Publication，2000：66.

模型和理论、代表性的解释。①

（六）分析和解释研究结果

经过上述步骤，研究者得到可靠的数据，在此基础上，就可进入最后一步"分析和解释研究结果"，即根据研究目标对各种数据进行比较，并将数据统计描述的结论与定性分析结合起来，得出关于研究对象的现状、趋势、异同点或意向等方面的结论。这里要注重量化分析和质性解释的结合。

量化分析是根据研究假设，运用平均值、百分比、频次分布或相关系数等方式对所得到的数据作描述性统计，也使用方差分析、卡方分析、相关分析和回归分析等方式对数据做推断性统计。质性解释是描述各类目的特征及相互关系，探讨教科书文本中隐含的意义。例如，史利特和格兰特在探讨美国教科书中的种族、阶级、性别和残疾人问题时，除了进行量的分析外，还从下面三个方面实施了质性分析。

第一，教科书中的种族偏见问题。白人在各学科中是否仍占有主导地位？教科书是如何描述各种族的？目前人们所关注的一些种族问题是如何通过教科书得以呈现的？

第二，教科书中的性别偏见问题。教科书中存在怎样的两性问题？两性问题在不同种族中具有怎样不同的体现？

第三，教科书中社会等级和残疾人方面的问题。教科书中涉及怎样的社会等级和残疾人方面的问题？

研究考查不同社会群体在社会、阅读、科学和数学四种教科书中的地位，从更广泛的角度解读美国社会的多样性是如何通过学校教育和学校经历影响孩子，而孩子在思考各个学科中的种族歧视和社会压迫现象时又面临怎样的挑战。②

二、教科书内容分析的规范

在运用内容分析法开展教科书研究时不一定要按部就班地遵循以上所有步骤，研究者可以在不同的理论背景下，依据研究问题和文本材料选择合适的分析

① TITSCHER S, MEYER M, WODAK R, et al. Methods of text and discourse analysis[M]. London: Sage Publication, 2000: 66.

② 阿普尔，史密斯. 教科书政治学[M]. 上海：华东师范大学出版社，2005：92－133.

路径。内容分析法的优点主要有三个：首先，内容分析法具有非介入性，研究者通过直接观察或其他方式获得的信息可以通过对书籍或其他信息媒介进行非介入式的分析而得到，而分析的内容并不会因研究者的参与或介入而受到影响。其次，内容分析使研究不受时空限制，研究者可以对一些文献记录或历史文档进行钻研，以了解以前的社会生活状况。最后，内容分析在时间和资源消耗方面相对简单和经济。比如，研究者可以直接从报纸、报告、书本、期刊等资料中获得所需的信息，并进行分析。内容分析法在教科书研究中有很广阔的应用前景，但也存在一定的边界和局限。只有正确理解和有效运用研究方法和工具，才能真正促进教科书研究的科学化发展。

（一）注重教科书文本的全面性和代表性

首先，使用内容分析法开展教科书研究时应全面完整地收集教科书文本，如果遗漏了重要的教科书文本，研究者从不完整的文本内容中获取片面的研究结论，可能导致教科书研究出现偏差或偏见。研究文本的全面性要求内容分析不仅包括语言文字，也包括图表符号；不仅包括句法构词，也包括语意语用；既包括显性内容和有形文字，也包括隐性内容和言外之意；既包括教科书本身，也包括与之相关的课程标准、教辅材料等。对小学语文教科书价值取向进行研究时，应该对小学语文课程标准（或教学大纲）、教师教学用书、教科书进行剖析，分析的具体项目包括教学目标、中心思想、教材选文、课文标题、练习和思考、插图、人物等。

其次，使用内容分析法开展教科书研究还需要选取有代表性的教科书文本。教科书文本是特定的社会时代和政治文化的产物，并非文化中立、价值无涉的存在物。在众多文本中，只有少数教科书体现了时代的声音，被社会广泛接受和使用，更多的教科书可能是昙花一现、过眼烟云，没有成为文化典范的代表。研究者应认真鉴定和检查教科书文本，选取具有代表性、经典性的文本作为研究对象。洛温在撰写《老师的谎言——美国历史教科书中的错误》时，选取了 12 套在美国发行较广、社会影响力较大、使用人数较多的历史教科书。可以说，这些教科书样本能够较好地代表和体现当代美国历史教材的总体。然而，在一些自传性或回忆性文本材料中，由于作者的偏见或遗忘，可能会在记录中歪曲事实、掩盖错误、掩藏真相，对这些文本的审查尤其重要，这种带有偏见的文本只会带来片面的研究结论，影响研究的真实性。

有效的内容分析取决于研究文本的全面性和代表性。要收集全面而有代表性的研究文本，关键在于为研究对象下一个清楚的操作性定义。

（二）加强研究的理论基础和定性分析

古典的内容分析是一种偏于量化的分析方法，这种方法在分析教科书的过程中往往过于注重频次统计和数据分析，忽视教科书文本的“言外之意”。克里彭多夫认为，内容分析在本质上还具有人文社会科学的定性特质，是以“情境”作为研究基础的。所谓情境，是研究者依据研究问题构建的关于文本的概念环境，是研究者用于文本分析的所有相关知识，包括理论、言之有理的观点、实证根据、有所依据的直觉、有关阅读习惯的知识。研究者只有清楚地说明“情境”，才能超越文本、获得文本的“言外之意”，让自己的研究结果被他人所理解；否则研究结果不仅不能被他人真正理解，也不能被其他方法所验证。简言之，克里彭多夫主张通过人文社会科学研究者的辩证和智慧的论述引导研究者构建一个完整的内容分析体系，过于强调内容分析的定量特性，反而不能很好地运用内容分析法。① 由此看来，内容分析必须加强理论基础和定性分析。在教科书研究中，内容分析法可以与符号学理论相结合并有所发展，元论述分析就是内容分析法与符号学理论相结合而产生的教科书研究方法，它拓宽了内容分析法的研究视野，解释教科书文本背后隐藏的社会意义。

（三）注意内容分析与其他方法的结合

教科书作为研究对象，是一个整体概念，应采用不同方法进行研究。一方面要以内容分析法作为主要研究方法，对教科书文本进行静态分析；另一方面，要综合运用问卷法、访谈法、观察法等，对教科书开发、使用和评审的实际过程进行动态分析。各种研究方法相互补充、相互协调，从不同角度、不同层面揭示教科书这一课程建构系统的本质规律。教科书不是一个简单的文本，而是课程改革复杂系统中的一个子系统，想用单一的方法来解释整个教科书知识的生产、使用和评价过程是不可能的，只有综合运用多种方法，从多个视角对教科书问题进行探讨，才能把握教科书真实的存在特性。比如，牛波的博士论文《中美高中生物

---

① 邬友倩. 内容分析的概念框架新探[J]. 现代情报，2007（12）：25－27，30.

教科书科学本质表征的比较研究》就是综合运用内容分析和问卷调查法的研究成果。一方面运用内容分析法探讨课程标准和科学教科书中关于科学本质的表征；另一方面运用问卷调查法分析高中理科教师和学生对狭义科学本质的理解、教师对科学本质教育的态度；最后揭示出中美高中生物课程标准、教科书、教师与学生在科学本质表征上存在的异同。总之，单一的研究方法是极为有限的，只有当内容分析法与其他方法综合运用、相互补充时，才能从更实然和应然的视角揭示教科书问题的本质。

（四）促进内容分析与信息技术的结合①②

随着信息时代的来临，计算机辅助内容分析越来越多地应用于教科书研究。CATPAC、WordStat、DIMAP、Concordance、General Inquirer、Atlas - ti6 等多种内容分析软件，但通常只能处理英语等。有的软件具有基本的文本分析功能，包括字词的计数、分类和简单的统计；有的软件能够辅助内容分析产生页边笔记、摘要标记等；有的提供一种开发环境，可以自动生成词典、语法规则和其他文本分析工具。中文计算机辅助内容分析软件大多是基于篇幅的文本分析，对于字、词、段等知识单元的片段分析较少。将计算机技术应用于内容分析，能够极大地提高研究的有效性和结果的准确性。

信息爆炸和海量数据库的出现，使传统内容分析法在数据收集和数据分析的便利性方面优势不再，大力推进语料库分析方法也将成为未来内容分析法的发展趋势。语料库是指按照一定的语言学原则，运用随机抽样方法，收集自然出现的连续语言运用文本或话语片段而建成的、有一定容量的大型电子文本库。把国内教科书文本及相关历史资料数据化，建立一个定期更新、便于使用的教科书数据库；同时收集国外的教科书数据平台，扩充语料库的资料储存。将语料作为研究工具，可以从发现关键词和主题词的历史性演变，为教科书文本和实践领域的研究提供纵向和历时性的参照物或坐标系。

---

① 喻国明，李慧娟. 大数据时代传播研究中语料库分析方法的价值[J]. 传媒，2014（2）：64 - 66.

② 张蕊，邱均平，周黎明. 计算机辅助内容分析软件进展研究[J]. 图书情报工作，2005（6）：29 - 32.

总之，内容分析与信息技术的结合，必将推动内容分析法的进一步发展，加强计算机辅助内容分析法和语料库分析方法的研究，将理论与实践进一步结合，推动它们在教科书研究中的应用和发展。

第五章

教科书话语分析法

第一节 教科书话语分析概述

20 世纪 90 年代以来，社会学理论中出现了一种“语言转向”，即把语言看作是社会现象的中心角色。话语分析理论开始广泛应用到人类文化学、社会学、心理语言学、传播学和跨文化交际等诸多研究领域。当前，话语分析已经成为一种人文社会科学中普遍采用的研究方法。其中，批判话语分析作为一种重要的研究方法被应用于教科书研究中，为教科书研究带来了新的研究视角。根据不同的研究重点、研究主题和理论基础，话语分析可以分为三个大的研究流派：一是英美学派，目前这个学派的研究重点从语言结构的使用逐渐转向图式体裁，从上下文语境转向文化语境，对语言使用的关注是其研究重点；二是福柯学派，这个学派不关注语言的使用，而是关注通过语篇、话语分析折射出的社会实践、社会事实以及相关问题；三是批判学派，这个学派是从前面两种话语研究流派获得启示，从批判语言学和系统功能语言学找到理论支持，关注话语的选择如何反映权利关系，人们如何通过语言和话语影响社会活动，如何使用语言来保持和创造社会的结构，话语如何在社会中生成、创造和再现不平等的社会结构和权利关系。英美学派主要包括会话分析、互动社会语言学、交际民族志学等，更适合于分析现场口语或即席话语。福柯学派和批判学派更适合于分析书面文本，福柯学派在我国的研究较少，故一般认为批判学派即批判话语分析，将其作为教科书话语分析的主要理论与方法。本节探讨批判话语分析的理论基础和思想渊源，阐明它对于我国当代教科书研究的方法论意义。

一、批判话语分析的基本理论

（一）批判话语分析（CDA）的含义

话语作为当今人文社会科学领域中的一个普适性的用语，可以简单地定义为句子以上的语言单位。在语言学意义上，它常与“text”（语篇）互换，而“text”在文学理论中指“本文”或“文本”。由于话语分析的对象是“话语”而非“文本”，因此“话语”与“文本”之间存在着较大的区别。费尔克拉夫认为，“文本”被用于指文本创作过程之后的产品，而“话语”比“文本”内涵更丰富、针对性更强、应用性更广，用于指整个社会的互动过程，而文本仅仅是其中的一个部分。[①] 作为一门从语言学发展起来的研究领域和一种跨学科的方法论，话语分析顾名思义就是对话语进行分析，它包括了语言运用的方方面面，从初期语言学领域的话语连贯衔接分析、话语结构语法分析，到后来社会语言学的社会交际语用分析，再到后来结合符号学、人类学、社会学、认知心理学的话语深层意义分析、文化语境分析以及社会认知分析，都是话语分析者的研究对象。目前，话语的研究已经扩展到书面话语和文化、符号系统的全部领域。具体而言，话语分析有四大研究主题：一是通过话语分析解决语法上的一些棘手问题；二是研究单个话语（包括句子）是如何组成互动话语的，探寻话语自身的构成规律；三是把话语分析当作研究宏观社会问题的工具；四是研究话语作为社会活动的有机成分及其过程的展开规律。

批判话语分析是当代西方学术研究中一个重要的领域，因为它关系到知识学领域。批判话语分析把话语分析当作研究宏观社会问题的工具，是关于各种文本和话语如何服务于各种意识形态以及它们所产生的各种强大的政治后果的一个明确、规范的分析。批判话语分析首先是在后现代学术研究中产生的，尤其是法国学者福柯关于话语和权力关系的研究。西方学者一般认为福柯的《词语与事物》是批判话语分析的奠基作之一。批判话语分析具有鲜明的社会和政治意义。冈

---

① TITSCHER S, MEYER M, WODAK R, et al. Methods of text and discourse analysis[M]. London: Sage Publication, 2000: 147.

瑟·克雷斯认为，批判话语分析从一开始就有其政治使命，即改变社会、经济、文化及政治资源的不均衡分配。[①] 批判话语分析的最终目标是提高读者对被操纵的敏感度，增强读者的批评和反思意识，使读者实现批判性阅读，增强对大众语篇的反控制意识。通过批判性研究所得出的结论不仅可以使人们了解社会为什么是现在这个样子，而且还能够使人们了解社会应该是什么样子，它有助于促进社会变得更加美好。批判话语分析的成果应用到教育、培训、媒体批评、媒体监测等诸多研究领域时，可以为社会进步起到一定的推动作用。

批判话语分析之“批判性”具有两种重要的理论来源。第一，批判性社会科学，即建立在法兰克福学派尤其是哈贝马斯所提出的批判社会科学的思想基础之上的科学。哈贝马斯认为，知识是与人类的认识兴趣密切相关的，并且有其历史和社会的根源；人类为了达到“自我解放的认识兴趣”，必须开展自我反思，致力于建构“反思批判性的科学”，这种反思批判性的科学包括人类所有社会活动中必不可少的科学，是一种意识形态批判的科学理论。第二，批判性语言学。“批判性语言学”最早出现在韩礼德的研究中，韩礼德主张“为了理解别的事物，如社会制度，来研究语言”，批判性语言学着重分析人们生成的语言符号和他们交流的意义之间的关系，分析的目的是揭示语篇中含而不露的意识形态意义，揭示语言背后存在的社会背景和权力斗争的作用。冈瑟·克雷斯和罗伯特·霍奇也认为，意识形态是基于特定立场组织的思想体系，语言和意识形态、社会结构之间存在着密切的关系。以上观点被社会语言学、形式语言学、社会心理学和文学批评学等不同流派的研究者所接受，从而强化了话语分析方法的跨学科性质。

批判话语分析既是抽象的话语理论，又是具体的研究方法。就理论而言，批判话语分析主要源自阿尔都塞的意识形态理论、巴赫金的言语体裁理论、安东尼奥·葛兰西的哲学传统、法兰克福学派和福柯的哲学思想，在理论假设和基本思想上具有一致性；就方法而言，批判话语分析则因学者参照的理论背景不同而呈

---

① KRESS G. Representational resources and the production of subjectivity: questions for the theoretical development of critical discourse analysis in a multicultural society [M] // CALDS - COULTHARD C R, COULTHARD M. Texts and practice: reading in critical analysis. London: Routledge, 1996: 15 - 31.

现出差异，表现出多元性和多样性。这里主要涉及批判话语分析中的两大类型：一类是由费尔克拉夫提出的“批判话语分析”（Critical Discourse Analysis，简称CDA），以福柯的系统功能语言学理论作为基础；另一类是由鲁斯·沃达克提出的“历史性话语分析”（Discourse - Historical Approach，简称 DHA），更多受文本计划的认知模型理论的影响。

（二）批判话语分析的主要内容

1. 意识形态决定话语形式

批判性语言学家认为语言是一种社会实践，它从各种角度反映现实，通过再现意识形态来操作、影响社会过程。意识形态是批判话语分析的重要内容之一。意识形态是一个中性的概念，是指人们安排和证明自己生活的方式。意识形态这一概念是依据基本认知信仰来界定的。基本认知信仰是一个群体中成员之间共有的社会表征的基础。因此，人们可能有意识形态的种族和性别信仰，这些信仰是群体成员中共有的种族和性别偏见的基础，决定着他们的话语和其他社会实践。话语是系统化的观点陈述，话语的主观性决定了任何话语都会体现出意识形态。话语是在语言的外壳下起操作作用的社会化意识形态。语言只是话语的外在形式，意识形态才是话语的内容。内容决定形式，意识形态决定语言再现形式的选择。

2. 权力通过话语来实现

批判话语分析认为，语言不仅是交际的工具，也是控制的工具。语言结构被用来调节人的思想和行为，把人物、事件和物体分成类和等级，以便证明某一制度和个人的地位。在批判话语分析中，权力比传统概念的权力意义更为广泛，指的是社会关系中的双方或各方互相制约的力量，它既包括对他人行为的控制，也包括对他人思想的控制和影响，还包括对一些社会资源，如财富、武力、地位和知识等的占有权。权力不再是纯粹压制性的，它通过话语来实现。话语是一种社会实践，它由社会结构所决定，承载着权力与权力的关系，反映了言说者在社会权力关系网络中所处的地位。对话语过程的控制也明显地体现着权力关系，例如权力大的人往往会对话题施加控制。同时，话语也是权力斗争的场所。批判性话语有助于改变这种权力关系，因为权力是相对的和动态的，它不是可以获得、夺得或被分享的东西，不是一个人可以抓住不放或者任其溜走的东西。批判话语分析不仅揭示显性的权力关系，而且还揭示隐性的权力关系，揭示话语如何隐蔽地给某一特定的意识形态以特权，从而控制人们对社会和政治的评论。

3. 联系语境进行话语分析

语境是指话语使用和产生的环境。批判话语分析认为话语分析必须联系语境，应该在语境中分析语句的意义，语言结构与话语意义之间没有永恒不变的联系，同一语言形式在不同语境中会有不同的含义。例如，被动语态在新闻报道暴力事件中的意义显然与科技文献中的被动语态含义不一样。语境控制着话语创作和理解的各个层次和各个方面，如语类、形式、文体、变体以及更普遍的话语如何被调整以适应交际场景。语境理论解释了话语和话语加工中的许多问题，它弥合了社会与语境上充分的话语之间的隔阂，解释了交际冲突，阐明了语言使用者如何控制作为交际场景功能的话语。

（三）批判话语分析的基本原则

批判话语分析在理论和方法上应遵循以下八条原则：①批判话语分析关注的是社会问题，它主要对社会文化过程和结构在语言和其他符号中的表现进行剖析，而不是为了进行纯语言研究而分析语言的运用，因此批判话语分析基本上是跨学科的；②话语反映了权力关系，批判话语分析不仅研究话语中的权力，而且研究控制话语的权力；③话语与社会文化实际上是一种辩证的同构关系，它们之间互相包含、互相影响，语言运用对社会和文化（包括权力关系）的再现或更新有直接的影响；④语言是意识形态的工具，既然话语具有上述功能，它自然成为意识形态的工具，即通过特殊的方法描写和建构社会，再现权力关系；⑤话语具有历史关联性，它只能在语境中被理解，在理论层次上，它与维特根斯坦的方法一致，即话语的意义存在于它在具体情境中的运用，话语不仅包含在特定的文化、观念或历史中，而且也与其他话语相互交织；⑥文本与社会的关系是间接的，主要通过一些中介物与社会发生间接联系，诸如在文本理解的社会心理学模式中发展的社会认知中介；⑦话语分析是解释性的，批判话语分析意味着在文本和社会情境、社会意识和社会关系之间建立一种系统的方法论和关联，对不同的听众和读者来说，由于对有关背景所掌握的信息量不同，对同一语篇解释和理解会不同；⑧话语是一种社会行动，批判话语分析被理解为一种人文社会学科，其宗旨是直接揭露不平等的权力关系，促进人类社会实践的进步。[①]

（四）批判话语分析的基本框架

1. 诺曼·费尔克拉夫的 CDA 三维分析框架

费尔克拉夫在系统功能语言学的基础上提出了批判话语分析的三维框架。他认为，任何“话语”概念都具有三个维度——文本、话语实践和社会实践，这三个维度是批判话语分析中密切联系、不可或缺的部分。“文本”是“话语实践”的产物；“话语实践”是以“文本”形式或语言形式来加以体现的，它涉及“文本”生产、传播和消费的过程；“社会实践”是决定“文本”和“话语实践”的重要条件，“文本”和“话语实践”具有社会性，是与特定社会的经济、政治和制度背景相关联的。在此基础上，费尔克拉夫提出批判话语分析包括“文本分析”“过程分析”和“社会分析”这三个层次。

第一，“文本分析”源自语言学分析传统，属于微观层面的研究，旨在“描述”文本的内容、形式和结构。文本是由形式和意义、能指与所指共同组成，文本的意义是由特定的形式来实现的，不同的形式体现着不同的文本意义，文本分析不仅要分析文本的形式，还要分析文本的意义；同时，文本是矛盾多元的意义复合体，具有表层意义和深层意义并存及直接意指和潜在意味共在的特征，文本分析不仅要分析文本的显性意义，还要揭示文本的潜在意义。文本分析主要包括“词汇”“语法”“连贯性”和“文本结构”四个主题，这四者在内容范围上是递增的，词汇主要涉及个体语词，语法涉及与分句和句子连在一起的语词，连贯性涉及分句和句子如何被连接在一起，文本结构涉及文本的大范围的组织属性。[②]

第二，“过程分析”旨在“阐释”文本生产、传播和接受的过程，说明文本与话语实践过程的关系，是连接微观的文本分析和宏观的社会实践分析的过程，亦是批判话语分析方法论的精髓。话语实践分析主要包括文本的“互语性”“明确的互文性”“互文性链接”“力量”“连贯性”等主题。“互语性”和“明确的互文性”涉及文本生产的社会文化意义，“互语性”是分析文本生产的话语秩序中采用了哪种体裁、风格和话语类型；“明确的互文性”是分析哪些特定文本公

① TITSCHER S, MEYER M, WODAK R, et al. Methods of text and discourse analysis[M]. London: Sage Publication, 2000: 146.

② 费尔克拉夫. 话语与社会变迁[M]. 北京：华夏出版社，2003：69－70.

开地用到被研究的文本之中；“互文性链接”涉及文本传播的稳定性和变化性，主要分析文本的传播经历了哪些转变；“力量”和“连贯性”涉及文本的接受过程；“力量”是指文本建构的言语行为和社会效用是什么（如命令、问题、威胁、承诺等）；“连贯性”是主体能够根据对文本的连贯阅读赋予文本以意义，建立联系和推论。

第三，“社会分析”源自宏观的社会学研究传统，它把话语置于权力和意识形态的关系中，旨在“解释”话语实践过程与社会语境之间的关系。在社会实践分析中，权力是中心问题，权力和意识形态会对各个层面的语境造成影响，不仅决定着话语秩序，而且改变着话语事件。社会实践分析需要对话语中的不平等、偏见等现象进行分析，说明意识形态和权力是如何介入话语和发挥社会作用的。“社会实践分析”主要包括话语秩序、意识形态和霸权等主题。“话语秩序”是潜在的文化霸权，是社会实践在语言中的体现；“意识形态”和“霸权”就是对知识信仰、社会关系和社会身份的意义建构，体现在话语实践的各个方面。

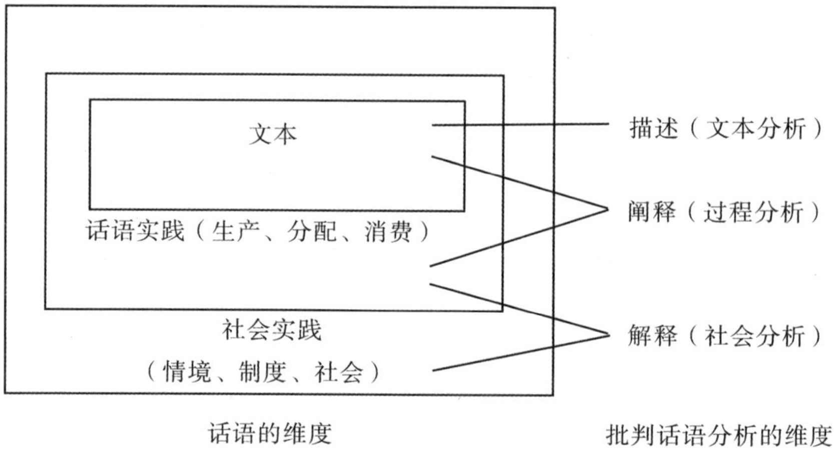

图 5－1　批判话语分析的三维框架

2. 鲁斯·沃达克的 DHA 三维分析框架

由英国语言学家鲁斯·沃达克提出的“历史性话语分析”是批判话语分析的一个重要流派，也被称为维也纳学派。鲁斯·沃达克的 DHA 着重分析文本生产过程和文本理解过程，认为这两者都受社会心理因素的影响。DHA 关注文本生产过程的社会心理维度、认知维度和语言维度。社会心理维度包括文化、性别、阶级成员、语言环境，以及个体性的人格或心理疾病等；认知维度也是知识和经验维度，包括计划、框架、图式、脚本；语言维度包括文本主题的宏观结构、文本序列、文本类型、意识到的文本。

基于以上理论模式，鲁斯·沃达克提出了 DHA 三维分析框架：内容、语言实现形式、话语策略。首先，“内容”就是确立文本中所要研究的具体问题或主题；其次，“语言实现形式”就是分析那些实现研究主题的语言形式和语言手段，包括隐喻、衔接、类比、比较、断言等，主要在文本、句子和词语等不同层面展开；最后，“话语策略”是在分析话语时使用的策略，是有意识的或自觉的行动计划，是探究文本生产者的意图与话语形式间的中介，主要包括“指称和命名策略”“宣称策略”“论证策略”“视角，框架或话语表征策略”“强化或弱化策略”。这三个维度彼此关联，并且与社会历史语境密切联系。DHA 是一种阐释学的方法论，其研究不仅建立在大量语料分析和文本描述的基础之上，而且强调三角互证原则，具有人类文化学和历史学的特点。

表 5－1　话语策略①

策略	目标	方法
指称或命名	构建内团体和外团体	①成员分类 ②生物、自然、去个性化的隐喻和转喻 ③提喻（以部分代全体，以全体代部分）
宣称	多或少，积极或消极、贬低或赞赏地给社会行动者贴标签	①刻板、评价性地赋予其消极或积极的特性 ②隐性或显性的谓词

① REISIGL M，WODAK R. The discourse－historical approach（DHA）［M］// WODAK R，MEYER M. Methods for critical discourse analysis. London：Sage Publication，2001：73.

（续表）

策略	目标	方法
论证	说明正面或负面归因的理由	用于说明政治上包容或排斥、歧视或优惠待遇的惯用语
视角，框架或话语表征	表达参与，定位在发言者的视角	对（歧视性）事件和话语的报道、描述、叙述或引用。
强化或弱化	改变命题的认知状态	强化或弱化（歧视性）话语的言外之意

3．约翰·汤普森的深度阐释学方法论框架

约翰·汤普森提出了“深度阐释学方法论框架”，他认为任何文本分析都必须以对文本意义的理解和解释作为基础，都会涉及阐释学的理论方法。约翰·汤普森的深度阐释学方法论框架主要包括三个方面：社会历史分析、形式或话语分析、阐释与再阐释。“社会历史分析”即针对社会历史情境的话语分析，由于任何话语都是在具体的社会历史条件下产生、传播和接受的，社会历史分析就是通过描写话语产生的“时空背景”“互动场域”“社会机构”“社会结构”和“媒介分析”等五个方面，再现话语产生的具体社会历史条件。“形式或话语分析”即针对文本形式的话语分析，它主要是分析文本内部的组织结构和关系，包括“符号学分析”“会话分析”“句法分析”“叙事分析”“论证分析”等五种分析方法。“阐释与再阐释”即对文本意义的阐释，它是在社会历史分析和形式或会话分析的基础上进行综合、批判和创新。如果社会历史分析和形式或会话分析是不掺杂个人观点的客观分析，那么阐释与再阐释就是一种融入主观理解的意义解读，是超越文本的表层意义，推导和诠释文本深层的意义。人类的社会历史领域不是一个纯粹的客观世界，而是一个由无数社会主体构成的主观世界，是一个有待研究者重新理解和阐释的空间，它要求研究者重新理解文本，并提出与先前理解不同的、新的可能性意义。正是这种“阐释”和“再阐释”，使得批判话语分析具有了批判性、解放性和创造性的旨趣。

（五）批判话语分析：一种重要的教科书研究方法

诞生于20世纪70年代的批判话语分析已经成为人文社会科学中广泛采用的一种研究方法，它在促进人文社会科学不断发展的同时，自身也在不断地完善。一般而言，批判话语分析在人文社会科学领域中有两种基本含义：一是作为一种研究立场（或研究取向），持这种观点的人认为，社会信念制造了社会现实，现实是以话语为媒介的社会建构，“说话人”利用特定的说话策略（特定的方式）建构自己、建构他人、建构社会实践、建构现实生活[①]；二是把批判话语分析作为一种具体的研究方法，它主要是将话语视为一整套的意义、隐喻、表征、陈述系统来加以剖析，即对人们说什么、如何说以及所说的话带来的社会后果进行研究。[②] 这两种类型的批判话语分析都对当代人文社会科学研究产生了重要的影响，特别是第一种观点，批判话语分析已经不再只是一种具体的研究方法，它的地位已经升华到了普遍的研究方法论。

批判话语分析既是一种话语理论，又是一种研究方法。对于教科书研究而言，它具有理论基础和研究方法的双重性质。批判话语分析为学者们研究教科书问题带来了一种新的视角，从批判话语分析的视角来研究教科书问题具有深刻的、普遍的方法论意义。

二、批判话语分析对于教科书研究的方法论意义

话语分析作为理论和研究方法可以应用于不同的人文社会科学领域，以话语分析的方法来研究教科书问题，把话语分析的方法引入教科书领域，会推动当代教科书研究在研究性质、研究主题与研究条件等方面的重建和发展。

（一）研究性质：教科书研究不仅是一种语言符号分析，更是一种意识形态分析

话语分析理论认为，意识形态与话语有密切的关系。语言是研究审视意识形态的重要途径；反过来，语言形式可以通过意识形态得到阐释，批判话语分析的

① LUTZ C. The domain of emotion words on Ifaluk[J]. American Ethnologist, 1982 (2): 113 - 128.

② PARKER L. Discourse dynamics: critical analysis for social and individual psychology[M]. London: Routledge, 1992: 5.

研究目的就在于透过意识形态等方面的遮蔽，在广泛的社会文化生活中重现、诠释和解读文本与话语的真实意义。我国有学者指出，人们的感知不能不受某种话语方式（或知识结构）的左右。

为此，教科书研究者必须认识到教科书研究与所处的社会文化立场及意识形态之间的密切关系，敏锐地把握新的社会文化需要和意识形态斗争的形势，放弃客观主义的认识路线，以一种“理性”和“对话”的态度来处理自己与教育实践者之间的关系，以一种宽容的心态接纳不同的教育观点，彼此之间开展真诚的交流和对话，在此基础上对各种教科书文本内容进行价值和意识形态的批判，正确地理解它们的意义。

从批判话语分析理论的视角来看，教科书是社会对其未来成员实施社会控制的中介和工具，教科书研究关注的教科书问题并不是一种客观的问题，而是一种具有时代性、价值性的问题。比如，不同作家的作品或同一作家的不同作品能否进入教科书、同一作家的相同作品在不同时期的教科书中是否被选用，往往显现出不同时代或不同主体的价值选择，反映出明显的“社会控制”的特征。从这个意义上讲，教科书研究是一种语言符号分析但又超越了单纯的语言符号分析，它关注的不仅仅是教科书中纯粹的语言形式和内容结构，还有潜藏在教科书语言形式和内容结构背后的意识形态和社会控制，具有明显的社会性、价值性和反思性的特征。同时，教科书研究者也不是一种纯粹理性的存在，而是囿于时代的人，有自己独特的社会经历、文化背景、价值观念和思维方式。当代教科书研究的方式也不是纯粹逻辑或归纳的思维方式，而是与研究主体所处的文化传统和意识形态有着密切的联系。因而，当代教科书研究是在现实的社会生活中进行的，是一种与研究主体所处的文化传统和社会背景有着密切联系的价值负载和价值反思的实践活动，当代教科书研究关注的不仅仅是显性事实和客观知识，更是社会文化中知识与权力的共生关系以及文本背后潜在的教育意义和社会价值。

（二）研究主题：教科书研究关注的不仅是文本内容，更是课程知识生产和传播的过程

与传统的社会语言学家不同，批判性语言学家认为语言不只是社会过程和结构的反映，它同时也建构了社会过程和结构。费尔克拉夫认为，应该把“语言使用当作社会实践的一种形式，而不是一个纯粹的个体行为或情境变量的一个折射”，即“话语既是一种表现形式，也是一个行为形式——以这种形式，人们有可能对这个世界产生作用，特别是与这个世界彼此产生作用”。这样，话语实践在传统方式和创造性方式两方面都是建构性的，它有助于再造社会本身（社会身份、社会关系、知识体系和信仰体系），也有助于改变社会。例如，学生和教师的身份，以及他们之间的关系。[①] 费尔克拉夫还提出，语言的使用可以促使话语的改变和社会的变革，揭露不平等的权力关系，促进人类社会实践的进步。

这样看来，研究教科书的文本和话语具有深刻的、普遍的方法论意义。批判话语分析理论促使当代教科书研究在研究主题上进一步拓展，它突破了传统教科书研究中简单的文本分析模式，强调对教科书进行全方位的研究：不仅要关注文本符号，还要关注学校制度下的课程实践活动；不仅要关注静态的文本内容，还要关注学科知识生产、传播、流通的动态过程；不仅要关注教科书与外部社会的关系，而且要关注教科书与课程内部要素的“社会关系”；不仅要研究社会对教科书知识的选择，而且要研究课堂中教师对教科书的使用和学生对教科书的接受。从批判话语分析的角度来看，教科书话语就是课程实践活动中产生的一整套“符号”，首先是语词性的符号，包括各种教育文本，如各类课程标准、教学大纲、教材教参、教育文献等；其次，是图像符号、动作符号、声音符号、身体符号、表情符号等，如课堂中的教师话语和学生话语、教学活动录像、影视资料等。作为本体的教科书文本和教科书话语与以往的教育文献相比呈现出截然不同的形式，它给学者们理解教科书问题带来了多元的视角和资源。

费尔克拉夫提出，文本、话语实践和社会实践是话语分析的三个向度。“文本”向度关注文本的语言分析。“话语实践”向度与“文本和相互作用”的话语观中的“相互作用”一样，特别说明了文本生产过程和解释过程的性质。例如，什么类型的话语（包括更具有社会—理论意义的话语）被利用了，它们又是怎样结合的。“社会实践”向度倾向于关注社会分析方面的问题，诸如话语事件的机构和组织环境，话语事件如何构成话语实践的本质，如何构成（上面所提到的）话语的建设性或建构性效果等等。[②] 在此框架下，教科书研究也可以分为三

① 费尔克拉夫．话语与社会变迁[M]．北京：华夏出版社，2003：59－66．

② 费尔克拉夫．话语与社会变迁[M]．北京：华夏出版社，2003：4．

个层次：第一，产品导向研究，对教科书进行静态的文本分析；第二，过程导向研究，对教科书开发和使用过程进行动态的话语实践分析；第三，社会导向研究，将教科书的制作与更为广阔的社会实践联系起来，分析教科书这种特殊的社会事件是由什么机构主导和在什么制度环境中运行的，教科书的发展是如何影响社会变革和文化启蒙的。在批判话语分析中，费尔克拉夫提出应具备一种“批判的语言意识”，也就是指“更加意识到构成它的社会力量和利益，更加意识到介入其中的权力关系和意识形态，更加意识到它对社会身份、社会关系、知识和信仰的影响，更加意识到话语在文化和社会的变化过程中的作用（包括话语的技术化）”。[①] 为此，从批判话语分析的视角出发，教科书研究包含着多重意蕴：不仅要分析教科书文本内容的基本特征，而且要探讨教科书开发和使用的基本过程；不仅要探讨教科书文本传递的显性知识，还要从社会文化的角度把握教科书文本蕴涵的隐性信息和潜在意义；不仅要把教科书视为语言符号分析的对象，而且要把教科书视为社会实践和权力运作的对象。

（三）研究条件：教科书研究应扎根于社会文化情境

批判话语分析重视语境，这里的“语境”不仅包括字词、句型、语法、上下文衔接，还包括被研究者所处的社会背景、研究者与被研究者的关系等方面的情况。批判话语分析理论主张，不能简单地把话语看成是一种语言的使用形式，而应该把它理解为社会中一个完善的交往事件。被描述的话语的意义不可能在不提及它如何发生作用、如何被置于描述话语的上下文中的情况下得到确定。[②] 布尔迪厄曾指出语言应该被看作是“身体六边形的一个维度，在这个六边形中，人们与社会世界的全部关系都得到了表达”。[③] 任何语言都是存在于一定的时间、空间、价值体系和文化境域之中的，语言的意义也是由其所处的整个意义系统来表达的，并随着时空、社会环境等境域的改变而改变。批判语言学的主要任务之一就在于穿透意识形态等方面的遮蔽，在广泛的社会文化生活中重现、诠释或解读文本与话语的真实意义。

从批判话语分析的视角来看，教科书话语和教科书文本受语境影响，同时也

---

① 费尔克拉夫. 话语与社会变迁[M]. 北京：华夏出版社，2003：序.
② 费尔克拉夫. 话语与社会变迁[M]. 北京：华夏出版社，2003：110.
③ 费尔克拉夫. 话语与社会变迁[M]. 北京：华夏出版社，2003：154.

影响或改变语境。教科书话语是学校课程实践的文化形式，它总是同社会意识和文化意义有关，代表的是国家的主流价值观念，并建构着人们心中的文化意义和价值观念。教科书话语的形成标志着学校课程的发展和文化的进步，教科书话语使受教育者处于特定的文化意识之中，使受教育者的生命同特定的“意义”相关联，从而形成一定的课程知识、教学内容、课程制度、课堂实践等，因而形塑了未来国民的个性特点和思想意识，养成了特定的民族性和国民性。

在批判话语分析理论看来，教科书研究是对教科书话语的研究，这种研究也必然具有文化性和价值性的特征。因此，教科书研究不是脱离文化传统、价值中立的客观描述，而是与社会意识形态和主导价值观念之间有着密切的关系。教科书研究要求研究者借助于一定的理论立场和价值视角，对由一定的价值观念所建构的教科书文本进行解释与分析。由于教科书研究在根本上受到社会中主导价值观念的影响和制约，因此在教科书研究过程中，无论是问题的选择还是研究结论的分析，都会受到研究者价值背景、文化立场等因素的制约，文化性和价值性成为主宰教科书研究的核心原则。教科书研究的这种“文化性”和“价值性”特征决定其本身具有明显或隐藏的价值导向，并具有因此引起社会行动的功能。费尔克拉夫指出，批判话语分析“重视话语在意识形态和实践的创造性变化中的功能，也重视话语在保证它们的再生产过程中的功能”。[①] 作为话语实践的教科书研究既需要理解，更需要实践。衡量教科书研究质量的重要标准在于能否科学有效地指导教科书编选和使用工作，如果教科书研究能够有效地指导教科书的编选工作，能够帮助师生更好地使用教科书，使教科书受到社会各界的拥护，这就说明这种研究准确地反映了社会的主流价值观，在教科书实践活动中得到了证实；相反，如果教科书研究的结论在课程变革和教科书实践中行不通，那么这种研究的“科学性”和“真实性”就会大打折扣。

为此，教科书研究应置于社会历史发展的长河之中，通过动态开放、系统全面的梳理，揭示教科书在不同历史时期的内容形式、功能地位、政策制度和社会影响力，寻找教科书在不同社会历史阶段中“周期性”或“规律性”的东西；教科书研究不应局限于单纯的文本内容分析，而应置于课程改革和社会变革的宏

---

① 费尔克拉夫．话语与社会变迁[M]．北京：华夏出版社，2003：34.

观情境中，探寻课程知识的生产、选择、分配和传播的过程，揭示课程知识与社会体制、权力结构之间的内在关系。

第二节　教科书话语分析的类型

自20世纪60年代以来，西方人文社会科学领域出现了“话语转向”，话语分析的研究不断发展成熟，20世纪90年代，话语分析已经成为一门独立自主的学科门类。1979年，福勒等人在《语言与控制》中首次提出了“批判语言学”的概念；受其影响，费尔克拉夫于1989年在《语言与权力》中最早提出“批判话语分析”这一概念，旨在通过批判话语分析的理论和方法分析各种非文学的语篇，如新闻、广告、入学指南、游泳馆规定等，以揭示语篇中蕴涵的意识形态和价值体系。至今，西方的批判话语分析成为一个应用广泛的跨学科研究领域。简·布洛马特提出，批判话语分析可以应用于政治话语、机构话语、身份话语与社会变革话语四个研究领域。20世纪90年代，批判话语分析在我国也迅速发展，国内学者不仅大量引介西方批判话语分析的理论专著，而且广泛开展批判话语分析的本土化研究实践，其代表有辛斌、丁建新、施旭、田海龙等语言学者。

作为一个跨学科的研究领域，批判话语分析受到国内外的广泛关注。批判话语分析主要关注的是语篇与社会政治、意识形态和权力控制之间的关系，广泛应用于大众传媒、司法、教育和商务等诸多领域，具体涉及相关领域中隐藏的性别偏见、种族歧视、阶级分化、态度分歧、身份认同等问题。批判话语分析特别关注两种非文学领域的话语：一是书面话语，包括官方话语和大众话语，如政府官员、行政人员、司法部门、商业组织、新闻机构、教育部门等的话语，这些话语来自官方或社会机构，直接塑造和决定着社会的意识形态，普通人通常只是被动接受，很少对话语生成者直接作出反应；二是口语会话，包括人与人之间正式或非正式的交谈，个人会话很容易使人习以为常，意识不到其中的意识形态的意义。受其影响，教育学者开始尝试把批判话语分析引入教科书研究领域，并推动教科书研究的“话语转向”。

一、政策话语分析、教材话语分析和课堂话语分析

根据研究领域的不同，人们从批判话语分析的视角探讨教科书问题的研究路径主要包括三种类型：政策话语分析、教材话语分析和课堂话语分析。

（一）政策话语分析

与传统的话语分析相比，批判话语分析在研究的广度和深度上都有所扩展，展示了一种考查话语中的社会问题的新视角。在批判话语分析看来，话语不只是主体反映客观世界的工具和主体间的交往媒介，而且是主体开展社会实践和社会活动不可或缺的内容；话语的特点和形式是由社会结构所决定的，但是话语同时也发挥着建构和改变社会生活的重要作用。为此，批判话语分析不仅关注文本内容和语言表达形式，还要关注文本生产、传播和消费的社会过程，而且要揭示文本背后隐藏的意识形态和权力关系。范·迪克指出，统治集团的权力可以被纳入法律、规则、规范、习惯之中，甚至成为普遍共识，这种权力以葛兰西所谓的“霸权”形式呈现。批判话语分析就是要揭示“话语”与“权力”之间的关系。而“话语—权力”关系在批判话语分析中可以简化为两个基本问题：第一，强势集团如何控制公共话语？第二，公共话语如何控制弱势集团的思想和行动，以及这种控制的社会后果是什么？是否会导致社会不平等？[①]

课程政策就是范·迪克所说的“公共话语”，它不仅是社会权力运作的产物，而且是社会权力的符号象征，是社会秩序和权力结构的体现。从批判话语分析的视角开展课程政策研究，其探讨的问题主要有：课程政策中的话语、概念和主题如何呈述和选择？课程政策话语的顺序和功能是怎样的？课程政策话语背后隐藏着怎样的文化意识和权力结构？课程政策如何制定、传播和执行？政府如何用课程政策来影响人们的思想意识并达到其目的？不同时期的社会发展是如何影响课程政策话语的表达形式？课程政策话语变化的内在机制和传播特征是什么？社会公众对于课程政策话语的评价是什么？课程政策话语的传播和执行取得了怎样的社会效果？课程政策话语分析可以为国家公共政策的制定提供哪些参考和

① TEUN A. DIJK V. Handbook of discourse analysis：disciplines of discourse [M]. Salt Lake City：Academic Press，1985：355.

借鉴?

如今，国内外出现了把批判话语分析应用于课程政策研究领域的趋势，国外的课程政策话语分析包括：英国学者费尔克拉夫对撒切尔主义的批判话语分析和科德的《教育政策文本的建构与解构》等；澳大利亚学者卢克的《词语的实质影响：道歉、被偷走的孩子和公共话语》，托马斯的《公共领域的教育政策竞赛：媒体对昆士兰学校课程政策的争论》，泰勒的《“新时期”教育政策和变革研究：基于批判话语分析的方法》《全球化背景下的社会公正：昆士兰 2010 年教育战略》等；美国学者柯林斯的《销售市场：教育标准、话语和社会不公平》，科森的《解放领导》等。国内相关研究成果主要集中在 2002—2017 年，李钢的《话语、文本与国家教育政策分析》，谭斌的《教育学话语现象的文化分析》、窦卫霖等人的《教育公平的话语分析》，朱旭东的《当代美国教育理论多元化格局形成的文本和话语分析》，陈霜叶等人的《公共舆情中教育政策目标、议题关注与价值表达：以两份十大教育新闻榜单的话语分析为例》等。课程政策话语分析在国内处于起步阶段，由于鲜有教育学者系统探讨批判话语分析的方法论问题，导致多数研究停留在对课程政策话语的“表层”描述上，没有揭示政策话语与社会实践之间的“深层”关系，更没有对政策话语开展批判性分析，研究规范和研究方法也有待加强。

（二）教材话语分析

文本结构与话语秩序的建构过程是一个社会斗争的过程，其中隐藏着语言、权力和意识形态之间的关系，人们可以采用追随和服从的态度，也可以采用抵制和批判的态度。批判话语分析是一种批判的方法，它穿透意识形态等方面的遮蔽，在广泛的社会文化生活中重现、诠释或解读文本与话语的真实意义，通过分析语篇中的语言形式来揭示话语变化、社会变化和文化变化之间的关系，说明统治阶级如何运用语言来实施意识形态控制和维护自己的权力地位，从而帮助人们形成一种“批判的语言意识”。费尔克拉夫认为：这种“批判的语言意识”的目的是利用学习者自己的语言和话语经历，帮助他们对自己作为文本的生产者和消费者而介入的实践有更多的意识，更加意识到构成它的社会力量和利益；更加意识到介入其中的权力关系和意识形态；更加意识到它对社会身份、社会关系、知识和信仰的影响；更加意识到话语在文化和社会的变化过程中的作用（包括话语的技术化）。①

这种批判意识和批判方法在教科书研究中越来越受到关注，美国的批判课程理论和德国的批判教学理论都主张应把批判地分析教科书的社会政治、经济和文化传统等背景因素作为教科书研究的重点。阿普尔在《教科书政治学》中指出，教科书参与了意识形态和本体论的构建，它帮助制定了真理标准和合法知识，确立了重要的文化参照，体现了雷蒙德·威廉姆斯所说的“有选择的传统”。通过这种传统，某一群人的文化资本获得了合法地位，而另外一群人的文化资本却无法获得这样的地位。② 德国的克拉夫基也主张要自觉地运用批判方法对影响和制约教学的各种不合理的社会条件、社会规范进行揭示。如果不对这些社会条件和社会规范加以批判，它们就会一直延续下去，从而阻碍教学改革和教学进步。他举例说，我们要教育学生树立男女平等的观念，但我们的教科书写到男女身份时，男子往往都是政治家、科学家和工程师等，而女子往往都是母亲、家庭妇女等。如果对教科书不作批判，那么学生在这种教科书的熏陶下，潜移默化地会产生男女不一样的观念，教育学生树立男女平等的观念也终究会是徒劳的。③

国内外学者对教科书话语开展批判性分析，探讨的问题有：教科书话语背后蕴涵着怎样的性别观念、种族意识和价值取向？意识形态如何影响和作用于教科书的话语形式、话语结构和话语秩序？教科书在课堂教学中是如何使用和被谁使用的？教科书话语是如何影响学生的接受和理解方式？相关研究成果国外有《当前教科书中种族、阶级、性别和残疾人问题》《加拿大、澳大利亚和奥特阿罗/新西兰科学教材的话语空间》《学校科学教科书中的意识形态》《六个国家关于基因的话语：概念变式或不一致》，国内有《走进教材与教学的性别世界》《论教科书话语——以语文教科书为例》《教科书的话语建构》《从语言到话语：教科书文本分析的话语转向》等。上述研究成果表明，教科书研究的社会学取向和语言学取向日益受到重视，但是其研究注重理论性分析，忽视了方法论的探讨。由于教科书研究在理论探讨与方法应用之间缺乏有效结合，没有基于特定理论视角系统探讨教科书研究的基本程序、具体方法与技术手段，社会学、语言学和哲

① 费尔克拉夫. 话语与社会变迁[M]. 北京：华夏出版社，2003.

② 阿普尔，史密斯. 教科书政治学[M]. 上海：华东师范大学出版社，2005.

③ 李其龙. 编著德国教学论流派[M]. 西安：陕西人民教育出版社，1993：138.

学等学科在教科书研究中的应用受到阻碍。

（三）课堂话语分析

批判话语分析中的“话语”不仅指书面语言，而且指口头语言，课堂中的话语是教师和学生在使用教科书的过程中运用的情境化口头语言，教科书使用过程是教师、学生和教科书三者对话沟通的过程，课堂话语分析就是从课堂话语的视角考查教师与学生在课堂场域中使用教科书时所发生的社会互动，探讨教科书与教师、学生、教学目的、社会文化、课堂环境等因素相互作用的过程，揭示师生的社会身份、权力关系及课堂文化对教科书使用过程的影响。

费尔克拉夫把话语的功能分为“身份”“关系”和“观念”功能。其中，身份功能与社会身份得以在话语中确立的方式有关，关系功能与话语参与者之间的社会关系如何被制定和协商有关，观念功能与文本说明这个世界及其过程、实体和关系的途径有关。[①] 从话语功能的角度，课堂话语也可以分为三类：涉及参与者社会身份的话语，涉及课堂权力关系和社会控制的话语；涉及教科书内容的话语。学生课堂学习经验的成长不仅包括认知性经验的增长，还包括社会性经验、伦理性经验和存在性经验的增长，课堂话语分析包括探讨“人—教科书”关系的认知过程、“人—人”关系的社会过程、“人—自我”关系的身份建构过程。从批判话语分析的视角来看，课堂话语不仅是由社会文化环境所决定的，还会发挥再造和改变社会的功能。课堂话语再造和改变社会的功能主要是通过课堂场域中师生社会身份的形成、社会关系的建构和信仰观念的确立来实现的。为此，批判话语分析为我们提供了一种探讨师生社会身份、社会关系和信仰观念建构的研究方法，提供了一种连接微观课堂话语分析与宏观社会变革研究的实际路径。

国内外学者在开展课堂话语分析时，探讨的主要问题有：师生在使用教科书的过程中是如何会话、如何分配话轮？师生使用教科书的过程如何受到社会语境的制约，如何建构社会语境？在使用教科书的过程中师生会话体现了怎样的权力关系？不同类型的课堂话语如何建构师生的社会身份、权力关系和知识信仰？学校制度规定下的社会权力与师生所具有的个体权力之间存在怎样的博弈？身份、关系与权力如何影响学生个体学习的效果、能力和机会？此类研究的代表有《教

---

① 费尔克拉夫. 话语与社会变迁[M]. 北京：华夏出版社，2003：60.

师和学生使用的英语：基于话语分析的视角》《话语的自然历史》《社会语言学的方向：交际人种学》《课堂话语》《资本主义社会的学校教育：教育改革和经济生活的传统》《脚本、反脚本和课堂中的个人生活：詹姆斯·布朗和布朗对抗教育委员会》《篇际互文性分析对教育研究的借鉴意义：解读身份认同的新路径》等。

二、文本分析、过程分析和社会分析

教科书批判话语分析旨在研究教科书中话语、权力和意识形态之间的关系。教科书是一种存在于社会空间中的课程话语，是以话语的方式对客观世界进行社会重建，一方面教科书话语是对客观世界的认知和反映，另一方面教科书话语是教育制度和社会文化的产物。因此，教科书话语是设计者在话语形式结构和社会意识形态这两方面进行选择、重组的结果。教科书批判话语分析是以教科书话语为研究对象所开展的批判性分析，它不仅要探讨教科书的文本内容和形式结构，而且要探讨教科书话语实践过程及其存在的社会文化语境。依据费尔克拉夫的批判话语分析理论，教科书话语可分为三种取向：文本、话语实践、社会实践。教科书话语的性质要求教科书批判话语分析也必须是多维度、多功能的。教科书批判话语分析不仅可以描述教科书文本中的语言形式，而且可以阐释文本中隐藏的权力关系和意识形态。根据研究对象和研究方法的不同，教科书批判话语分析分为文本分析、过程分析和社会分析三个维度。

（一）文本分析

从微观层面上看，教科书批判话语分析是一种静态的文本分析。教科书是由不同文本“编织”而成的书，是由字、词、段、篇连接形成的完整体系。不同的字词组成段落，不同的段落形成课文或语篇，一篇又一篇的课文组成单元，一个又一个单元组合成课本，教科书按照其特有的结构框架呈现，形成独特的话语形式，传达其超出单独文本所蕴涵的价值与意义。文本分析是对教科书文本形式特性的探讨，关注教科书作为静态的课程产品或符号文本在内容和形式上所具有的特征。文本分析的视域涉及教科书中的教学目标、知识体系、练习设计、思想价值、难度水平、编写质量等多个方面，从教科书的文化性、社会性、教学性和商品性等多维属性出发，对文本内容进行分析。描述是文本分析的主要呈现方式，文本分析由浅至深包括词语分析、语法分析、连贯性分析、文本结构分析等具体方法。

（二）过程分析

从中观层面上看，教科书批判话语分析是一种动态的过程分析。过程分析不仅把教科书视为静态的课程产品，而且将其视为特定社会背景下课程知识以不同的方式生产、传播和消费的动态过程。过程分析在文本与话语实践之间架起桥梁，在更加广阔的语境中考查教科书文本，注重分析教科书编写、出版、评估、使用的过程及其对教科书文本的影响，探讨教科书文本与社会文化、教育政策、学校环境、出版机构、教师学生等因素之间的相互作用。作为一种话语实践，教科书在其发展过程中呈现为政策文本、学术文本、正式文本、实施文本和经验文本等不同形态。政策文本是由教育行政部门规定的教科书政策和制度，对教科书的编写、出版、选用等会产生一系列重要影响；学术文本是由学科专家、教材主编构思和撰写的教科书文稿；正式文本是经过相关机构审定通过、由出版社出版发行、被学校选用的正规教科书；实施文本是教师根据自己的理解和实际情况在课堂教学中实际使用的教科书，是对正式文本的增删、改变等创造性应用；经验文本是学生在学习过程中理解和体验到的文本。过程分析就是把教科书的政策、制度、编写、出版、评估、使用等实践过程当作文本或话语来对待，致力于探讨特定社会背景下不同文本之间的转换过程，如教科书从现实的政策文本到理想的学术文本、从宏观的政策文本到微观的正式文本、从抽象的正式文本到具体的实施文本、从客观的正式文本、实施文本到主观的经验文本之间发生的转换。

过程分析的关键点是“话语秩序”，即怎么说和为何说的话语规则，是特定社会中话语实践的深层结构，是社会实践在文本中的反映和体现，是调节微观的文本符号与宏观的社会实践的中介。话语秩序与社会实践之间是双向建构的关系，话语将世界客观化，将一切社会实践都转化为一种语言秩序，话语秩序的确立既帮助人们理解世界，又改变和影响着世界。过程分析的具体方法是“互文性分析”，不同的教科书文本是通过特定的方式连接建构起来的，这些特定的方式依赖于社会环境，并随着社会环境而发生变化。在话语秩序的层次上，就某个机构或者就更宽泛的社会而言，话语实践中的关系，话语实践之间的界限，逐渐地发生着改变，其改变的方式与社会变化的方向相一致。[①] 教科书文本不是课程语言系统的产物，它还受到教师、学生、其他文本、学校制度等社会文化因素的影响；同时，教科书文本之间具有广泛、复杂的联系，任何教科书文本不可能独立于以前的文本而存在，也不可能独立于同类主题的其他文本而存在，也就是说，教科书文本存在于一定的“互文空间”之中，“互文性分析”可以用来分析教科书文本产生变化的过程及其意义。

（三）社会分析

从宏观层面看，教科书批判话语分析是一种批判的社会分析。社会分析旨在深度阐释话语与社会之间双向建构的关系，研究者应从社会学理论视角出发解释教科书中隐藏的意识形态是什么，教科书中为何具有这种意识形态。在此基础上，批判性地分析教科书中的意识形态是否体现了社会公平，是否有待改进或变革等问题。“解释”是社会分析的主要呈现方式，“意识形态”是社会分析的关键词。琼·安扬认为，意识形态就是一组潜在的假设、习而不察的理论、理所当然的世界观，是对社会现实的解释。意识形态在内容形式上是客观中立的，但是实际上它是为主流社会群体的利益服务的。意识形态越表现得客观，就越富有说服力和影响力。意识形态以各种方式介入到不同层面的教科书话语之中。教科书中的语言符号、话语秩序与话语实践具有意识形态功能，体现着其所处社会的主流价值立场，它们可以对人们的认知信仰、社会关系和社会身份进行意义建构，可以建立或改变社会阶级的生产和再生产的过程。当意识形态介入教科书话语之中，获得“自然”形式和“常识”身份时，便会对人们的思想认知、价值信仰、行为习惯产生重要的影响和作用。意识形态的选择可以采用忽略事实、区分和强调的方式。学校教科书基于特定的意识形态，往往会选择、忽略、改变、强化或重组某些知识，以适应主流价值观的需要。学校教授的知识是一种歪曲和隐藏不平等的社会和文化权力关系的意识形态，它掩盖了学校对再生产这种社会关系和主流团体权力所做的贡献。[②] 比如，洛温在《老师的谎言：美国历史教科书中的错误》中指出，美国历史教科书普遍存在着编造、回避、掩盖历史事实和社会成

① 费尔克拉夫．话语与社会变迁[M]．北京：华夏出版社，2003：9.

② ANYON J. Ideology and United States history textbooks[J]. Harvard Educational Review, 1979（3）：361－386.

因的现象。比如，历史教科书中有大量关于华盛顿、杰斐逊、麦迪逊、杰克逊及其早期总统的介绍，但只字未提他们曾经拥有奴隶；教科书选择不讲越南战争及美军在战争中犯下的罪行，不鼓励学生批判性地思考越战问题；《飘》把奴隶制描写成理想的社会结构，掩盖了美国的种族主义。美国教科书以错误的方式书写历史，直接或间接地培养着学生的价值判断和思想信仰。

第三节　教科书话语分析的方法论建构

目前教科书研究领域备受关注，研究成果数量不断增加，研究方法也纷呈不断，但是教科书研究方法论问题尚未得到深入系统研究。教科书方法论研究是指导教科书研究的一般理论思想和方法原则，教科书研究必须以一定的理论和方法论为指导，科学深入的方法论研究可以为教科书研究提供系统的理论架构与方法工具，可以有效提高教科书研究的质量。在此，主要以批判社会学和批判语言学为理论基础，把批判话语分析的理论与方法应用于教科书研究中，以分析教科书话语实践的过程与形式，初步尝试构建教科书话语分析的方法论，拓展课程教材研究的方法论视域。

一、当前教科书研究的方法论检视

（一）现行研究方法不适用于分析教科书文本的深层意义

当前教科书研究中使用最多的是内容分析法，尤其是教科书文本内容的探讨大部分都是运用此方法。教科书内容分析法是通过客观、系统及量化描述教科书文本中的显性内容、识别教科书文本中的特征并作出推论的一种研究方法，它要求研究者从对教科书文本的系统性分析中推断出其独特的意义，从可见的数据中推断出不可见的事实或结论。内容分析的这种特性使当前教科书研究停留在文本表层意义的探讨上，忽视了文本深层意义的追问，局限于单一的文本符号形式的研究，脱离了社会文化语境的分析，克拉考尔对此提出了批判，认为内容分析忽视了文本的特定属性，即它们的内在意义。克拉考尔认为，必须把注意力放到语境重构之上，对文本“模式”或“整体性”的揭示，不是通过对文本显性内容的计算和统计来获得的，而是通过阐释多重内涵的不同可能性来实现的。[①]

教科书是一种权威的制度化文本，隐藏着大量关于性别、种族、阶层等的社会化信息，这些社会化信息会以非计划的潜在课程形式对学生产生重要影响，其中隐藏的意识形态也会被学生理所当然地视为真理的标准，因此，改进教科书文本分析方法、提高师生的教科书话语批判意识迫在眉睫。为此，阿普尔明确提出“我们需要有更复杂的、更加细致的教材分析模式”，这是因为“教材传达的真实内涵，并不总是字面能表达的，如果教材不是以直接的方式表达统治阶级的思想且主流文化本身包含矛盾和分歧，那么我们在教材中所读到的知识，就不能用简单的公式进行分析”。[②] 伴随着人文社会科学研究的“话语转向”，教科书研究关注的重点也应从“语言”转向“话语”，从“表层意义”转向“深层价值”，当代教科书研究不仅要关注文本表层意义分析和语言形式的分析，而且要探寻教科书文本隐藏的深层意识形态和权力关系，探讨社会、文化、历史、政治语境对教科书文本的制约性作用。

（二）现行教科书研究缺乏对方法论问题的探讨

西方学者对教科书问题做了系统而深入的探讨，却忽略了对教科书研究方法论的思考。20 世纪 70 年代开始，阿普尔在其著作中对教科书生产使用中的意识形态和权力关系问题进行了批判性分析；伯恩斯坦关于“精致性编码”和“限制性编码”的理论，揭示出学校教育中使用的不同话语类型与社会阶层之间存在着一种功能性关系。虽然学者们从政治学、社会学视角分析教科书问题，并且提出了诸多具有影响力的理论命题，却很少有人专门探讨教科书研究方法论问题，更没有明确提出教科书分析的理论框架、标准原则和工具方法。对此，尼克尔斯在《学校教科书研究方法》一文中指出：在教科书研究领域中，用于分析文本的方法很少得到清楚深入的界定。因此，尽管大量的研究都涉及意识形态、政治、语言和其他内容相关的主题，但是关于研究方法则少有提及；从总体上看，关于

---

① TITSCHER S, MEYER M, WODAK R, et al. Methods of text and discourse analysis[M]. London: Sage Publication, 2000: 62.

② 阿普尔，史密斯. 教科书政治学[M]. 上海：华东师范大学出版社，2005：16.

教科书研究常用方法的探讨过少，它至今都是教科书研究领域中的一个疏漏。①

我国学者把教育研究方法零散地应用于教科书研究中，没有从整体上构建一种教科书研究方法论体系。台湾学者周佩仪指出，在近25年的教科书实证性研究中，60%的研究运用了内容分析法，30%的研究运用了德怀术，另有10%的研究运用了问卷法、访谈法、观察法、实验法及其他的教育研究方法。由此可见，当前的教科书研究主要借鉴和运用教育学科的研究方法，这种单学科的研究方法只能提供分析教科书问题的一种视角，不利于认识教科书问题的复杂性。教科书是具有文化、商品、政治、教育等多维属性的复合体，是权力博弈的产品。教科书问题的复杂性决定了我们不应只用单一的方法和单学科视角来研究教科书问题，一旦研究者忽视了教科书问题的复杂性，其研究只会是片面的、不准确的。因此，研究教科书问题要明确教科书分析的基本程序和一般过程，并能根据教科书分析的基本程序来设计和制定系统的方法论序列，将不同的程序与相应的方法结合起来，构建一种多元、综合、整体的教科书研究方法论体系。

（三）现行教科书研究脱离了教科书文本生产传播过程的社会语境

当前教科书研究注重对教科书文本内容的分析，而教科书的意识形态分析在其中占据了很大比例，研究者把教科书本身视为充满意义、封闭自足的文本，通过对一系列文本进行深入、系统地分析，致力于探讨教科书中的价值取向、政治意识、性别偏见、种族歧视等问题。但是，这种教科书文本分析是一种“去境遇化”“去主体化”的研究，脱离了教科书生产传播的实际过程和社会语境，忽略了编写者的价值意图或学习者的接受效果。研究者把教科书视为承载人类文化精华和思想精粹的知识载体和脱离社会历史和现实客观存在的文本形式，并假定教科书的意义是由其文本自身所决定的。教科书在现实社会中理所当然会实现其预定的教育目的，只要将有价值的文化思想转化成教科书，那么这些优秀的文化就会被学生所吸收和同化，优秀文化和学科思想就会世代传承，教科书承载的教育价值就会实现。

当前教科书研究注重对教科书文本内容展开单向度的研究，没有从编写者、文本、接受者和社会这四维关系框架中审视教科书文本，与教科书文本生产传播

① NICHOLLS J. Methods in school textbook research[J]. International Journal of Historical Learning, Teaching and Research, 2003 (2): 11-26.

过程的社会语境相分离，具体表现在以下两个方面。首先，研究者忽略了教科书生产过程中“编写者—教科书”之间的关系，没有关注教科书创编的社会历史背景。任何一本教科书都是由多名课文作者或主编共同构思创作完成的，作者或主编是教科书文本意义的赋予者，集中于文本的教科书内容分析缺乏对作者或主编的人生经历、个性人格及其所处的社会文化背景的探讨，无法揭示教科书创编中的原初意图。其次，研究者忽略了教科书使用过程中“接受者—教科书”之间的关系，忽视了接受者对教科书的解释，不同的接受者会赋予教科书文本以不同的意义，教科书的意义只有在师生不同的解释和使用过程中才能被确证、被延续。研究者如果集中于文本的教科书内容分析忽视了对实际接受者所具有的社会心理因素、文化水平和经济状况的考查，也就无从知晓师生对教科书的接受状况与教科书的实际使用效果。从这个角度来说，当前教科书研究没有对教科书进行整体系统的研究，忽略了“编写者—教科书”的关系及“接受者—教科书”的关系。

二、教科书研究的话语转向

1979 年，福勒等人在《语言与控制》中首次提出了“批判语言学”的概念，受其影响，费尔克拉夫于 1989 年在《语言与权力》中揭示文本中蕴涵的意识形态和价值体系。后来，批判话语分析逐渐发展出诸多理论流派[①]，并成为一个应用广泛的跨学科研究领域，广泛应用于意识形态分析及种族、政治话语、经济话语、广告话语、性别、媒介话语、教育话语研究等诸多领域。目前，批判话语分析已经成为人文社会科学中常用的研究方法。这里尝试探讨批判话语分析的理论基础和方法特征，阐明其对于当代教科书研究的方法论意义。

（一）批判话语分析的内涵

在现代民主社会，社会控制不再依靠武力手段，而是通过隐性的话语操纵来实现意识形态的“自然化”，进而转化成人们的常识态度和生活方式，从而为人们熟知、接受和践行。在某种意义上，任何拥有话语权的人都可以影响世界。批判话语分析是一种“去自然化”的方法，通过分析文本中的话语形式来揭示话

---

① 沃达克，奇尔顿.（批评）话语分析的新议程：理论、方法与跨学科研究：中文导读注释版[M].北京：北京大学出版社，2016：4.

语与社会政治、意识形态、权力控制之间的关系，帮助公众认识影响文本的社会力量和集团利益，理解文本背后隐藏的权力关系和意识形态，意识到文本对社会身份、社会关系、知识和信仰的影响，意识到话语在文化和社会的变化过程中的作用。①

在方法层面，批判话语分析具有四个基本特征。第一，它是一种多向度的分析方法。任何话语和话语分析都具有三个维度，任何话语事件都被同时看作是一个文本实践的实例、一个话语实践的实例、一个社会实践的实例。第二，它是一种多功能的分析方法。话语是多功能的，文本同时能够描述现实、制定社会关系和建立社会身份，话语分析关注话语的社会性的建构属性，关注三种功能之间的相互影响。第三，它是一种历史的分析方法。话语秩序是特定机构中话语实践的全部结构，话语分析侧重于关注社会历史变迁中话语秩序的改变、话语实践中关系的改变。第四，它是一种批判的方法。话语变化、社会变化和文化变化之间的关系对于人来说并非是显而易见的，只有通过批判性分析才能将文本背后隐蔽着的联系和原因揭示出来。②

（二）教科书研究的话语转向

批判话语分析将语言分析的方法与社会文化研究紧密结合起来，为当代教科书研究提供了新的理论视角与方法路径，推动了教科书研究的话语转向。当代教科书研究的话语转向主要体现在以下三个方面。

1. 教科书研究对象的转变：从文本到话语

当前的教科书研究把教科书视为规范的课程文本和客观的知识产品，将其从历史、社会、心理、文化中孤立出来，把教科书中可观察的、可统计的概念、语句、图画、符号等组成元素抽离出来，进行分析与探讨。这种研究只注重纯粹的文本内容形式分析，忽视了教科书文本内容与外部的历史文化、社会现实之间的关系，仅仅关注教科书文本中纯粹的形式和结构，忽视了深藏在文本形式和结构背后的社会文化语境。

批判话语分析推动了教科书研究对象从单一静态的“文本”形态转向多元

---

① 费尔克拉夫. 话语与社会变迁[M]. 北京：华夏出版社，2003：序.
② 费尔克拉夫. 话语与社会变迁[M]. 北京：华夏出版社，2003：8－9.

实践的“话语”形态。费尔克拉夫提出了“作为社会实践”的话语思想，认为语言是一个社会过程，应该区分“文本”与“话语”的不同。文本是社会交际生产过程的产物，而话语代表社会交际的全过程，不仅包括生产过程、生产出的产品，还包括阐释过程，而其阐释的对象就是文本。任何话语事件应同时被看作是一个文本、一个话语实践和一个社会实践。文本向度关注的是静态文本的语言形式和内容结构，话语实践向度关注的是文本生产、传播和使用的动态过程，社会实践向度关注的是话语的意识形态和权力关系问题。在批判话语分析的视角下，教科书不仅是一种反映外部事物现象及其规律的课程文本，还是在文化价值引领和学校制度规范下开展的学科话语实践，是推进国家课程改革与教育知识生产的社会实践。

2. 教科书研究视角的转换：从客观到文化

当前教科书研究者都秉持着实证主义精神，运用内容分析法对教科书文本中可见的信息进行量化统计，客观地描述和展现教科书文本数据，以此推断出教科书的编写意图及其潜藏的意义。研究者将教科书视为客观中立的学科知识，将教科书研究看作揭示真理和发现规律的过程，在推进教科书研究科学化的进程中孜孜不倦。然而至今，教科书研究还未成为一门独立的学科。

从批判话语分析的视角看，语言在使用中的变化是社会变革和文化变革的重要组成部分，批判话语分析推动教科书研究从科学客观的视角转向社会文化的视角，为此，教科书研究应放弃客观主义的路线，从社会情境、文化语境与历史发展的视角开展教科书研究。任何教科书都不是对客观世界纯粹实体的客观再现，而是在特定的文化观念、历史传统和价值信仰的规约下建构形成的学科话语，社会价值、意识形态等文化因素在教科书话语的生产、传播和使用过程中广泛渗透，构成教科书话语实践的一个必要条件。由此决定了教科书研究视角在根本上是文化的而非客观的，是文化涉入的而非价值中立的。教科书研究要力图从指导教科书编写的宏观课程政策和教育改革入手，从文化、社会和历史的视角理解和诠释教科书文本的深层意义；要结合学校教育制度中开展系统性话语分析，从作者、出版商、接收者、社会等不同视角理解教科书文本生产、传播和使用过程。

3. 教科书研究方法的转换：从单一到系统

长期以来，绝大多数的教科书研究都是在教育学这个单一的学科框架中展开的，但是单学科研究只能为教科书研究提供单一的视角或方法，不能帮助我们认识教科书研究领域的全貌。教科书作为一种整体的社会话语实践，包括生产、传播和使用的过程，要用单一的研究方法揭示整个教科书生产、传播和使用过程是不可能的，只有形成清晰的教科书研究方法分析框架并综合运用多种方法对教科书进行总体性研究，才能揭示教科书的多元属性和基本特性。因此，打破单学科研究、加强多学科研究、走上多元系统方法论的建构之路，势在必行。

批判话语分析是以系统功能语言学作为其主要的理论和方法论来源，是对其他不同学科理论进行动态综合的产物，不同流派的批判话语分析都致力于开发一套行之有效的方法框架。比如，费尔克拉夫提出了批判话语分析的三维框架：文本分析、过程分析和社会分析，它们分别对应着描写、阐释和解释三种方法；沃达克提出了话语历史分析的三维框架：内容分析、话语策略分析和语言实现形式分析；汤普森提出了深度阐释学方法论框架：社会历史分析、形式或话语分析、解释或重新解释。把批判话语分析的理论与方法引入教科书研究，不仅有助于揭示不同学科、不同版本、不同地域教科书文本的特征，而且有助于揭示教科书生产、传播和使用的整体过程，揭示教科书这个总系统在不同阶段形成发展的基本规律，推进教科书研究方法体系的理论研究。把批判话语分析的理论与方法引入教科书研究，有助于推动教科书研究方法的更新和发展，确立社会文化研究视角，拓展新的研究领域与视界，有助于教科书研究打破原有的格局，改变教科书研究出于特定分析目的而选择性使用某一种方法的现状，加强教科书研究方法的系统化建设。

三、教科书话语分析的方法论建构

教科书话语分析在本质上是把教科书置于文本生产传播过程中的社会语境分析。这里主要运用沃达克的话语历史分析的理论与方法，依据教科书生产、传播和使用的整体过程，构建一种解释课程知识的教科书话语分析方法。具体来说，教科书话语分析可以分为教科书创编过程分析、教科书文本内容分析、教科书接受反应分析三个不同环节，这三者共同构成一个完整的教科书研究系统。

（一）教科书创编过程分析

教科书创编过程分析就是对教科书话语生产的过程、教科书话语表达形式与社会文化心理环境进行分析，并揭示三者之间的关系。教科书是由编写者编制出来的，教科书编写是指从构思策划教科书到撰写成文的过程，介入教科书编写过程的人包括作者、主编、改编者或翻译者等不同主体，这些主体都是处于一定的社会历史环境之中，并具有自己独特的人生经历和人格特征，教科书会受到创编者所处社会历史、时代环境、个体人格、人生态度、生活经历的影响。教科书创编过程分析的关键是社会心理研究。沃达克的话语历史分析法是以社会心理语言学的“文本策划理论”为基础的。文本策划理论认为，文本生产过程除了由语言活动所决定之外，超语言因素也对其具有重要的影响，这些超语言因素主要包括三大方面：环境因素（语言背景、参与者的状态、时间、地点）、社会因素（组织成员、年龄、职业社会化）和心理因素（经验、日常工作等）。文本策划理论可用于确定作者创作的意识形态和立场意图。[①] 在此基础上，教科书创编过程分析致力于探寻文本与作者、文本与社会之间的联系，透过教科书文本发现其得以产生的宏观社会文化和历史背景，追寻作者微观的生活经历、政治立场和创编动机，并根据这些宏观与微观的背景条件去解释和分析教科书本身，从教科书文本与作者、与社会的关系入手，揭示教科书是如何成为影响人的一生和改造社会的重要工具。

教科书创编过程分析的具体方法包括传记研究、社会学研究、历史研究。需要明确的是：社会学研究和历史研究侧重于探讨教科书编写的社会背景、历史条件等外在因素，传记研究则是对教科书作者和主编开展研究，它们都不是对教科书本身的研究。教科书创编过程分析有助于人们更加准确地把握教科书本身的意义，是教科书话语分析的必要组成，但这种研究仅仅只能作为教科书话语分析的起点，并且需从此出发走向教科书文本研究。

（二）教科书文本内容分析

教科书文本内容分析是在语言层面上对教科书文本开展深入的分析，旨在揭示教科书中哪些话语被形成、这些话语如何形成以及如何构成一种权力关系，是教科书话语分析的中心环节。在批判话语分析看来，任何教科书文本都是在具体

---

① TITSCHER S，MEYER M，WODAK R，et al. Methods of text and discourse analysis[M]. London：Sage Publication，2000：154－155.

的社会历史条件下生产、传播和接受的，对教科书文本的批判话语分析不应局限于语言层面，还应阐明教科书所处的社会语境，考查教科书文本生产、传播和接受的具体社会历史条件。因此，教科书文本内容分析就是结合相关的语境信息，对教科书研究主题、教科书话语策略与教科书话语实现形式进行的解释和分析。

1. 确定研究主题

教科书文本内容分析首先要进行文本的宏观结构分析，对教科书的文本内容和一般主题进行描述，确立教科书文本中所要研究的具体问题或主题，重点分析学校教科书设计所依据的知识理论、潜在假设和范式结构。作为一种批判社会的学科，批判话语分析具有解放的目标，旨在阐明人们在特定社会生活形式中面临的问题，并为人们提供可用来解决和克服这些问题的资源，它尤其关注特定社会生活中“失败者”所面临的问题，如穷人、社会排斥者、在性别或种族上受压迫者等。[①] 与之相关，教科书话语分析的研究主题与社会问题密切相关，通过重构教科书编写所采用的思想规则和价值体系，揭示教科书中“谁的知识最有价值”，教科书是如何选择和界定不同学科的知识，教科书话语中隐含着怎样的权力关系。比如，维布伦纳认为，社会领域教科书分析在“知识理论”上涉及五个重要的研究主题，即认识论研究兴趣、陈述分析、概念形成、价值判断、意识形态。与之对应，社会教科书研究应关注五个主要问题：教科书提出或忽略了哪些问题？教科书的文本是将学生当作社会政治决策和行动的主体还是客体？教科书能否让学生了解其文本所涉及的社会背景和相关性问题？教科书是否让学生作为特定情境中的年轻人获得自我认同？是否能使学生对其产生兴趣？

2. 话语策略分析

策略是指人们采用的一种或多或少、准确的、有意的实践（包括话语实践）计划，以此实现特定的社会、政治、心理或语言目标。“话语策略”是使用语言的系统方法，体现在不同层面的语言结构组织和复杂性上。“话语策略分析”就是围绕特定的研究主题，分析教科书文本中有意识或自觉使用的话语策略及其社会效应，是探究文本生产者的意图与话语形式之间的中介。下面以分析教科书中

---

① FAIRCHLOUGH N. Critical discourse analysis as a method in social scientific research [M]// WODAK R, MEYER M. Methods in critical discourse analysis. London: Sage Publication, 2001: 125.

性别意识形态为例，阐明话语策略分析在教科书研究中的应用。

第一，“指称或命名策略”是指在语言上给物体、现象、事件、行动和人进行命名，通过隐喻、借代等修辞手法建构团体身份，给团体身份归类，区分团体内外的社会成员，使不同团体成员产生相应的认同。在教科书话语分析中，此策略主要是考查教科书中的人、物、现象、事件、行动及其过程是用何种话语命名的？比如，分析教科书中的性别意识形态，可以考查教科书是选用什么样的字词给男女两性命名，用怎样的词语界定男女两性社会角色和社会身份的，男女两性不同的姓名称呼和社会身份背后隐含着怎样的信息。

第二，“宣称策略”是指在话语上对物体、现象、事件、行动和人进行限定，在原有的命名话语中加入社会对被命名个体或团体的正面或负面的刻板印象，把积极或消极的评价属性赋予被命名的个体或团体，对于被命名的个体或团体贴上或褒或贬的标签。在教科书话语分析中，此策略主要是考查教科书中的人、物、现象、事件、行动及其过程被赋予了何种价值特征。比如，教科书文本分别用怎样的形容词、动词或短语来描述男女两性？教科书文本用怎样的语言描述男女人物的性别形象和内在品质？这些“宣称话语”体现了社会对男女性别怎样的价值期待和印象？

第三，“论证策略”是为宣称话语的积极或消极属性进行辩护，为主流社会团体的存在和行为寻求正当性、合法性和合理性，通过运用表示歧视或欣赏的惯用语，显示排斥他者、弘扬自我的论调，体现包容或排斥的政治关系。在教科书话语分析中，此策略主要是考查教科书通过提出哪些论点或开展哪些论证来将特定人或社会团体对他人的排斥、歧视、压制和剥削合理化和合法化。比如，教科书中不同篇目的课文中，对于男女两性在相同情境下言语和行为的描写存在哪些不同？这些描述性或论述性话语背后隐含着怎样的预设信息？它们揭示出男女两性存在着怎样的能力差异和品格差异？它们帮助人们形成了对于男女两性怎样的认识和态度？

第四，“视角，框架或话语策略”是指教科书文本中透露出的作者的观点和立场，在语言上对特定团体进行有利或有害的描述、叙述、转述或报道，表明其接纳或排斥的态度。教科书对歧视性事件或话语是如何进行报道、描述、引用的？教科书是如何以语言为工具来构建视角？教科书是如何运用“我们”或

“你们”这种人称代词建构出“他者”话语？在教科书话语分析中，此策略主要是考查教科书中命名话语、宣称话语和论证话语从什么视角进行表达。比如，教科书文本是从谁的视角来讲述故事的？教科书文本注重塑造“谁”成为符合社会期望的榜样人物？教科书文本表达了学生应该向“谁”学习的愿望？教科书如何用语言弘扬社会对某种性别角色的认同和关注？教科书如何用语言表达对某种性别角色的塑造？

第五，“强化或弱化策略”是通过强化或弱化的方式限定教科书话语的言外之意，进一步促使特定概念的合法化和意识形态的合理化。在教科书话语分析中，强化或弱化策略主要是考查教科书如何公开表达各自的话语，其中强化或弱化了哪些话语。比如，为了有效地实现社会控制，教科书文本如何表达传统社会的性别观念？教科书如何使用语言强化男性作为领袖权威的社会角色及其勇敢坚韧的个性特点，弱化女性在推动社会历史发展中的作用？

3．语言实现形式分析

语言实现形式分析就是对教科书文本中实现研究主题的语言形式、语言手段及其作用机制进行分析，在此基础上对整个文本的意识形态做出有意义的概括和总结。语言实现形式分析主要在文本、句子和词语等不同层面展开，包括隐喻、分类、预设、情态、转换等。

第一，隐喻。隐喻不仅是一种语言形式，还是一种思维过程和意识形态的认知机制，它在本质上就是用具体直观的事物来理解和体验抽象复杂事物的过程。运用批判话语分析探讨教科书文本中的概念隐喻，归纳和分析教科书中的概念隐喻系统，揭示文本背后隐藏的态度立场、价值判断和意识形态。卡梅伦集中比较了不同版本的《自然科学》教科书及课堂教学话语，探讨了隐喻在帮助学生学习过程中的作用与局限。①

第二，分类。教科书文本中有关人物和事件的命名和描述，主要是通过词汇的选择和分类来实现的。分类主要是为了分析话语中出现的关键词的潜在意义，分析表示特定意义、给描述对象贴标签的名词，分析表示同一意义的不同词语表

① CAMERON L. Metaphor analysis in educational discourse[M]. London and New York City: Continuum, 2003: 14.

征，分析意义发生变化的话语中出现的新词项，揭示这些词项背后具有的文化或意识形态意义。分类是表达不同立场或倾向的表达方式，是创造或产生歧视的主要途径。比如，在历史教科书中，“我们”和“他们”的分类表现了强烈的国家主义的心态，其特点是偏爱同类，把自己的国家、社会称为“我们”，歧视排斥异类，把“他们”视为对自己的威胁。

第三，预设。预设是教科书文本中没有直接说明、但被普遍接受、具有重要意义的隐含信息，是教科书文本中普遍存在的常识性背景知识，它们往往被教科书编写者视为理所当然、共知共享的信息传递给读者，是教科书编写者将意识形态自然化、表达态度立场、操纵读者的一种有效手段。运用批判话语分析考查教科书文本中的预设，揭示预设表达的隐含社会意义。

第四，情态。情态是文本生产者对有关事物或行为的认知、态度和意愿。考查教科书文本的情态系统可以揭示教科书文本中的意识形态，可以了解文本生产者与接受者之间的社会距离和人际关系。教科书文本中的情态实现形式各种各样，除了表示情态词语之外，人称代词、直接引语与间接引语都可以表达情态意义。直接引语的来源很广泛，不同来源的话语可以表达不同的意识形态，作者可以借此表达自己的立场；间接引语由作者转述而成，转述的方式多种多样，它也取决于作者的立场、态度与意图。

第五，转换。转换是通过考查文本中语法结构之间的变化关系，揭示文本背后意识形态的改变过程。转换主要表现为名词化和被动化的使用。名词化是指文本生产者原本可以用动词结构或句子表达某种意思，却用名词短语加以替代，从而创造了一种非人格化的效果，削弱了动作感。与之相似，被动化也能够有效减弱行动过程的动作感，隐藏行动的参与者和事情的因果关系，以隐蔽的方式达到操纵读者意识形态的目的。

教科书内容分析建立在大量语料分析和对文本的精确描述基础之上；同时，还需要运用三角互证法保证其研究的有效性，具有人类文化学和历史学的特点。沃达克指出，三角互证法建立在语境分析的基础之上，其“语境”主要包括以下四个层次：第一，教科书语篇内上下文语境和教科书使用的交互过程（课堂之间情况）；第二，教科书文本与其他类型的文本、体裁、话语之间的互文性关系；第三，教科书文本外部的社会变量和具体语境的制度框架（地点，时间，场合，团体，参与者的角色等）；第四，教科书生产与消费实践所处的更广阔的社会政治历史背景，以及与教科书主题相关的历史。① 由此可见，在批判话语分析中，教科书内容分析以教科书文本自身作为研究对象，但是并不局限于静态封闭的教育文本分析，它与教科书文本生产传播的社会语境是密切相关的。

（三）教科书接受反应分析

教科书接受反应分析是以读者（即教师、学生及大众）的文本接受为对象，关注教科书社会接受效果问题；旨在探明读者在接受教科书过程中的影响因素和内在规律，了解教师和学生是如何与教科书文本互动，教师和学生是如何理解、解释和内化教科书文本内容。教科书的社会功能建立在教科书的实际使用效果之上，没有被使用和阅读的教科书仅仅是一种“可能性存在”，只有在使用和阅读过程中才能被转化为“现实性存在”。教科书的理解和接受活动是将教科书从静态的符号文本转化为活跃的生命形式的重要途径，是教科书社会价值实现不可或缺的因素。教师、学生和大众对教科书的理解不是被动行为，而是积极、能动、富有创造性的行为，是一种融合其感情、经历、理解、想象等多种社会心理因素的认知再创造活动。

沃达克提出了文本理解综合模式，认为文本理解与文本生产一样，也受到社会心理因素的影响，所有读者接受新文本时都是以他们的先前知识、个人条件、文化、性别、班级成员为前提和基础的。文本接受的过程就是读者建构文本认知基础、解释文本、最终理解文本的过程，文本接受者首先根据认知图式和知识框架对文本分类，“策略性”地获取原初文本。每个人的认知图式和知识基础都是不同的，都是接受文本与社会环境相互建构的结果，不存在适用于所有人的一般性文本认知基础，接受者的认知图式或关于世界的系统知识与文本模式的一致性程度，决定着他们对教科书内容的理解程度和内化程度。②

因此，接受者总是从自己的独特视角出发看待教科书，他们会根据自己所受教育水平、所处社会地位、生活经历、性格气质、价值观念出发去理解教科书，

---

① TITSCHER S, MEYER M, WODAK R, et al. Methods of text and discourse analysis[M]. London: Sage Publication, 2000: 157.

② TITSCHER S, MEYER M, WODAK R, et al. Methods of text and discourse analysis[M]. London: Sage Publication, 2000: 156.

不同的个体对同一文本的理解是千差万变的；接受者会调动自己的想象能力、体验能力和感受能力，通过对文本符号的解码和译码，不但把握教科书文本原本包含的丰富内容，而且结合自己的个体意识、人格气质和理解体验，对教科书文本进行开拓、补充、阐释和再创，实现教科书的二次开发和再次创生。在某种程度上说，读者的接受是对教科书创编意图的检验，如果把读者的价值判断和阅读期待反馈给教科书的创编者，将会推动教科书编写质量提高和编写技巧创新。适用于教科书接受反应分析的具体方法有深度访谈法、作品分析法、问卷调查法、观察法等，这些方法突破了静态封闭、与人无涉的文本内容分析，关注接受者的真实体验和教科书的社会接受效果，关注在社会发展中师生和教科书之间是如何互动的。

总之，把批判话语分析作为一种重要的研究方法应用于教科书研究中，能够为教科书研究带来新的研究视角。在批判话语分析的视角下，教科书研究不是单纯的文本符号系统研究，也不是编写创编过程研究，而是存在于“作者—文本—接受者”组成的教科书开发使用等活动的关系中；在批判话语分析的视角下，我们不仅依靠某一种方法或局限于某一个环节开展教科书研究，而是需要对教科书进行以文本为中心的系统研究，需要从“创编—文本—接受”这一完整统一的过程来研究教科书；在批判话语分析的视角下，教科书研究不仅要关注教科书中纯粹的语言形式和表层意义，还要通过话语策略分析和语言形式分析挖掘潜藏在文本背后的价值判断和意识形态。

第六章

教科书试验研究法

第一节　教科书试验研究概述

教科书试验是教科书编制过程中的重要环节，也是评价教科书质量的有效研究方法。它注重对教科书使用情况进行动态分析和评价，可以发现教科书是否有助于学生接受和掌握学科知识，新版教科书是否比旧版教科书有更好的教学效果。在当前教科书研究领域中，试验法是较少被使用和探讨的方法，它主要被用于探讨学生阅读和学习效果等方面的问题，大多针对教科书中部分单元设计或字词呈现等个别因素，较少用试验法来分析整本教科书或不同版本教科书的使用效果。扬·米克指出，如果关于教科书特征的探讨缺乏试验证据，那么这种探讨有时就转化为学术讨论。[1] 因此，要推进教科书建设的科学化和教科书研究的专业化发展，加强教科书试验研究法的理论探讨与实践应用是必要前提。

一、教科书试验研究的内涵

作为一种有效的研究方法，教科书试验研究法是试验者根据研究目的，控制无关变量或创设适当条件，施加一定的试验因素（如新的教科书或教科书的使用方式），有计划地推进学校教育教学活动，利用统计测量的方法分析试验结果，

---

① MIKK J. Textbook: research and writing[M]. New York City: Peter Lang Publishing, Inc., 2000: 25.

揭示教科书使用与实际教学效果之间的因果关系，从而有效地检验教科书的质量。教科书试验研究法与其他研究方法最大的不同在于它是能够让研究者通过创设条件或改变相关因素而探讨教科书在实际使用过程中教育效果的研究方法，是一种典型的教科书动态分析方法。通过控制或降低无关变量的干扰，研究者可以发现教科书使用与教育目标实现、课程标准实施、教师教学水平、地区及学校发展现状、实际教学活动效果等变量之间的关系。作为一种试验研究，教科书试验研究既具有一般的科学实验研究所共同具有的基本特征，同时由于其研究现象和对象的特殊性，教科书试验研究又具有与一般科学实验研究相区别的特征。

（一）试验条件：在真实情境中开展科学控制

教科书试验研究既要开展试验的科学控制，又不能脱离实际的教育教学活动。

一方面，与内容分析不同，教科书试验研究是介入性研究，是研究者通过控制无关因素或创设某些条件，主动探求教科书在真实教学活动中的使用效果，揭示教科书与各种课程因素相互作用的因果关系。教科书试验研究中的“控制”包含三层含义：①在试验设计时，必须按照具体标准和抽样技术来确定试验对象，确保试验结果的科学有效性；②在试验设计时，必须对试验所操纵的自变量进行较好地控制，积极寻求客观规律导致的因果关系；③在试验设计及实施阶段，必须对与试验无关的外在因素和情境因素进行控制，保证无关变量对试验结果不造成任何影响，真正确保试验结果的可靠性和科学性。

另一方面，与自然科学实验不同，教科书试验研究是自然试验法，是在自然的学校教育环境下开展的，不是在与世隔绝、人为控制的实验室环境中进行的。教科书试验研究不能脱离真实的教育教学活动，研究者只有在教科书的实际使用过程中收集动态的数据资料，分析教科书与教师、学生、课堂环境、现实生活等因素的相关作用及由此带来的实际效果，切实了解教科书自身的质量和问题，揭示教科书、人与社会三者之间的本质关系。

（二）自变量：改变教科书及其使用方式

教科书试验研究是主动干预研究对象和操纵自变量的变化，探寻教科书相关规律的过程。自变量就是能够影响其他变量发生变化的变量，是影响试验结果的原因变量。教科书试验是课程实验中不可缺少的组成部分，主要是对教科书编制内容的评价和对教科书使用效果的检验。但是，在实际的教育活动中，教科书的使用效果既取决于文本内容本身，又取决于实际的使用效果，教科书文本与其教学方式无法截然分开。因此，从整体来看，教科书试验研究既涉及文本内容的研究，也涉及使用方法的研究。从这个角度来看，教科书及其使用方法便是教科书试验研究的自变量。比如，卢家楣开展的“对教材内容的情感性处理策略：赋予情感策略的实验研究”（简称“对物理教材内容赋予情感策略”的试验）发现，教师在物理教学中对内含中性情感的教科书内容进行情感化处理，有助于促进学生的认知和情感学习、提高课堂教学质量。赋予情感策略的具体处理方式是多种多样的：寓不含情感因素的教学内容于人格化的讲解之中，寓不含情感因素的教学内容于生活化的讲解之中，寓不含情感因素的教学内容于趣味化的讲解之中，寓不含情感因素的教学内容于轶事插入式的讲解之中，以赋予其情感色彩等。由此可见，对教科书内容进行情感性处理及其具体方式就是该试验的自变量。①

（三）研究方法：多元并重

首先，教科书试验研究方法是量化分析与质性分析的统一。教科书试验研究是以人及其教科书使用活动作为研究对象，由于人具有主观能动性，学校环境具有场域复杂性，教科书与人、环境相互作用存在诸多的不确定性，教科书使用效果也表现出某种程度的滞后性，这些因素便决定了单纯运用以去情境化、精确化和实证化为特征的定量分析方法将难以准确揭示出教科书问题的本质规律。为此，教科书试验研究不仅要从数据统计和测试结果中发现教科书使用过程中的因果关系和客观规律，而且要从科学文化、学生心理和社会意识等不同维度综合性地分析教科书在特定地区和学校中使用的效果问题。

其次，教科书试验研究方法是介入性研究与非介入性研究的统一。教科书试验研究作为一种科研活动，其根本性质是教育性与研究性的统一，在实际操作中应一并注重介入性研究与非介入性研究。与任何试验一样，教科书实验也涉及人的伦理道德问题。教科书是官方知识和法定文化，是对年轻人成长影响最大的知识文本。因此，任何试验中使用的教科书都不应具有重大的缺陷或错误，如果我

---

① 卢家楣. 对教材内容的情感性处理策略：赋予情感策略的实验研究[J]. 心理科学，2000（6）：650－654.

们在试验中给学生提供了有缺陷的教科书，就会阻碍学生的发展，这是违背教育研究中的伦理标准的。从这个角度来看，在完整的教科书研究中，“介入性”的试验研究法应以“非介入性”的内容分析为前提和基础，研究者只有通过系统的内容分析发现教科书文本的问题并加以修订后，才能将整本教科书大面积地应用于中小学校开展试验。正是由于教科书试验研究所具有的复杂性、长期性、伦理性等特征，扬·米克称试验法被认为是“最昂贵的教科书调查研究法”。[①]

二、教科书试验研究的价值

作为教科书编制的环节，教科书试验是指新教科书在编写完成之后、正式出版之前，在一定范围内试用该教科书的某些章节或全部内容，评估其使用效果，修订和完善其编写的过程，第一次印刷出版或试用的新教科书也被称为“试验教科书”。弗朗索瓦－玛丽·热拉尔等指出，对整本教科书开展大范围或小范围的试验非常必要；相反，选择不进行教科书试验的情况是危险的，只有在特殊情况下才会这样做，如教科书作者经验丰富，没有什么教学改革的因素，教科书审阅委员会强大而有效，又或者教科书是一套中的一本，而其中先前出版的那些教科书都已进行过大范围的试验。[②] 教科书试验研究具有事实描述和价值判断的双重属性，其目的在于推进教科书的编写工作和评价工作。

第一，改进编写的目的。教科书试验研究可以收集和提供相关事实信息，推动教科书编写和修改工作。教科书试验研究是运用数据统计的方式、依据教科书试验测试量表，收集和获取事实信息的过程，这些信息涉及教科书在内容、教学和技术方面的科学性、适切性和实效性等问题，如学习难度和练习题难度是否与学生的年龄相符？教科书中所使用的学习要求是否能够被师生理解？教科书中所建议的活动是否具有可行性，是否与教学目标相符合？学生和教师是否对教材使用表现出兴趣？[③] 教科书研究可以发现新编教科书中的问题和不足，为教科书编

---

① MIKK J. Textbook: research and writing[M]. New York City: Peter Lang Publishing, Inc., 2000: 21.

② 热切尔，罗日叶．为了学习的教科书：编写、评估、使用[M]．上海：华东师范大学出版社，2009：30.

③ 热切尔，罗日叶．为了学习的教科书：编写、评估、使用[M]．上海：华东师范大学出版社，2009：29－30.

写者提供反馈信息，促进其后续的修订和改进工作，切实提升教科书编写质量。

第二，促进评价的目的。教科书试验研究可以运用科学的方法对教科书在学校教育活动中使用的效果作出价值判断，促进教科书评价。教科书试验研究以教育目的和课程标准为依据，通过试验测量表了解教科书的实际使用效果，调查获取使用者对于教科书的看法，然后在此基础上分析教科书对教育目的的达成性、教科书与国家课程标准的一致性、师生使用教科书的便利性、教科书内容的准确性等问题，从而对教科书的质量和特色进行整体性、综合性的分析，为教科书评价和审查工作提供客观依据，以利于教科书评审部门进行科学决策。

第三，提升教学的目的。研究者依据课程教材理论提出研究假设，通过试验设计将课程教材理论转化为可操作的试验方案和教学策略，并在课堂教学中加以检测，以此验证课程教材理论及教学策略的可行性。教科书试验可以推动课程教材理论的具体化、优化教师使用教科书的策略，其试验结果可以进一步验证课程教材理论的科学性，完善这些理论的可行性，从而真正达到指导教师课堂教学、提升教学质量的目的。比如，卢家楣在物理教学中使用“赋予情感策略”开展了试验研究，该试验以上海市奉贤区曙光中学物理高级教师邵妙祥的漫画物理教学为基础。在试验班上，邵老师运用自己画的漫画富有趣味地说明楞次定律，在对照班上则运用常规的语言描述讲解，通过两个班前后测试结果的比较，发现试验班的教学效果明显优于对照班。试验由此得出结论：内含中性情感因素的理科教科书内容中可以运用情感策略来对其进行情感性处理，当教师在教学中运用情感策略对理科教科书内容进行情感性处理，可以最大限度地发挥情感因素的积极作用，促进学生素质发展，提升课堂教学质量。可见，教科书试验是探索教科书使用方式、提升教学质量的重要途径。

第四，深化理论的目的。教科书试验不仅要改进教科书编制、评价和使用环节，而且要推动课程教材理论研究的发展。教科书试验是发展课程教材理论研究和检验课程教材理论科学性的重要手段，其超越了个体经验的局限性，致力于探求教科书文本及其使用方式的基本规律和本质关系，利用这些规律来指导实际的教科书开发和使用工作。教科书试验的结果是验证教科书有效性最可靠的指标，其结论可以为相关的教科书研究提供理论基础。通过教科书试验，不仅可以改造、完善和深化现有课程教材理论，而且可以发现新的研究问题、开拓新的研究领域，深化对教科书问题的规律性认识。

三、教科书试验研究的历史发展

在西方，教科书试验与课程教学研究是相伴相生的。1879 年，德国生理学家、哲学家冯特在莱比锡大学创办了世界上第一个心理实验室，采用试验方法研究心理学问题，推动了试验心理学的产生和心理学的科学化发展。20 世纪初，试验研究方法从心理学领域扩展到教育学领域，试验教育学应运而生，其代表人物是德国的梅伊曼和赖伊，主张在试验研究的基础上探讨教育教学问题，对教育研究产生了深刻的影响。此后，不少学者把精确科学的试验研究方法运用于课程教材问题的研究，提出程序教学、结构教学和先行组织者等思想，推动教科书研究的科学化和教科书编制的改革。

20 世纪 50 年代，斯金纳提出了程序教学的思想，把教科书分成诸多独立的小单元，按照逻辑顺序编成程序，后面单元的学习都是建立在前面单元学习的基础之上。学生对教科书中的问题进行回答，如果学生回答是正确的，教师就给予及时的强化和反馈；如果学生回答是错误的，则让学生复习或重做。斯金纳主张，教科书编制应采取直线式组织形式，即①→②→③→④→…，将学习单元按照逻辑顺序一个接一个呈现给学生，学生学习完单元①，会及时获知学习结果；然后进入单元②，再获知学习结果，依次进入后面各个单元的学习。斯金纳还把程序教学的思想应用于普莱西的教学机器，设计了“程序课本”，这便为日后电子计算机辅助教学的发展奠定了基础。

20 世纪 60 年代，美国教育家布鲁纳依据其结构课程理论编写了一套科学教育教科书。他主张教科书首先要向学生传授学科的基本结构，基本结构不是单纯的知识和技巧，而是学科的基本概念、基本公式、基本原则和基本法则，基本结构有助于学生更好地理解记忆、自主探究和迁移应用；其次，教科书的编排要采取螺旋式组织，表现为倒圆锥体的结构形式，即课程内容在不同阶段重复出现，但逐渐扩大范围、加深难度；最后，教科书在内容上应选取前沿的科学理论知识，反映现代化的学科知识内容。这套教科书注重培养学生对科学的认知兴趣和探究意识，对改革当时的科学教育发挥了重要作用，但是由于过于注重学术性和结构性，忽视了学生的接受能力，最终以失败告终。

20 世纪 60 年代，奥苏贝尔在《教育心理学》中写道：影响学习的最重要因素是学生已经知道了怎样根据学生原有的知识状况进行学习。他主张教科书在内容编制中应贯彻“逐渐分化”原则和“整合协调”原则。“逐渐分化”是指教科书中的教学单元应按包摄性程度由大到小依次呈现、逐渐细化；学生在学习新知识时会建立在已有知识的基础上，同时新知识可以不断扩充、巩固和分化已有知识。“整合协调”是指教科书在编制时应对相关知识进行分析、比较和综合，揭示它们的联系和区别，帮助学生在认知结构中对已有知识要素进行重新组合。为了贯彻这两条原则，奥苏贝尔主张教科书中应编排“先行组织者”，利用包摄性广、清晰稳定的引导性材料，促进学生有意义地学习。

中华人民共和国成立初期，教科书研究主要是模仿苏联的研究，处于总结经验层面上，在总结中求发展，忽视通过科学试验来发展教科书问题，对教科书试验重要性的认识还不够，教科书研究的科学化水平也有待提高。20 世纪 50 年代开始，由辽宁省黑山北关实验学校率先实施教学试验，随后在北京景山学校推行的“集中识字”教学试验产生了较大的社会影响。研究者编制了试验教学大纲和不同风格的试验教科书，按照生字的形、音、义特点进行一串一串的分类识字，集中识字后立即投入阅读，以巩固识字并训练阅读能力，后来试验扩展为“集中识字、大量阅读、分步习作”试验。20 世纪 60 年代，“三算结合”试验主张用对立统一的观点处理教科书，将认数与计数、加与减、乘与除结合，把整数、分数、小数、正数、负数相结合，把数、式、形相结合，把算盘引入小学数学教学，运用算盘的算法规律开展运算教学。1965 年，中国科学院卢仲衡开展的“中学数学自学辅导试验”运用九条心理学原则编写数学自学辅导教材，全套教材包括“课本”“练习本”和“测验本”三种教学用书，教学过程以学生为主体、教师为主导、教材为主线，运用“启、读、练、知”综合教学程序，培养学生的自学能力和学习迁移能力，促进学生成绩大幅提高和全面发展。

20 世纪 80 年代，我国教育界受到国外教学理论如布鲁纳的结构课程理论、斯金纳的程序教学理论等的影响，教科书试验的数量不断增加，规模日益扩大，类型更加综合，水平逐渐提高，开始进入相对繁荣发展的时期。比如，“小学数学启发式教学试验”重新编写了“数学知识结构、儿童认知结构、教材教法结构”三结合的试验教科书，运用启发式教学方法，优化课堂教学结构，构建了以学生为主体、教师为主导、教材为主要依据，全体与个体相结合、课内外相结合的教学体系。“数学结构转化”实验用基本结构统一整数、小数、分数、百分数、比例和简易方程，使知识系统化、条理化、完整化和统一化编写实验教材，关注学习过程，培养分析综合能力和概括推理能力。20 世纪 90 年代中后期，我国诸多单科教科书试验逐渐转向了推进学校变革的整体改革试验，以主体教育哲学为指导的主体教育试验和以创新思维为基点的创造性教育试验成为该时期最主要的试验运作模式，从而形成了以整体改革试验为重心、以多种单科教材试验为辅助的多样化教科书试验格局。

进入 21 世纪以来，我国形成了由政府推动、理论研究者引领、中小学教师参与的课程教材改革试验热潮，通过创建新的课程教材体系，改革课堂教学，培养 21 世纪新人。其中，有代表性的试验包括“新基础教育课程教材开发试验”“新教育试验”“国家基础教育新课程试验”以及一大批旨在培养学生创新精神和实践能力的课程教材改革试验。

第二节　教科书评价性试验

一、教科书试验的要素和类型

（一）教科书试验的构成要素

教科书试验的构成要素包括教科书试验构成的基本因素及其相互关系。一般来说，教科书试验的构成因素是“变量”，即“可以改变的量”，可以根据研究的需要进行“增或减”“有或无”的处理。一项完整的教科书试验主要是由五种变量构成。

1．自变量

自变量在试验过程中由研究者操纵其变化，又称为试验处理。在教科书试验中，由试验者选择新教材，引入教学实践，用以变革教学的有关方面，进而影响学生的身心发展。自变量是实验探索、应用或评价的变量。教科书试验实际上就是教材改革，改变旧的教材，代之以新的教材。在教科书单项试验中，自变量就是某种试验教材，通过使用新的试验教材，以观测其效果；在综合试验中，自变量就是教材与其有内在联系的多项因素，通过综合变革教材及相应的教法和教学组织形式等因素，观测其综合效果。比如在“中学数学自学辅导试验”中，自变量就是在教师指导下学生自学的教学方法和教材。

自变量的变化根据其形式可以分为数量的变化和性质的变化两种类型。教科书试验中性质变化的自变量表现为不同状态或不同类型的教科书，比如两种新旧不同编排方式的教材，两种难易程度不同的教材，数量变化的自变量表现为学生被试的不同数量或不同类型，如学生的年龄、年级、智力水平等。

教科书试验中，自变量具有可操作性。任何自变量都是可以被试验执行者主动操作的，试验执行者可以通过操作改变自变量，使其发生预期的变化，达到特定的目的。如果教科书试验中的自变量没有具体化、明确化和操作化，教科书试验就难以进行。因此，试验者需要根据试验课题、自变量的特点来确定试验自变量的数目、水平及水平的具体化。①自变量的数目。比如 1990 年至 1996 年，人民教育出版社在全国部分学校进行“义务教育教材试验”，其目的在于检验和评价义务教育新教材应用于全国大部分学校课堂的教学效果，自变量就是义务教育新教材。又如，“中学数学自学辅导教学试验”的目的是检验自学辅导教学法培养学生自学能力的效果，自变量首先应该是自学辅导法，同时由于自学辅导法与自学辅导教材密切相关，该试验的自变量有 2 个，即自学辅导法和自学辅导教材。②自变量的水平。自变量可以根据其性质或数量的差异划分为不同的水平或状态，自变量的各种水平具有异质性，差异越大，试验效果越好。任何一个自变量至少应该包括两个水平：有或无，出现与否。当试验目的是确定自变量对因变量是否起作用时，就可以选用两个水平的自变量，即采用出现与否自变量的方法。“义务教育教材试验”中自变量具有两个水平，试验学校使用新教材，非试验学校（或对照学校）使用旧教材。当试验目的旨在揭示自变量和因变量之间的函数关系，且已知自变量与因变量之间存在线性关系时，自变量的水平数至少是 3 个；当试验旨在揭示自变量和因变量之间的函数关系且自变量与因变量之间的关系未知时，自变量的水平数则应在 5 个或以上。③自变量各水平的具体化，为了便于操作，把试验中每一个自变量的每一种水平的操作规范、程序、实施步骤等都具体、明确地规定出来。在义务教育教材试验中，教材是试验的自变量，新教材和旧教材是它的两个水平，在试验中这两个水平具体表现为教学用书、教学要求和教师教学的不同，自变量明显体现出使用试验教材与使用传统教材的特征。

2. 因变量

因变量是自变量作用于试验对象后产生的效果指标，是试验前对试验结果的假定性规定。教科书试验中，因变量具体表现为学生的发展或教学效果的提升，一般而言，因变量都是通过学生的学习发展变化来体现的，学生因素不可或缺。教科书试验的因变量具有综合性、多重性和复杂性的特点，实际上人们趋向于把学生发展、教学效果、教师等各种因素综合起来作为试验的因变量。因此，教科书实验不仅关注其预期试验目标的达成，而且关注其非预期试验目标的产生，对于教科书试验的效果应综合评判。

教科书试验中的因变量具有共变性、可测性两个特征：①共变性。教科书试验的因变量和自变量关系密切，两者具有共变关系，即试验因变量的变化是由试验自变量的变化引起，如果试验自变量发生改变，而原先确定的因变量指标不发生改变，那么这种指标就不能称为因变量。只有那些具有可变性的因素，通过自变量的介入使其发生应有的变化，才能称为因变量。比如，“对物理教材内容赋予情感策略”的试验中，自变量是对物理教材内容实施情感性处理的策略，因变量是学生学习效果（认知、情感）的提升，赋予情感策略与学生学习效果是密切相关的，运用赋予情感策略来对内含中性情感因素的理科教材内容进行情感性处理，对促进学生的认知和情感学习，提高课堂教学质量是有效的。②可测性。试验的效果主要是通过因变量的变化反映，试验因变量是可以观察和测量的，只有这样，才能看出试验过程的变化情况，才能判断出试验的效果。比如，“对物理教材内容赋予情感策略”的试验的因变量是学生学习效果的提升，其具体指标是认知测试成绩和情感测试成绩，这些都是可测量的。

试验因变量的可测性是通过具体指标来体现的，试验中的观察项目和测验指标具有如下特征：①明确性。因变量的指标应有明确的规定和说明，与试验目的有密切联系；②客观性。因变量的指标可客观反映自变量的变化，便于观察和测量；③定量化。因变量的指标尽可能定量化，便于统计处理，具有高分辨力；

④专业化。因变量的指标应采用专门的标准化量表和测验工具。

3. 调节变量

调节变量也叫作次要自变量，是一种影响自变量对因变量作用强度和方向的变量，通过调节自变量与因变量的相关大小或正负方向，影响实验效果。它既可以是质化形式的变量（如性别），也可以是量化形式的变量（如难度）；它既可以是试验的积极促进因素，也可以是试验的消极阻碍因素。在教科书试验中，有许多调节变量，教学方法就是一个调节变量，同样的教科书，教师采用不同的教学方法，就会有不同的教学效果；考试方式也是一个调节变量，学生学习同样的教科书，考试内容和考试难度会影响学生的考试成绩。在教科书试验中，应充分利用积极调节变量，避免消极调节变量。调节变量旨在甄别总效应何时发挥作用，揭示自变量在何种条件下会影响因变量。调节变量的意义在于认识自变量的性质与效能，确定自变量对因变量的边界条件，发现和引入新的调节变量有助于完善和深化相关理论的发展。相反，如果不分析调节变量，可能出现的问题是：把调节变量的作用归结为自变量的作用，在总结、推广试验时不够客观、准确和有效。例如，某新教材采用不适当的方法教学，效果可能很差，这种结果并不是教材本身产生的，而是调节变量教学方法造成的，如果得出新教材效果差的结论，就不客观、不准确了。了解调节变量，对准确地研究自变量及其与因变量的关系是十分重要的。

4. 无关变量

无关变量是指那些不是试验所要研究的，却对试验效果产生影响或干扰的变量。在教科书试验中，由于无关变量对自变量或因变量产生了干扰作用，因此它是影响教科书试验潜在的、应被排除的因素，教科书试验应对无关变量加以控制或因势利导。很多无关变量往往是混杂在一起共同对试验结果产生影响，有的容易控制，有的难以控制。

从干扰作用的性质来看，教科书试验的无关变量可以分为消极因素和积极因素。消极因素对实验结果起不利的削弱作用，我们通常要采用排除、化解、避免和预防等方法加以有效控制；积极因素对试验结果起有利的促进作用，对于积极影响因素，不应采取主动措施加以控制，而应根据具体情况灵活处理。比如，对新教科书的试验，学生对新教科书产生的新鲜感是无关变量，但它同时具有积极作用和消极作用。试验要获得较好的教学效果，这种新鲜感的作用就是有利的因素；而对于试验归因来说，却是不利的因素，因为它使试验归因复杂化，即试验效果究竟是教材本身产生的呢，还是因使用了新教材，学生感到新鲜，从而暂时促进了学习行为造成的呢？如果是后者，随着时间的延长，学生的新鲜感减弱，教学效果就会降低。为此，教科书试验更多地采用平衡法、归因分析法及统计处理法等加以控制。

从表现形式来看，无关变量可以分为变性无关变量和恒性无关变量。变性无关变量是指那些不断发生变化的变量，其性质不是固定不变，而是具有偶然性，如天气的冷暖、教师与学生心情的愉悦和烦闷、各种偶发事件等，对于这种变性无关变量，应采取主动措施加以有效控制；恒性无关变量是指试验中对试验恒定地产生影响，产生影响的性质保持恒定，如学生的年龄、原有的知识经验、学习成绩、社会文化背景、教师的教学态度等，对于这种恒性无关变量，可将其作为调节变量引入试验研究中，探讨它是如何对自变量与因变量之间的关系产生影响的。

5. 中介变量

中介变量是一种由自变量引起并通过其来影响因变量的变量，是自变量对因变量发生影响的中介，是自变量对因变量产生影响的实质性、内在的原因，即自变量通过中介变量影响因变量，自变量通过中介变量对因变量产生作用。中介变量的意义在于揭示自变量对因变量影响的原因和作用机制，发掘总效应为何作用、如何作用。在教科书试验中，试验者系统操作自变量，利用中间变量，观察因变量的变化，自变量通过中介变量对因变量发生系统的影响，产生预期的效果，中介变量是客观存在的，在试验中扮演着重要的角色。许多研究发现作为自变量的试验教材，与作为因变量的学生学习之间存在关系，但很少研究能够解释其间存在关系的原因，通过引入中介变量可以揭示自变量与因变量之间产生关系的作用机制和内在原因。中介变量具有隐蔽性特征，发挥着中介作用，扮演着幕后推手的角色，正确地识别和分析中介变量非常重要，是科学解释教科书试验、深化教科书理论的重要环节。

总之，完整的教科书试验是由以上五种变量共同构成的，它们在教科书试验中相互影响，构成一定的关系。

（二）教科书试验的主要类型

根据教科书试验的本质和特点，可以从不同的方面或按照不同的标准，把教科书试验分成不同的类型，明确教科书试验的类型和水平，是顺利开展教科书试验的重要前提。

1. 单项试验与综合试验

按教科书试验涉及的因素数量，教科书试验可以分为单项试验与综合试验。单项试验是指自变量是教科书这一个因素的试验，仅对教科书这种单个因素进行操作，以观测其效果的试验。综合试验指对与教科书相关的多项因素进行综合性操作变革、以观测其综合效果的试验。一般围绕教科书的相关工作，从多角度、多方面同时开展研究，具有综合性、交叉性和系统性特征。这多个因素包括与教材相关的教学法、教学组织形式、教学评估、考试方式、管理体制、教育影响因素等。例如，对新教材及相应的新教学方式、教学组织形式等三个因素进行综合试验，对一门学科教学所涉及的多方面进行综合试验，像语文教学中识字、阅读、欣赏、作文等方面的综合试验。

2. 评价导向的教科书试验与研究导向的教科书试验

按教科书试验的目的划分，教科书试验可以分为评价导向的教科书试验与研究导向的教科书试验。评价导向的教科书试验是教材编制开发过程的重要步骤，由于教科书在学校课程中意义重大，新教科书在送审通过、正式使用之前，应开展试验和评价研究，以确定教科书在学校中的适用性和实用性。评价导向的教科书试验是从教科书编制活动本身分化发展而来，注重适应教材编制和教材改革的需要，直接为教材编制和教材改革服务，在自然的学校教育环境下进行，强调研究目的的应用性、过程的社会文化性、对象的整体性以及定性研究方法。比如，人民教育出版社在1990年开展的义务教育教材试验，就属于评价导向的教科书试验。研究导向的教科书试验遵循自然科学研究路线，强调严格控制试验条件、定量分析、解释因果关系，注重研究的规范性和结论的客观性，重在科学探究，发现新的教育教学规律，深化教科书理论研究。比如，心理学家奥苏泊尔、梅耶、罗斯科夫等人的教科书试验都属于研究导向的教科书试验。

3. 单变量教科书试验与多变量教科书试验

教科书试验一般是以教科书作为自变量的试验，从自变量的数量看，可分为单变量教科书试验与多变量教科书试验。单变量教科书试验是最简单的试验，只包含一种作为自变量的教科书，以及一个受其影响的因变量，如某学校某年级学生使用某种教科书，在课程、教学方式、教师水平等因素控制的情况下，进行某种教科书的试验，就是单变量教科书试验。多变量教科书试验是指一个试验中包含两种或两种以上作为自变量的教科书，比如两种教科书的比较试验，这种试验通常有两个自变量，一种是旧版教科书，一种是新版教科书；通过比较和分析试验结果，对不同版本教科书的质量进行合理评价。多变量教科书试验具有效率高、试验控制好的特征。有两个自变量的试验要比分别做两个只有单一自变量的试验效率要高，可以达到事半功倍的工作效果。不仅如此，做一个试验时增加了对照组，与分别做两个单变量试验相比，某些控制变量可以保持恒定和更易于控制。

二、单组教科书评价试验

教科书试验是对课程改革新理念的体现，任何课程改革和课程理念只有落实到教科书层面，才有可能在教育实践中真正落实。教科书试验是对新教科书文本质量进行评价的重要方式，其目的在于确定新教科书是否适合在我国各中小学使用，其关注焦点在于内容难度是否与中小学生学习水平相适应。教科书如果难度过大就会导致学生学习负担太重，不利于学生思维能力的发展，妨碍其学习动机和自信的培养。相反，如果教科书难度太低，则不利于学生学习潜能的激发，阻碍其学习主动性和积极性的养成。以往学者对教科书难度的静态定量分析远离了真实的教育实践，无法揭示出教科书的实际使用效果。教科书试验可以通过收集真实情境中学生的学习信息，判断学生使用的教科书难度和教科书在课堂教学中的适用性。单变量教科书试验就是以一组被试为试验研究对象，让其使用某种新教科书，然后对他们进行观察测验的试验。单变量教科书试验在试验准备、试验过程和试验结束这三个阶段主要应处理好如下三项：试验被试的确定、试验因变量测量工具的确定和试验因变量测量结果的解释。

（一）试验被试的确定

为了使教科书试验顺利进行，达到预期的结果，必须对试验做好充分的准备，准备阶段中的一项重要工作就是选择好适当的试验被试。单变量教科书试验是以一组学生被试作为研究对象，试验被试的选择就是要确定学生参与试验的数量和来源，需要回答两个问题：①该研究的样本数量有多大？②该样本中的学生被试是如何被选取的？这两个问题的答案直接关系到结论的正确性和可信度。通常教科书试验的目的是为了让教科书具有更大的适用范围。比如，人民教育出版社义务教育教材试验就是要增强教材的弹性，使之适应全国不同地区和不同学校水平学生的需要。[①] 在这种情况下，参与试验的学生人数应该是越多越好，但是选择全国所有学生作为试验对象是不可能也没有必要。因此，需要从全体学生中抽取部分学生作为试验对象。同时，如果抽取的样本不是从学生总体中随机抽取的，那么从该样本所作出的关于总体的推论就是不可靠的。教科书试验被试的选取应该满足如下两个条件。

1. 代表性

从使用教科书的全体学生中进行随机抽样，形成代表性样本，使抽取的试验对象能够作为全体学生的代表，以便通过对部分的研究，准确地推断出总体情况和总体规律。在实际试验过程中，简单随机抽样较少被使用，因为随机抽取某学校中一个或两个学生参与试验不易组织，会影响正常的教育秩序。而分层抽样则常用于教科书试验，即按照某种标准把全体学生划分为不同类型和层次，以班级或学校为单位，从各种类型和层次中随机抽取特定比例的学生参与试验。这些具体的抽样标准包括农村地区与城市地区、复式班与平行班、普通班与实验班、语言体系类型等不同层面。[②] 如果全国使用教科书的学生有 30% 来自农村，那么抽取的试验样本的 30% 必须是农村学生。

2. 数量恰当

代表性是要求样本的质与总体相似，样本数量则是从量上保证抽取对象的代表性。热切尔和罗日叶教授认为，针对不同的实验目的，可以分别采用不同范围的实验、选用不同数量的实验对象。当教科书的构思设计带有某些冒险因素时，比如它采用一个新型教育学视角，选用新的作者，试图开发一个新的市场，或者

---

① 吕达，张廷凯. 面向21世纪中小学课程教材改革的研究与实验[J]. 课程·教材·教法，1996（7）：3－9.

② 热切尔，罗日叶. 为了学习的教科书：编写、评估、使用[M]. 上海：华东师范大学出版社，2009：29.

它是一个重头系列丛书的第一本等，试验目的是为了保障新课程改革的顺利推进，了解新教科书实际使用的情况，我们可以优先考虑使用大范围的试验，试验至少覆盖 20 个班级；当试验目的是为了检查教科书是否符合某些条件，如内容难度是否与学生年龄相符、文本内容是否能被师生理解、活动是否与教学目标相符合、是否激发师生的兴趣等，我们可以采用小范围的试验，选取 4 个或 5 个班级的学生作为试验对象。① 一般来说，参与试验的学生数量越多，研究结果就越精确，针对试验控制差的或总体内个体间差异大的情况，增多样本数量有助于保证试验的精度。样本的数量大小不是取决于总体人数的多少，而是取决于结果期望达到的准确性和总体内样本类型的多样性。

第一，样本量的统计分析。运用统计分析的方法可以计算出教科书试验必要样本量或最优样本量，它是在满足抽样估计的允许误差要求所必需的最低限度的样本量。实际样本量是在必要样本量的基础上考虑抽样方式、无效回答等综合因素后加以调整的样本量。扬·米克提出的确定必要样本量的公式如下：

$$n_0 = \frac{t^2\sigma^2}{(\Delta x)^2}$$

式中 n_0 ——表示参与试验的学生数量；

t ——表示学生的系数；

σ ——表示结果的标准差；

Δx ——表示允许的测量误差②。

使用公式时，我们必须知道结果标准差的近似值，我们必须确定允许的测量误差。可以在初步试验中估计标准偏差的近似值，并且可以在统计表中找到学生系数。然后，计算试验中的参与者数量。最优样本量的方法得到的结果只是一种理论上的结果，其价值在于抽样设计阶段可作参考和指导。

设有效回答率为 r，根据有效回答率对样本容量进行调整，调整后的实际样本量为n_1。

---

① 热切尔，罗日叶．为了学习的教科书：编写、评估、使用[M]．上海：华东师范大学出版社，2009：28－29.

② MIKK J. Textbook：research and writing[M]. New York City：Peter Lang Publishing，Inc.，2000：21.

$$n_1 = \frac{n_0}{r}$$

第二，样本量的经验判断。随着抽样理论的发展及其在社会科学领域中的广泛应用，人们逐渐总结出一些针对不同规模或不同调查类型的样本容量范围，因其简便易行逐渐成为样本设计的重要参考。由表 6－1 可以看出，经验样本量都是以范围的形式给出的，其原因在于影响样本容量的因素是综合的，样本容量的确定必须建立在具体问题具体对待的基础上，要以研究者所要达到的各种研究目的以及费用、时间等其他实际要素出发。[①]

表 6－1　经验样本量的范围

调查范围	地区性调查	样本量为 500—1000
	全国性调查	样本量为 1500—3000
调查目的	描述性调查	抽样比≥10%
	相关性调查	总样本量≥30
	因果关系调查	每组样本量≥30
总体规模	100 人以下	抽样比为 50% 以上
	100—1000 人	抽样比为 20%—50%
	1001—5000 人	抽样比为 10%—30%
	5001—10000 人	抽样比 3%—15%
	10001—100000 人	抽样比 1%—5%
	100000 人以上	抽样比 1% 以下

（二）试验因变量测量工具的确定

试验因变量是反映试验效果的指标。在教科书实验中，学生对教科书内容的理解和掌握水平就是试验的因变量，即学生对教科书内容的理解和掌握水平可以反映新教科书在学校中使用适切性的试验效果。教科书试验的直接目的就是检验新教科书的使用效果，试验因变量是可以观察和测量的，教科书试验就是要对学生学习教科书的实际效果进行观测，这就需要依据试验主题确定专门化的观测方法和工具，这里要解决的关键问题是：依据教科书内容设计哪些测验题？依据教

① 袁建文，李科研．关于样本量计算方法的比较研究[J]．统计与决策，2013（1）：22－25.

科书内容编制的测验题目是否具有代表性?

1．测验的编制计划

教科书研究的测验内容应当全面，并具有代表性。从理论上看，测验题可以按照随机化的方法从与该教科书内容相关的所有题目中随机挑选，但在试验中我们很少使用这种方法，因为全面覆盖教材内容的测验题对于学生而言数量太多了。为了帮助研究者能够全面测查学生对教科书内容的认知和掌握水平，研究者可以根据布卢姆的教育目标分类学，编制双向细目表，见表6－2。

表6－2　教育目标分类认知领域的各个类别

目标层次	内容细目	问题举例
认知	对特定事实的回忆。在检查知识的试题中使用动词为：界定、确认、列出和命名	请列出教育目标分类学在认知领域内的6个主要类别
领会	对某件事情的意义和目的的了解。检查、领会的试题中使用动词为：变换、解释和总结	请解释当我们说一个测验不可靠时，它的含义是什么
应用	在新情境中使用资讯。应用性试题中使用动词为：计算、确定、解决	请计算下面一组分数的平均数和标准差
分析	将某种事物加以分解，用以显示出它的结构及各部分之间的关系。试题中应用的动词为：分析、区分和加以联系	请从行为上和内容上将这个教学单元加以分解
综合	将各种不同的要素或部分结合成一个有组织的整体。使用的典型动词为：涉及、计划和加以公式化	请为初级统计课的考试设计一个双向细目表
评价	根据推理作出判断。在评价性试题中使用的动词为：比较、批评和判断	请对下述将测验加以标准化的方法给予评价

双向细目表是一个二维的表格，其中一个维度是知识技能的内容范围，另一个维度是课程标准要求学生掌握教材内容应达到的目标层次或认知水平。一个双向细目表就是一个以表格方式呈现的整体性的编题计划。这种编制计划在编制测验中具有重要的作用。首先，它可以确定测验中应包括测验题目的数量、内容和难度，研究者可以对照双向细目表确定测验题目的实际分布情况，保证测验内容

具有代表性。其次，它有助于制订题目的计分方案，可以按照合计栏的百分比确定每道题目的分值。细目表中的数字代表每一类题目的数量或百分比，其数量或比重大小体现了各类题目的相对重要性，每一行或每一列的合计数字表明它们在整个测验中所占的比重。

表 6－3　一个假设的双向细目表

单位:%

目标层次（测验项目）	基本知识占比	理解原则占比	简单应用占比	分析关系占比	综合评价占比	创新见解占比	合计占比
模块一	4	6	2	2	0	0	14
模块二	4	6	8	6	4	0	28
模块三	2	4	10	10	8	2	36
模块四	0	2	4	6	6	4	22
合计占比	10	18	24	24	18	6	100

测验中最基本的单元是题目，项目由主题内容一致但水平不同的几个题目组成。在测验中，项目是根据某种理论对教科书中测验内容加以划分形成的，每一个项目都包含多种难度水平的题目。项目分类的依据很多，可以按照学科课程标准中所要求的学生学习教科书不同模块应达到的目标来分类，也可以按照教科书中不同符号形式所包含的信息量来分类。比如，教科书中 30% 的信息是由插图提供的，那么测验中应该有 30% 的内容与插图相关。设计完整的编制计划后，研究者可以在既定目标指引下编制测验，以达到良好的结果。

2. 测验项目的具体编制

（1）测验长度。测验长度是指测验中包含了多少题目。从理论上看，测验长度的确定与学生代表性样本的确定方式相同，也可以依据公式①来计算。测验长度越长，信度越高。这就意味着高信度的测验题应由数百条题目构成，如表 6－4 所示，如果某测验由 320 道题目组成，则其信度为 0.94。测验长度越长，测验分数受到猜测的影响也就越小。但在实际工作中，增加题目数量会带来繁重的工作量，导致受试者厌倦、疲劳、不合作等，从而影响测验的可靠性。因此，只有适度地增加题目，才能有效地改进信度。

表 6－4　测验长度与测验信度的关系

题目数量	5	10	20	40	80	160	320	640	∞
信度系数	0.20	0.33	0.50	0.67	0.80	0.89	0.94	0.97	1.00

（2）测验难度。测验题的难易程度会影响学生的测试结果，如果针对某本教科书设计的测验题比较难，学生的分数就会较低，如果测验题比较容易，学生的分数就会较高。在教科书试验中，测试结果是体现教科书文本难度的重要指标。由于测试结果在很大程度上取决于测验题的难度，所以只有当测验题的难度与教科书文本难度一致时，测试结果才能客观地反映教科书文本的难度水平。但是研究发现，许多研究的测验题的难度与教科书文本难度的相关性较低，比如查尔调查发现，测验题的复杂性大约有 60% 与教科书的复杂性无关，这使研究人员无法评估教科书的难度。思廷和克拉雷发现，80% 的受试者在没有阅读教科书的情况下也能够正确回答一些选择题，这便影响了用选择题测试教科书难度的准确性。格林发现，测验题难度与测验题的答案选项有关，她改变了一个测验题目的答案选项，结果受试者回答正确的百分比从 22% 变为 70% 。可见，认真编写评价教科书文本的测验题对于获取有效的难度指标是非常重要的。

第一，选择题的难度评估方法。在所测题型是选择题的情况下，由于允许猜测，实验受试者不知道正确答案时仍然可能选出正确的选项。答案选项越少，猜中的概率越大。比如，二选一的题目，猜中概率为 50% ；四个选项的题目，猜中概率为 25% 。这样，被试的测试结果可能会比他们实际的知识水平要高，这便影响了实际的实验结果。扬・米克提出了一个计算学生实际知识水平的校正公式：

$$A = \frac{R - \frac{W}{k - 1}}{n} \times 100\%$$

式中　A ——被试校正后测试成绩的百分比；

R ——正确答案的数量；

W ——错误答案的数量；

k ——备选答案的数量；

n ——测验问题的总数量。

这个公式通常用于校正选择题测验的分数。比如，美国 SAT1 的选择题由 5 个选项构成，其考试评分规则是要求从正确答案数中减去错误答案数再乘以四分之一。当一个选择题的答案选项只有两个时，则从正确答案的数量中直接减去不正确答案的数量。公式④有助于我们准确计算教科书实验测验题的实际结果。

第二，问答题的难度评估方法。扬 · 米克开展了一项试验用以了解问答题的哪些特征与难度有关。研究者从一本物理教科书中选取了四个部分，每个部分大约 500 字，并为每部分文本分别创建了 8 个版本的问题，304 个学生阅读了这些文本并回答了问题，每个学生只回答一个版本的问题，共有 320 个问题。研究者尝试为每个文本设计相同难度的测验题。然而，试验表明 10 个问题的测试版本难度是不同的。例如，受试者在一个测试版本中正确回答了 48% 的问题，却在针对同一文本的另一测试版本中正确回答了 67% 的问题。当然，这些数字差异在很大程度上受到测验题难度的影响。为了明确这种影响，研究者计算了问题特征与问题正确答案之间的相关系数，由相关系数的计算引发了问题难度的如下结论：①关于术语的问题比关于事实或概念的问题得到更好的回答；②文本中答案较长的问题，往往给予较短的正确答案；③与答案相关的概念数量越多时，越难产生正确的答案；④问题表述得越长，给出的正确答案越短；⑤对于材料识别型问题，正确答案的百分比为 71%，对于材料再现型问题，正确答案的百分比为 56%。

第三，填空题的难度评估方法。评估填空题的难度是评估教科书难度水平的有效方法之一。该方法的目的在于去掉测试文本中的词语后再由学生填写，正确完成的比率越高，就说明文本越容易被理解。填空题与问答题看似不同，实际上是相似的。为了提出问题，研究者经常在句子中删除一个词语或短语，用一个疑问词代替被删除的单词或词组，并根据疑问句的规则重新组合单词。在某些方面，填空题是一种比提问更好的测量文本难度的方法。为了设计问题，研究者可以用一个疑问词来代替文本中的任意一个词。因此，问题的难度取决于研究者出题的选择。与研究者的自由裁量权相反，在完形填空中，词语只有依据严格的规则才能加以删除。因此，完形填空测验的结果可以作为课文难度比较的准确指标。但是与问答题相比，填空题也具有一定缺点。在一个填空测试中，只能有一个单词或词组被删除形成空白，但在设计问答题时，一个短语甚至课文中两个或两个以上的句子都可以被空白和疑问词所替代，这对于正常的填空测验题来说是不可能的。由于填空题的这些缺点，在测量中，其有效性可能会低于问答题。

然而，填空题是用于测量文本可理解性的重要方法。许多研究人员得出结论，与可读性公式相比填空题可以提供更好的结果。伯尔穆斯发现填空题和问答题之间的相关性为0.73—0.95。拉波波特和他的同事认为，外语知识的整体指标和填空题的结果之间存在0.96的相关性。填空题的有效性指标相对较高，可以使用此方法测量文本难度。

（三）试验因变量测量结果的解释

教科书试验因变量的指标是用测验分数来体现的，也就是测验分数的高低能够反映教科书文本的难度水平。教科书太难或太易都不太好。那么这里就涉及两个重要问题：如何评定教科书的难度水平？如何确定教科书的最佳难度水平？对测量结果或测验分数的解释就具有重要的意义，以下从文本理解的最佳水平、文本掌握的最佳水平和填空测试的最佳水平这三个方面来分析。

1. 文本理解的最佳水平

文本理解水平可以通过向被试提问来测试。在文本理解水平测试中，被试有足够的时间来回答问题，并且可以一直使用文本来给出答案。文本理解水平测试在美国有一个广泛使用的标准。标准规定：当学生能够理解90%的文本内容时，该文本适合学生独立学习；当学生能够正确地回答75%的有关文本内容的问题时，他们应在教师的帮助下学习文本。这也就是说，当学生能够正确回答75%以上与教科书文本相关的测试问题时，这种教科书就适合用于课堂教学。这个标准同时得到了程序化学习传统的支持。许多学者认为，如果他们给出90%—95%的正确答案，该线性程序是适合学生的。线性程序中的问题是由学生借助文本来回答，因此可以将此标准视为文本理解的标准。阅读专家史密斯和迪恰思特确信，如果学生不能够理解超过15%的文本内容，这本书就太难了。显然，这也是文本可用于独立学习的最低理解水平。当学生对文本的理解为75%—90%时，可以在教师的监督指导下进行学习。

2. 文本掌握的最佳水平

在文本掌握水平测试中，受测者首先独立学习文本，然后将文本放在一边并回答问题。文本掌握水平测试比文本理解水平测试的难度更高，学校教育一般是以学生对学习材料的掌握为目的。许多学者对学习材料的掌握水平进行了规定。巴班斯基声称，当学生至少能够正确回答 70% 的问题时，说明学习材料得到了相当好的掌握。程序学习的专家在学生学完一章后对他们进行测试，当学生能够正确回答 70% 的考试题时，他们允许学生进入下一章的学习。阅读专家也同意这些标准，他们认为，获得 70% 的文本内容是令人满意的。在更低的理解水平上，学生对知识掌握不稳定，也浪费了时间。掌握学习的专家也研究了最佳掌握水平，他们相信掌握 80%—90% 是最合适的。克里斯托弗森研究了学习所需的时间，其结论是当学生的平均掌握水平为 80% 时，学生的学习是最经济有效的。其中，有能力的学生获取 100% 的内容，能力差的学生获取 60% 的内容。米克对七年级学生进行实验，发现在数学和历史学习中，平均最佳水平应该是掌握 70% 的材料。

3．填空测试的最佳水平

伯尔穆斯研究了填空测试的最佳标准。他在一项研究中发现，75% 的理解水平相当于填空测试中 44% 的正确率，90% 的理解水平相当于针对同一文本的填空测试中 57% 的正确率。在另一项详细的实验研究中，他发现了以下最佳标准：当学生学习意愿最高时，填空测试的答案正确率为 50%；难度等级最高时，填空测试正确率为 55%；风格偏好等级和主题内容偏好等级最佳时，填空测试正确率为 70%；阅读率最高时，填空测试正确率为 72%；信息获取率最大时，填空测试正确率为 80%。伯尔穆斯还详细阐述了 3—12 年级填空测试的最优价值。例如，他发现 3 年级学生教科书的填空正确率为 54%，自主阅读正确率为 62%；12 年级学生学习教科书的填空正确率为 48%，自主阅读正确率为 36%。

（四）改进教科书难度的试验案例

如果发现教科书对于学生太难了怎么办？有两种改编教材的方法：一是以更易读的方式重编文本；二是减少学习材料的数量。下面用两个案例来说明最佳学习材料量的计算方式，其思想基础是必须将学习材料的数量减少到几乎所有学生都能获得良好成绩的程度。

【案例一】1974 年开展的爱沙尼亚九年级地理教科书试验，学生地理成绩测试的结果被作为地理教科书的难度指标。该测试是由 854 名使用地理教科书的九年级学生参与，测试总分为 20 分（见表 6－5）。

表 6－5　地理测验成绩

测试分数	被试人数/人	被试人数比例/%	被试累计比例/%
1	1	—	—
2	3	—	—
3	8	1	100
4	6	1	99
5	22	3	98
6	24	3	95
7	31	4	92
8	44	5	88
9	59	7	83
10	73	9	76
11	80	9	67
12	67	8	58
13	103	12	50
14	80	9	38
15	67	8	29
16	59	7	21
17	53	6	14
18	30	3	8
19	29	3	5
20	15	2	2

结果显示，95%的学生对该教科书的掌握可以达到 6 分。这意味着学生被给予了 6 分作为其令人满意的成绩，根据成绩计划，假定取得令人满意的分数的学生至少已学习了一半材料，因此 6 分应该代表学生掌握了适当的学习材料的一半知识。在这次测试中，学生掌握全部的适当材料就会得到 12 分。换句话说，从这个测试的结果来看，地理课程和教科书所要求的努力程度将减少：［（20－12）/20］×100%＝40%。

正如我们从案例一中看到的，代表性测试的结果可以很容易地用于计算适合于代表性学生群体的学习材料数量。如果使用测试结果的频数分布模型，尤其是较小值端，则可以使计算更精确。

【案例二】在1978—1979学年八年级解剖学教科书试验测试中，八年级的学生平均得分为26.1分。成绩的标准差为8.1分，测试的满分为42分。结果如图6-1所示。依据在学生代表性样本中开展的教科书价值测验的结果，计算学习材料的最优数量。

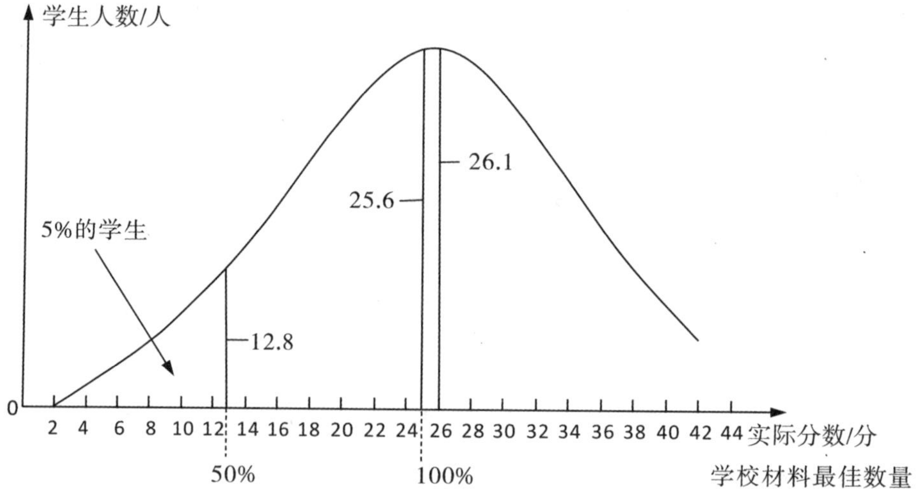

图6-1

在计算中，左边较小值端5%的学生获得的分数是不令人满意的。学生成绩呈正态分布，根据正态分布的特征，5%的学生成绩结果总是低于平均成绩减去1.64倍的标准差。在案例中，5%的学生成绩低于：26.1 - 1.64 × 8.1 = 12.8（分）。12.8就是不满意的成绩和令人满意的成绩之间的边界线。换言之，12.8表示学习材料最佳量的一半。最佳量应该25.6分（2 × 12.8）。因此，解剖学教科书中的学习材料量应该减少到其原始数量的61%，即(25.5/42) ×100% =61%。

上述计算可以用如下的通用公式表示：

$$OA = \frac{2(\bar{X} - 1.64\sigma)}{X_{\max}} \times 100\%$$

式中 OA ——表示研究材料的最佳数量，以实际数量的百分比表示；

$\bar{X}$ ——教科书有效测试中，学生代表性样本的平均结果；

σ ——结果的标准差；

X_{max} ——测试中可能的最大结果。

根据学生的学习结果来计算学习材料最佳数量的想法是合理的，教师在日常工作中也可以运用这个想法，即如果学生未能按时掌握学习材料，就减少学习材料的数量，如果学生高水平地掌握了学习材料，就加快学习进度。教科书编者不能依靠个别学生的成绩来判断，必须使用代表性学生样本的结果。

三、双组教科书比较试验

双组教科书比较试验旨在验证一个假设，即新教科书比旧教科书更好。

（一）试验的无关变量及其控制

两种教科书的比较试验建立在教科书有效性的指标上，但这些指标值受学生、教师和测验题等多种无关变量的影响。如果有很多影响学习效率的因素，我们应如何确定哪些是由教科书引起的结果？哪些是由上述无关变量引起的结果？研究者可以采用均衡法，在试验中使无关变量均衡地作用于试验组和控制组，从而把无关变量在两组中的有利影响和不利影响抵消，使试验效果突显出来。如果试验组和控制组的外部条件相同，那么试验结果的差异便可以归因于不同教科书的质量。

1．学生

在教科书试验中，被试学生的多方面情况（如社会经济地位、能力、动机、先验知识、勤奋、健康等）都会对试验结果产生影响。有多种方法可以控制和消除这种无关变量带来的影响。

第一，随机分组法。在教科书试验开始，可以根据概率原则随机地从试验对象中选择或分配每组实验对象，分成两个等组，并保证每组试验对象都能代表学生总体。这是教科书比较试验中均衡无关变量最准确的方法。

第二，学生恒定法。在教科书试验过程中，保证参与试验的学生不变，即同样的学生分别使用两本不同的教科书。如果教科书的内容差异很大，这种方法是可行的，但人们通常会比较两本内容相似的教科书，因此很少使用这种方法。

第三，匹配分组法。研究人员按照一定的标准对参与试验的学生进行测试，测查学生的先前知识、能力和其他特征，考查学生学习教科书的效果，然后将情况基本相同的学生分别分配到两个不同的被试组中。这样各组的每个被试学生在另外一组中都有与其对应相等的受试，所以所分各受试组是相等的。匹配分组法是根据受试多方面的情况对等来进行分组的，所以能够保持使用不同教科书的两个受试组在知识、能力、水平等方面大致相等。这是一种相等程度高、控制严密的分组方法。

第四，交叉组（拉丁方）设计。用交叉组（拉丁方）的形式进行试验，甲组先用 A 教科书，后用 B 教科书；乙组先用 B 教科书，后用 A 教科书。每一组都会使用两种教科书，但是每组使用这两种教科书的顺序不同。

2．教师

试验教师对试验结果的影响可能来自其个体的专业能力、教学态度、勤奋等方面。与学生相比，他们的影响更难控制。理论上说，控制教师无关影响的方法与消除学生无关影响的方法相似，但在实践中这些方法很难实施。例如，为试验挑选出具有代表研究总体的两个教师样本组几乎是不可能的。虽然教师的专业能力、态度等也是可测量的，两组教师也是可以相互匹配的，但没有先例。交叉组设计的试验中，由同一个教师依次教授两个组，是控制教师影响最简单的方法。

3．教科书

两种教科书各不相同，它们在内容、可理解性、插图、学习方法等方面具有不同的特征，教科书可能在许多方面存在差异，但是教科书中只有一个或多个特征构成了试验自变量，那么哪种特征在决定学生学习效果上具有关键性作用呢？为了准确地回答这个问题，教科书比较试验应将两种教科书中没有被研究的特征保持均衡，或通过协方差分析的方法来控制其他无关变量的影响。

4．测试

在教科书试验中向学生提供的测验题应具有代表性，能够体现教科书的主要内容。如果两本教科书具有相同的学习目标，那么针对这两种教科书的测试应该是相同的。

（二）双组教科书比较试验的设计

双组教科书比较试验可以采用交叉组试验模式，也称为双因素轮组试验模式。该试验模式要求有两个试验组，这两个试验组可以由随机取样、等组分配确定，也可以是不随机取样、不等组分配确定，整个试验分两个阶段进行，见表 6－6。

表 6－6　交叉组试验概要

过程	学生组 A	后测	学生组 B	后测
试验第一阶段	教科书Ⅰ	Y_1	教科书Ⅱ	Y_2
试验第二阶段	教科书Ⅱ	Y_3	教科书Ⅰ	Y_4

在试验的第一阶段，学生组 A 使用教科书Ⅰ，学生组 B 使用教科书Ⅱ，然后对两个组都进行一次测验；在试验的第二阶段，学生组 A 使用教科书Ⅱ，学生组 B 使用教科书Ⅰ，然后对两个组都进行第二次测验。“教科书Ⅰ”的效果为“Y_1+Y_4”，“教科书Ⅱ”的效果为“Y_2+Y_3”。在整个试验中，所有学生都使用了教科书Ⅰ，同样的学生也使用了教科书Ⅱ。因此，影响学习效率的学生因素和教师因素在两种教科书使用中保持了均等，同时控制了试验处理顺序先后产生的误差，学习成果的差异是由教科书的差异造成的。

教师可能使用新教科书时比旧教科书更有热情。为了消除这种影响，有时可以在同一间课室内进行交叉组试验。一半的学生使用新教科书，另一半学生使用旧教科书。教师对所有学生做的解释都是一样的。在试验的第二阶段，学生交换彼此的教科书。

交叉组试验是在研究教科书有效性问题时均衡教师和学生影响的一个好方法。即使试验参与者不能严格代表总体样本，该方法也能保证可靠的结果，尤其是当试验旨在探讨学生获取知识的状况时，交叉组试验是非常适用的。但是，交叉组试验有一个缺点，即学生在试验第一阶段从第一本教科书中获得了一项学习技巧，该学习技巧会提高学生在试验第二阶段使用第二本教科书的学习效果。由于试验设计的缘故，第一本教科书的某些积极影响被错误地归因于第二本教科书。故交叉组试验模式不易进行准确的归因分析，如果要探讨试验第二阶段中影响学习效果的学习技巧、动机或其他影响，不应采用该试验模式。

（三）双组教科书比较试验案例

扬·米克开展双组教科书比较试验的目的是评估爱沙尼亚教科书依据可理解写作建议修订的效果，对七年级（14 岁学生）的物理教科书和八年级的解剖学进行调查，根据可理解写作建议，对教科书的两章内容（约 80 页）进行重写，教科书修订过的部分印刷成小册子。实验对象为 2167 名学生，分成两组，在试验第一阶段结束后，测试学习效果，两组学生交换教科书。学生的先验知识、文本理解、知识掌握、信息获取和知识持久性等指标被用来表示学习效率。第二阶段试验结束后再次进行测试。试验的总结果见表6－7。

表6－7　可理解性写作建议的有效性

有效性指标	指标层次/%		有效性百分比/%*
	传统教科书	修订教科书	
理解水平	64.6	73.1	13
掌握水平	55.5	63.0	13
信息获取**	40.4	45.9	14
知识保持***	47.6	40.0	6

*该百分比的计算完全考虑了使用传统教科书的小组的成绩。

**信息获取等于文本的掌握水平减去先验知识。

***知识保持的计算完全考虑到文本的掌握水平。

由表6－7可知，使用修订版教科书时，学生学习效率的指标都有所提高，遵循可理解性写作建议有助于提高学生约13%的学习效率。所有效果都具有统计学意义。

在学校中教科书使用的有效性问题是非常重要的，在学校开展教科书试验可以有效地获取相关结果。试验中教科书有效性测量是多方面的，有内容测试、教师和学生的问卷调查、学生作业的调查等。收集准确和全面的数据，有助于研究人员解决不同的问题，有时可以成为其意外发现的基础。由于教科书试验法可以使教科书不同的分析方法切实有效，专家也依赖于现场测试的结果来形成其对教科书的观点，因此，教科书试验法显得非常重要，教科书研究领域应特别关注教科书质量评价的试验法。

试验方法是教科书研究中最复杂、最昂贵的方法。研究人员必须考虑学生小组的代表性、试验组条件的均等性、试验设计和测量的有效性。理想的条件很难实现，一般来说，与理想偏差越大，研究结果越是缺乏价值。因此，试验设计需要兼顾理想和现实。

第三节 教科书设计性试验

一、教科书研究与设计的断裂

当前，加快构建具有中国特色、世界一流水平的教科书体系，加强教科书的科学研究和开发创新，提高教科书编写的质量水平，具有重要的意义。反思当前教科书领域，依旧存在着教科书研究与教科书编写相互脱离的问题，缺乏一种集“科学研究”与“开发设计”为一体的有效模式，具体体现为“缺少研究的教科书设计”与“缺少设计的教科书研究”。

（一）缺少研究的教科书设计

虽然当前教科书研究备受关注，研究论文、学术专著和思想观点等不断涌现，但是教科书编写者在设计开发教科书时大多不依赖教科书研究，政府部门在制定教科书政策时也很少求助教科书研究，教师也没有把教科书研究作为一种改进教学以及学习环境的重要工具。引起这些现状的原因是教科书研究的科学化和专业化水平不足，此领域知识积累进步的速度较慢，故导致决策者、公众及其他专业团体对其认同较低。在工程、医学等科学知识积累多、学科基础成熟的领域，研究往往为该领域的政策制定提供重要依据，政府部门制定的政策方案如果与已有研究结论相违背，则其出台的概率非常小。而教科书研究科学化和专业化水平不高，取得的成果没有明显地优于经验或常识，也没有让公众感觉到研究的优势和价值。但这不是说教科书研究不重要，而是恰恰说明我们应该进一步加强教科书的科学研究和实证分析，使教科书事业建立在科学的基础之上。

当前教科书研究缺乏实证基础和证据支持，以人文、历史、哲学等非实证研究的方法为主体，研究者只是引用那些与自己观点一致的文献，用观点来论证观点，研究结论没有经过一系列定性和定量数据的检验，无法为我国的教材事业提供有用的依据，对教科书编写和政策制定的影响甚微。不仅如此，研究者从不同的角度和各自的背景出发研究某个问题，至今没有在教科书如何促进学生学习等重要概念和命题上达成共识。由于对一些基本概念缺乏共同理解和一致界定，导致大家只能在自己的领域讨论，无法在同一个平台上开展学术对话，这就阻碍了教科书领域知识的积累和进步。比如，在 1968 年，奥苏泊尔提出了“先行组织者”的概念，此后有数百篇相关论文发表，这些论文都开展了严格的试验研究，来了解某种特定先行组织者的效果。然而，这些文献中，我们不能从根本上获得一个与之相关的全面结论。这是因为“先行组织者”的概念是说明性和描述性的，缺乏具体的解释。研究者们只是根据自己的理解，构造了自己的先行组织者。研究缺乏可靠性和普遍性，并没有推动“先行组织者”的研究。①

在新时代、新形势下，教科书编写者、设计者和管理者比以往任何时候都需要获取可靠的与指导教科书设计和未来规划有关的信息，依据可靠科学的证据来制定教科书政策和开发高质量教科书。因此，有必要改进教科书研究方法，加强教科书的科学研究和实证研究，为教科书编写设计和政策制定工作提供可靠的支持，推动以证据和研究为基础的教科书设计、开发和政策决策发展。

（二）缺少设计的教科书研究

在我国教材事业迅速发展的背景下，教材建设领域中存在一系列的重要问题，而当前的教科书研究遵从学术思维的定式和学科建设的路线，远离了教科书建设领域亟待解决和尚未解决的现实问题。大学和研究所的学者们开展纯粹的教科书研究，他们习惯于从学科体系的理论观点和概念范畴出发，一味追求理论的普适性和体系化，但未能阐明理论应用的有效背景和成功实施理论的具体步骤，致使其研究无法直接有效地指导教科书的设计和编写。在诸多的教科书研究中，学者们通过运用内容分析、调查研究等方法描述解释，而非有效解决教科书建设领域实际存在的问题。这种教科书研究诚然能提供丰富的知识信息和一般性建议，能够增进人们对教科书问题的理解，但不能直接应用于解决教科书建设领域的实际问题。即使有些研究针对实际问题提出了编写建议和改进策略，但由于缺乏证据支持，没有建立在大规模研究的基础上，无法证明其在真实情境中应用的可行性。因此，这些研究结论是不可复制和难以推广的，也无法被教科书编写者

---

① BURKHARDT H，SCHOENFELD A H. Improving educational research：toward a more useful，more influential，and better－funded enterprise[J]. Educational Researcher，2003（9）：3－14.

和政策制定者直接采纳。从这个意义上看，当前的教科书研究只能用不同的方式“解释世界”，不能“改变世界”。

当前的学术体制和机构设置进一步造成了教科书领域中研究与编写、使用的脱节。教科书研究与教科书编写、使用工作分别由不同职业领域中持有不同目标的人负责承担。大学和相关研究所的学者们开展纯粹的书斋式教科书研究，由于理论性强、实践性少的研究领域在大学中往往具有更大的声望，因此他们往往从构建学科知识体系的角度出发，一味追求理论的客观性和抽象化，远离了现实问题。出版社及教材专业机构负责组建队伍，开展教科书编写工作，他们从产品设计和开发的角度出发，致力编辑出版中小学教材、教参及电子出版物，却存在着注重经验、忽视研究的问题。中小学教师承担着实际的教学工作和教材使用的任务，他们关注实际课堂情境中师生互动及教学效果。虽然教科书建设队伍是由教科书编写者、优秀中小学教师和学科专家（或学科教科书专家）共同组成，但他们难以形成一个真正的“合作共同体”，教材研究、编辑加工与实际教学之间也难以顺畅地连接起来。

教科书是广泛应用于复杂教育情境的教学工具，教科书建设是一项艰巨复杂的系统工程和综合工程。教科书研究不应在研究者的书斋中完成，而需要在复杂情境中对教科书开发和使用工作开展系统研究。因此，我们需要构建以复杂情境为基础的教科书研究范式，需要探索一种能够解决实际问题和开发有用知识的新型教科书研究方法，把研究与设计、理论与实践以及研究、编写、使用者之间真正地连接起来。

二、教科书设计性试验的特征与过程

（一）教科书设计性试验的主要特征

1992 年，安·布朗和艾伦·柯林斯首次提出了“设计性试验”这一概念。安·布朗试图突破和改造传统的试验研究方法，并在保留其优势的同时引入更多社会文化理念；从教育研究的角度出发，建立了设计性试验的理论框架，开创了教育与学习研究的新取向。艾伦·柯林斯主张以设计性试验作为方法论基础来构建一门教育的设计科学，他借鉴工程学中的设计思想，认为教育研究不能发展成为一门类似于物理学或心理学的分析科学，而应发展成为一门类似于航空工程和人工智能一样的设计科学，并提出“一门教育的设计科学必须阐明对学习环境的各种不同的设计是如何影响学习、合作和动机的”。在21世纪，设计性试验得到国内外学者的普遍关注。美国国家研究理事会认为，设计性试验是因果机制的分析方法，它起源于若干机制性的理论猜测，然后通过对反映了最初猜测的教育工具（如课程、教学方法、计算机应用软件）的设计、实施和系统研究进行检验，其实验过程是“理论驱使的设计过程”和“数据驱动的细化过程”。[①] 萨莎·巴拉布认为，设计性试验是“对一个简单的学习环境进行细致深入的研究。这种深入的研究通常发生在真实的情境中，要经过多次的迭代实践，以发展新理论、产品和可以在其他学校或者班级推广的实践”。[②] 科布等人认为，设计性试验最大的特点是，承担了“设计”特定学习方式和在境脉中系统地研究这些学习方式的两大任务。国内学者焦建利认为，设计性试验是“在真实情境中，以研究者与实践者的协作为基础，将科学的方法与技术的方法有机结合，通过反复循环的分析、设计、开发和实施，开发技术产品，在改进教育实践的同时，修正和发展新的教育理论的一种研究方法论”[③]。关于设计性试验的界定，没有统一定论，但是研究从不同的角度揭示了设计性试验旨在系统地调整和设计学习环境，研究真实环境中的学习过程，促进研究与设计的统整，推动教育理论与实践的创新，肩负解释世界和改造世界的双重任务。

作为一种新兴的研究范式，设计性试验在国际上受到越来越多的关注，它不仅是学习科学的研究焦点，推动学习科学研究方法论的创新，而且是教育心理、教育技术和课程开发等领域的研究热点，成为在真实教育情境中开展试验研究和设计工作的新方法。彼得·高特希指出，在数字化和国际化的背景下社会科学和人文科学的教科书正在经历着变革，设计性试验看上去是一种很有前景的方法。[④]

教科书设计性试验是一种探究学习的方法论，是把教学干预或革新应用于教育实践，根据实际反馈不断改进教学干预，形成科学有效的教材设计，在此基础

---

① 沙沃森，汤．教育的科学研究[M]．北京：教育科学出版社，2006：112－113.

② 索耶．剑桥学习科学手册[M]．北京：教育科学出版社，2010：153.

③ 焦建利．基于设计的研究：教育技术学研究的新取向[J]．现代教育技术，2008(5)：5－11.

④ FUCHS E, BOCK A. The palgrave handbook of textbook studies[M]. Basingstroke: Palgrave Macmillan, 2018: 135.

上产生的理论支持持续不断地改革教材，促进教材研究和设计的同步发展。设计性试验的核心是教学干预的设计、实施、评价和改进。教学干预是指为了优化教学活动而设计开发的环境、课程、媒体、模式等人造物系统，它包括实体层面（纸质教科书、电子教科书、软件工具）和方法层面（教学方法、教学模式）等不同形式。设计性试验引入教科书研究旨在把真实世界中教科书使用状况作为研究对象，研究如何通过教科书设计来促进学生学习。设计性试验有助于把教科书研究转换成一门设计科学，成为一个研究真实情境中教科书使用状况的跨学科领域。具体而言，设计性试验具有如下三个特点。

1．研究场域：基于真实情境的试验

教科书试验是教科书编制过程的重要环节，也是评价教科书质量的有效方法。传统实验室研究强调控制无关变量或创设适当条件，对复杂的现实世界进行简化和纯化，利用统计测量的方法分析实验结果，揭示教科书使用与实际教学效果之间的因果关系。但事实上，这种“去情境化”的研究成果无法直接应用于现实的学习情境中，也无助于教科书质量的改进，由其产生的科学知识也不能准确地解释自然情境的学习活动，其结果往往被批判为“无用的知识”，其科学性和可信度日益受到挑战和质疑。威斯勒发现，各种实验室测量的身体和心理特点与大学期间的成绩相关度很小，几乎没有任何实用性的预测效力。① 萨沙·巴拉布也认为，实验心理学的“因素假设”在学习环境中是没有作用的。② 因此，传统的实验室研究不利于解决实际的教科书问题，我们迫切需要探索新的研究方法和模式。

设计性试验突破了实验室的禁锢，把教室当作实验室，转向真实情境下的探索和实践。教科书设计性试验通过设计、开发课程教材和技术工具，系统地评估和改进教材开发使用的有效性。基于真实情境的教科书设计性试验不需要控制过多的变量，通过为特定的场合系统设计课程教材来改进教学效果，具有主体多元化、问题针对性和理论情境化的特征。设计性试验的优势主要有以下三个方面。第一，教科书设计性试验的参与者是多元化的。教科书设计性试验往往把真实课

① 沙沃森，汤．教育的科学研究[M]．北京：教育科学出版社，2006：34.

② 索耶．剑桥学习科学手册[M]．北京：教育科学出版社，2010：155－156.

堂这种教学工作场域变成一个教科书研究共同体，其研究主体是由研究者、实践者和管理者共同构成。研究者基于现有理论指导开展教科书试验，并在试验基础上发展新的教科书理论，确保试验的理论性；实践者主动接受教科书试验干预，并在真实情境中发现问题、检验效果和反思改进，确保试验的实效性；管理者对教科书设计干预的效果进行评估，给予政策和资金的支持，确保试验的可行性。第二，教科书设计性试验始于对实践问题的分析。教科书设计性试验要求把教科书研究与课堂生活关联起来，指向真实复杂的教育情境；设计性试验首要解决的是教师、学生及相关人员在使用教科书时遇到的真实问题，这个问题的解决将会对教科书研究与编写设计带来深远的影响。第三，教科书设计性试验旨在建构情境化理论。教科书设计性试验需要把干预试验与现有理论联系起来，运用这个理论框架来选择、开发和确定试验方案，并对其实践效果进行持续的评估和测试；通过干预和反思发展出复杂情境中师生如何理解和学习教科书的理论模型。恰如巴拉布所说，我们的目标不是把自然情境从全部的复杂变量中提出来进行“杀菌消毒”，使提出的理论更加有效和可信；相反，挑战在于发展具有灵活适应性的理论，这种理论即使是到了新的地方也能派上用场。①

2. 研究方法：量的研究与质的研究相结合

教科书设计性试验倡导混合研究方法论，主张把量的研究与质的研究结合起来。作为一种科学的试验研究，教科书设计性试验要应用量的研究方法与技术来进行试验设计和数据处理，在获得知识性结论时必须遵循所有其他科学试验工作所遵循的原则；作为一种情境化的试验研究，教科书设计性试验还要很好地运用民族志研究、互动分析等质的研究方法对试验过程进行描述和记录，必须从社会文化的视角记录教学干预内部机制和发展轨迹，记录学生随时间的推移而变化的愿望、信仰、目标等。

教科书设计性试验旨在理解和改善教学干预，在设计研究中运用多种研究方法，通过全面准确地收集客观科学的试验数据，深入细致地刻画生动具体的教育情境，不仅可以打开“教科书使用”的认知黑箱，关注在自然情境下“师生在

① BARAB S，SQUIRE K. Design - based research：putting a stake in the ground[J]. Journal of the Learning Science，2004（1）：1 - 14.

使用教材时其认知发生了什么变化”“教科书设计如何起作用”，在此基础上提出基于证据的真正“实用”的教科书设计理论和开发机制，而且可以开发出高质量、真正适合于学生学习的教科书产品。同时，混合评价方法为研究成果的评价提供了可靠和有效的支持。一项成功的设计性试验需要1—3年，甚至更长的时间，基于对“过程”的关注，好的教科书设计性试验不是简单地呈现研究结果，而是强调“方法论使用的精确性和理由说明的充分性”，只有对研究过程和研究结果进行详细的观察描述、反思评价，其研究才具有较好的研究价值，其成果才能被其他人充分利用。[①]

3. 研究目的：理论研究与应用研究相结合

美国学者司托克斯利用平面直角坐标系构建了科学研究的象限模型，横坐标轴根据研究性质是否具有应用性划分为左右两个单元，竖坐标轴根据研究动机是否追求基本认识划分为上下两个单元，由此获得了科学研究的四种象限或类型。左上角的象限是“基础研究”，它仅受认知需求的引导，不受实际应用的引导，被称为“玻尔象限”；右下角的象限是“应用研究”，它没有寻求对某一科学领域现象的全面认识，被称为“爱迪生象限”；右上角的象限是“应用引起的基础研究”，它既寻求扩展认识的界限，又受到应用目的影响，被视为“巴斯德象限”；左下角的象限既不是认识目的激发的研究，也不是应用目的激发的研究，而是涉及系统探索特殊现象的研究，被称为“皮特森象限”（见图6-2）。[②] 用这个象限模型分析教科书研究，不难发现，以往“缺少设计的教科书研究”是属于“玻尔象限”中的基础研究，研究者以学科建设为本位开展教科书研究，致力于构建抽象客观的学科知识体系，远离了学校教科书开发使用的实际情境；“缺少研究的教科书设计”是属于“皮特森象限”中的经验总结，教科书编辑、教师和管理者凭借主观经验编写、使用教科书，制定教科书政策，很少去寻求教科书研究的有效支持。这导致教科书领域中存在着研究与设计、理论与实践相割裂的问题，也使教科书研究缺乏可信度和有用性。

---

① 索耶．剑桥学习科学手册[M]．北京：教育科学出版社，2010：154．

② 司托克斯．基础科学与技术创新：巴斯德象限[M]．北京：科学出版社，1999：62-64．

研究的起因		应用考虑：否	应用考虑：是
追求基本知识	是	基础研究（玻尔象限）	应用引起的基础研究（巴斯德象限
追求基本知识	否	涉及系统探索特殊现象的研究（皮特森象限）	应用研究（爱迪生象限）

图 6－2　司托克斯的象限模型

设计性试验立足于“巴斯德象限”，是“应用引起的基础研究”，具有理论与实践的双重目的。作为一种研究设计，它既适用于开发基于研究的解决教育实践中复杂问题的方案，也适合于开发或验证有关学习过程、学习环境等的理论。为此，教科书设计性试验融合了理论研究与应用研究，不仅致力于解决现实问题，还着眼于发展基础理论，实现了科学研究在改进实践和发展理论上的双重目的。一方面，教科书设计性试验要求教科书研究者面向真实情境中教科书开发编写活动的问题，开展以解决实际教科书开发问题为目的的研究，理解真实情境中能够影响教科书使用效果的因素，并以教科书研发产品和成果在真实教育情境中应用的效果作为检验其研究质量的重要标准；另一方面，教科书设计性试验有利于行动者充分利用新的研究成果和研发工具，使其教科书在开发使用过程中建立在持续发展的研究基础上，促进教科书领域实践层面的革新。不仅如此，教科书设计性试验可以为管理者提供更多基于证据的政策建议，帮助他们在不断积累的研究基础上制定合理的教科书政策，推进决策的科学化和规范化。总之，教科书研究只有定位于巴斯德象限，开展设计性试验，才能构建一种理论研究与实践应用互惠共生的有效开发模式。

（二）教科书设计性试验的一般过程

1. 与实践者合作，寻找设计问题

设计性试验是在真实教育情境中实施，并在实际教育情境中与实践者开展密切合作的。在试验开始，研究者需要与教师、教科书编写者、课程管理者展开合作，保证所有参与者都投入设计性试验项目中。在真实情境中寻找行动者在设计、使用教科书时所面临的实践问题，即真实自然的教育环境中存在的问题，是值得研究的有意义的问题，是有助于理论与实践同步发展的问题。为此，研究者需要深入真实教育情境，通过观察、访谈和问卷等方式，与教科书编写者、教师、学生、家长、管理者等不同主体深度互动，对教科书设计、使用的问题和背景进行初步调查，把握真实环境中的实践需求，发现有意义的设计问题。由于设计性试验需要参与者长期的努力探索，因此设计问题应当是一个大的目标或总的问题，问题的表述可以采用一个总问题包含不同子问题的形式，子问题之间具有严密的逻辑关系。

2. 坚持理论导向，明确研究问题

与一般的设计活动不同，设计性试验是有研究驱动的，它必须基于先前的研究，扎根于已有的理论，整个试验过程是以相关的教学与学习的理论为指导。教科书设计性试验要系统地应用最先进的知识来阐明教科书设计和使用的理论基础，阐明不同教科书设计影响学生学习、合作和动机的内部机制。具体来说，研究者要深入开展批判性文献阅读和资料分析，在已有相关理论的基础上，结合实际的教育需求提出研究问题，做好文献综述，阐明研究的理论目标与实践目标。

理论基础是设计性试验开展的前提与基础，也是指导试验设计与实施的视角与准则。设计性试验从设计—实施—设计的整个过程需要有一套稳定的理论框架来支撑。有效的理论可以指导研究者明确研究问题并开展有序研究，指导试验干预的设计与实施，确定采集与分析数据的方法，最终生成干预设计的原则和理论。理论在设计性试验过程中贯穿始终，既是设计性试验的基础，又是设计性试验的结果。设计性试验研究建立在坚实的理论基础之上，同时其目的也是致力于创建一套关于学习过程和被设计用来支持此学习过程的教材工具的理论，推进理论的持续性发展。由于设计性试验研究的问题是教科书在特定课堂情境中使用的问题，因此它产生的理论也是引发实践效果和应用价值的理论，这种理论被称为“小理论”“本土理论”，判断其是否有效的标准不是看它们是否符合客观真实，而是看它们在实践中是否有效可行。这种理论将客观性与主观性、抽象性与具体性、理想性与现实性融为一体，强调理论范围的中间阶段，这个中间阶段使理论面向试验中特殊的情况，并可以很快做出反应。[①]

3. 注重研究过程，设计教育干预

教科书设计性试验是基于研究者、实践者和管理者的共同合作，针对前期确

① 索耶. 剑桥学习科学手册[M]. 北京：教育科学出版社，2010：145.

定的研究问题，在理论框架的指导下设计高水平教育干预措施，进而改进实际情境中的教育问题，这是设计性试验的核心环节。设计性试验是一种缺陷分析与完善的过程，理想的状况是把教育干预应用于实际教育情境中，在收集和分析证据的基础上发现问题，对干预措施进行再设计，并对设计原则和理论进行提炼，进一步缩小设计研究与现实需求之间的差距。

在教科书设计性试验中，教育干预的形式不仅包括开发与设计全新的工具或模式，也包括改革与调整现有的工具或模式；教育干预的内容不仅包括教科书的设计与改进，而且包括课程和学习环境、教学技术产品、教学模式、教学策略的设计与改进。[①] 普洛普和尼文提出，高品质的干预具有相关性、一致性、实用性、有效性这四个标准。①相关性，高品质的干预具有较高的内容效度，必须从实际的研究情境和现实需要出发，由最有代表性、最先进的知识组成；②一致性，高品质的干预必须具有较高的结构效度，干预的设计具有逻辑性、层次性；③实用性，高品质的干预适用于现实情境，在现实情境中能够发挥效用；④有效性，高品质的干预在现实情境中可以产生有效干预，实现其预期目标。

4．立足真实情境，实施教育干预

教科书设计性试验实施教育干预的过程就是把教育干预置于真实的教育情境中进行实践检验，这是一个“逐步细化”的过程，需要在形成性发现中不断地决策。由于最初的教育干预不可能把所有的细节都设计出来，完全适合教育实践的需求，因此在实施过程中参与者需要经常决策每一阶段的做法，需要对教育干预进行不断的修订和调整，在此基础上开发出更加准确的教育干预。实施教育干预便成为多次“设计—检验—修改”的循环往复、逐渐细化的过程，类似于自动化工厂的不断修正策略。由于设计性试验是在复杂的教育系统中开展的，受制于多个系统变量的相互作用，研究者需要对变量进行描述而非对变量进行控制。柯林斯等人认为，设计性试验中涉及的变量主要有：①动态变量，如参与、合作、冒险和学生管理；②学习变量，如内容知识、技巧、倾向性、元认知策略；③系统变量，如可接受性、传授面、可测量性、可用性和成本。[②] 设计性试验研

---

① 单迎杰，傅钢善．国内外基于设计的研究应用案例述评[J]．电化教育研究，2017（5）：13－19，27．

② 索耶．剑桥学习科学手册[M]．北京：教育科学出版社，2010：144．

究报告需要记录和描述它们。

5. 多方收集数据，评价教育干预

研究者运用形成性评价对教育干预的影响进行评估，用以发现问题、解决问题和完善设计。一方面，研究者运用质性和定量相结合的混合研究方法收集数据和信息，揭示教育干预对教与学的过程如何产生影响，进一步形成和提炼设计理论；另一方面，研究者还要运用混合评价方法作出客观有意义的评价，发展和推广更成熟、更有效的教育干预。为了保证研究的有效性，研究者将定量研究与质性研究方法结合起来进行数据收集，不仅要运用观察法、调查法对研究中可以量化的部分进行数据收集和统计分析，而且还要运用访谈、文本分析、视频分析等方法对教育情境进行整体的质性分析，记录实际教育情境中主体间的行为和教育干预产生的影响，了解师生行为产生的原因及潜在的理由、动机。设计性试验将一系列研究领域联系起来，通常是试验法与人种学、适应性试验和民族志研究深描的结合①，这种混合式数据收集方法将量化和质性数据有效整合，为研究者提供多种数据视角，多种数据分析结果相互佐证，准确反映干预措施的效果，为研究结论提供充足证据。② 通过数据收集和分析，研究者对实际情境中特定群体使用的教科书的有效性和实用性情况进行了实证检验。

6. 迭代循环开发，生成设计成果

教科书设计性试验是迭代循环的，教科书开发与研究是在设计、使用、评估和修订这个连续的循环过程中进行的。教科书设计性试验的研究周期较长，需要在教育情境中不断地修正研究目标、研究工具与方法。从最初的研究问题的提出到最终的设计理论的形成，是一个长期的形成性的过程，需要在真实教育情境中不断发现问题、收集信息、提出方案、完善干预、改进设计。与计算机工程科学类似，教科书研究也需要用迭代循环的方式来发现教科书及相关学习环境是否适合于以人为主体的教学活动。从这个意义上看，教科书设计性试验是为了产生一种开放式的对话，而非产生一种固定的标准答案。教科书设计性试验通过迭代循

① FUCHS E, BOCK A. The palgrave handbook of textbook studies[M]. Basingstroke: Palgrave Macmillan, 2018: 135.

② 王志军，耿楠，陈明选. 基于设计的研究存在的问题与关键点[J]. 开放教育研究，2018 (4): 63－71.

环，不仅可以构造出更具有推广价值的教科书设计产品，推动教科书设计的不断革新，而且可以形成一种“利教促学”的教科书开发理论，推进人们对于复杂学习环境中教科书使用的深层次理解。研究者对整个教科书设计、开发、评估和实施过程及其结果进行系统记录，在此基础上进行分析反思并完成设计性试验的报告，从而为教科书设计和开发理论的深化和发展做出贡献。

三、教科书设计性试验的价值

（一）教科书设计性试验有助于教科书的持续改进和学习环境的系统优化

教科书设计性试验主要研究特定环境中的学习过程，研究者基于已有的教科书理论，在教科书设计和学习环境革新的基础上，研究和测评新型学习环境中教科书的使用效果。通过多次迭代循环，开发出可广泛应用于学校课堂的教科书及教学产品，系统地改变现有学习环境，创设新型学习环境。美国学者赫尔伯特·西蒙指出，凡是以将“现存情形”改变成“期望情形”为目标而构想行动方案的人都是在搞设计。① 在教科书设计性试验中，研究者通过系统设计开发一系列课程教材和工具软件，有效干预课堂教学，把教学媒介和学习环境从“现存状态”提升为“期望状态”，使学生实现自主发展。伴随着信息技术的发展，数字教科书、电子课本等新型课程资源不断涌现，新型教科书的出现拓展了学生的学习空间。为了使信息技术对学生的学习产生积极影响，教科书设计者应根据学生的需求、活动、目标和情境来设计教科书，探索以学习者为中心的教科书设计方式，改革教学方式和优化学习环境。在以学习者为中心的教科书设计中，教科书设计者认识到教科书只是复杂学习环境中的一个组成部分，教科书设计应关注如何在真实课堂情境中支持学生学习，而非仅仅狭隘地关注教科书文本的可用性、易学性。设计者把学习融入教科书设计中，开发出以学习者为中心、支持学生学习的教科书，帮助学生跨越“专业鸿沟”，达到丰富知识、深化理解、产生智慧的目的。例如，1989 年，国家数学教师委员会制定了“学校数学课程和评估标准”。众所周知，这些为教师编写的标准是以数十年研究作为提出能力概念的基础。在 20 世纪 90 年代，美国国家科学基金会支持开发从小学到高中的 12 个标

① 司马贺. 人工科学：复杂性面面观[M]. 上海：上海科技教育出版社，2004.

准教材项目。这些教材具有一致的评估和专业发展支持，已经开始在全国课堂中广泛使用。证据表明，使用这些教材的学生在学习日常技能方面与使用传统教材的学生大致相同，但他们在概念理解和解决问题的测评上表现得更好。[①]

（二）教科书设计性试验有助于提升教师的教科书设计与使用能力

设计性试验是“一种新型的基于理论的行动研究”，是系统化设计和介入教学的结合[②]，它在真实情境中构建了学习实践共同体，把设计与研究融为一体，使教师兼备实践者、研究者与设计者的角色，让教师深度参与到设计、开发、实施、评价等研究过程之中，通过与其他教师、研究者互动分享、探究实践、共创新知，不仅可以调动教师教学实践的积极性，而且可以提升他们的专业能力与教科书使用水平。设计性试验为教师创设了一个情境性、合作性的专业学习实验室：一方面，设计性试验创设了实际教学情境，通过教师个体与情境的互动，自主建构学科教学知识，获得专业发展。教师在现有知识和个体经验的基础上，结合实际教学情况，将“教什么”的学科知识与“如何教”的教学知识相结合，形成一种更有利于学生学习的学科教学知识。另一方面，设计性试验创设了由专家、教师和管理者组成的学习共同体，通过学习共同体成员之间的合作对话，促进教师更好地提升自己的教学实践性知识，形成自己独特的学科教学知识与能力。对此，舒尔曼明确指出：设计性试验是“理想的教师培训工具”，设计性试验提供了用于教师培训的理想学习机会，提高了教师有关学生的知识、学科教学知识，以及被证明是专业教学能力核心的心理学知识。教师的知识形式决定了其如何选择，如何呈现某些教学主题，如何设计教学内容或作业，以及如何适应学生不同的动机和认知需求。教师的学科教学知识是影响其教材设计与使用能力的关键因素，直接决定着教师的专业教学能力和课堂教学质量，设计性试验为教师学科知识的发展提供了一个动态生成、自主建构、持续创新的空间，增进了教科书研究与教学实践之间的联系。

---

① BURKHARDT H, SCHOENFELD A H. Improving educational research: toward a more useful, more influential, and better - funded enterprise[J]. Educational Researcher, 2003 (9): 3 - 14.

② 舒尔曼. 实践智慧：论教学、学习与学会教学[M]. 上海：华东师范大学出版社，2014：205 - 206.

（三）教科书设计性试验有助于推动当代教科书研究范式的创新

休·伯哈特和艾伦·肖恩菲尔德指出：教育研究主要有人文科学研究方法、自然科学研究方法和工程学研究方法。长期以来，源自人文科学研究和自然科学研究的“观念性”教育研究在学术领域中占据着主导地位，具有合法身份；而以产品设计和流程开发为宗旨的工程学研究在教育研究领域则被忽视，不具有合法地位。受一般教育研究方法的影响，教科书研究也缺乏这种以实际效果为导向的工程设计研究，由此也导致教科书领域中研究与设计、理论与实践相互脱离。设计性试验应用于教科书领域，推动了教科书研究范式的创新发展，它将基础研究与应用研究融为一体，将研究与设计合二为一，让学术界与实践界保持持续对话，推动教科书研究转向一种注重“实际效果”的工程学研究。教科书的开发实践建立于深厚的理论支持和原发性知识积累的基础之上，成为融研究、理论和实践为一体的迭代循环的过程。教科书研究成果的创新由产品或理论的实践效果来评判，教科书研究提供了新的知识基础，基于新的理论开发的教科书在课堂中被使用和测评，相应地改进教学实践、实现预期目标。教科书设计性试验有望通过解决重要的现实问题拓展教科书研究的空间，提升教科书研究的专业地位。

作为一种新型的方法论，设计性试验有助于推动教科书研究成为一门综合统整的设计科学，把教科书实证研究与理论驱动的教科书设计融合在一起，持续推进教科书理论研究与实际应用的改进创新；设计性试验还有助于推动教科书研究从描述性研究转向机制性和发展性研究，可以说明教科书的内容特点及其历史发展，也可探讨在特定情境中教科书为何使用效果好或教科书如何促进学生学习；设计性试验有助于促进教科书领域中设计与研究的整合，推动学习科学与教科书设计走向互惠融合，为真实情境中的教科书使用研究提供解释性框架和境脉性理论；设计性试验所提供的手段、技术、路径和程序可以帮助研究者有条不紊地在既定的“试验开发范式”中开展工作，推进教科书理论研究与实际应用持续改进。

（四）教科书设计性试验在教科书研究中应用面临的困难

1．教育科研评价机制不足

受一般教育研究的影响，当前教科书研究可视为一个“自说自话”的领域，研究被视为个人或课题组的工作，其目的在于写出论文和专著，科研评价是以论文、专著作为主要指标。而以改进教科书为目的的设计性试验则需要大规模的实证检验，需要开发出高质量的教科书产品，从最初的研究设计到真实情境中教学干预的实施和评估，依赖于大量研发团队成员的参与。如果研究是由大量团队成员来完成的，论文就需要按照作者贡献大小进行排序、署名多位团队成员，项目越大，研究参与者越多，个体在一系列研究开发工作中开辟明确学术身份就越困难。这种研究评价机制无疑阻碍了设计性试验的开展和实施。

2. 研究者与设计者合作不足

由于当前科研评价体制鼓励个体或小团体的研究工作，因此教科书研究不仅规模不大、研究者与设计者之间缺乏合作，而且其成果在某种程度上缺乏普遍性和可信度。美国国家教育研究所指出，对大规模实践产生影响的研究必须比当前开展研究或学术团队在1—2年内开展的研究工作规模大得多。以此观之，在教科书领域中，研究者与设计者之间合作的缺失从根本上不利于设计性试验的开展，不利于教科书研究范式的发展与创新。

3. 教材出版机构投入不足

教材出版机构是教科书产品的“制造商”，但其并没有在教科书系统研发工作中有大量投入。设计性试验资金、人力耗费巨大，过程比一般的教科书文本开发过程要昂贵很多。一般的工业产品如汽车或计算机，其制造商可获得消费者报告和各种专业杂志的评估，但对教科书的审查和评估几乎不涉及教师和学生使用效果的有关数据。作为一种准公共产品，教科书的制作、出版、使用的过程较多受到政府规制，远离市场流通环节。我国实行教科书审定制，教科书的出版和选用要接受政府的审查，教科书的价格由政府部门与出版机构共同制定，这便导致教材出版机构在开展这种基于系统研究的教科书设计方面缺乏动机。

第七章

教科书调查研究法

第一节　教科书问卷调查概述

一、教科书问卷调查法简介

教科书问卷调查法是指在教科书相关理论的指导下，研究者用统一设计的问卷来收集研究对象（教师、学生、专家等）关于教科书质量问题或教科书使用状况的信息和资料的方法。问卷调查法是一种广泛应用、易于实施、全面综合的教科书研究方法，在教科书研究领域，它仅次于内容分析法，约三成以上的研究成果都使用了问卷调查法。其中，以专家作为研究对象的问卷调查法也称为德尔菲法或专家咨询法，其价值在于吸收了专家对于“什么是好的教科书”的意见。问卷法在本质上是一种实证的方法，表现出以假设演绎为主的逻辑程序，结构化、标准化的操作方式，以个人作为主要分析单位，以精心设计的问卷作为收集资料的工具等特点。问卷法有着与众多自然科学方法相类似的逻辑程序和结构内容，注重从宏观的角度，采取量化的手段，依据客观的验证来说明和认识教科书问题，特别适用于分析和评价特定教科书的内容特征和性质功能，也适用于了解和研究教科书的开发过程和使用效果。

研究者运用不同的问卷收集教师、学生和专家关于对教科书问题的看法，对教科书的质量与特征开展评价，这些问卷用于探讨教科书的不同特征和达到不同的研究目的。由于问卷调查中研究目标、研究主题、调查对象及教科书内容不同，因此问卷设计所依据的指标维度也各不相同，教科书评价和研究的问卷相应地也呈现出不同形态。

二、教科书问卷调查法的类型

（一）根据研究主题划分

1. 教科书问卷调查表法

教科书问卷调查表法主要是针对相应群体，对其使用特定教科书的方式与效果展开分析，将教科书与课程标准、学习者水平、教学目标、学校背景、辅助材料等相结合，涉及教科书的看法意见、使用方式、使用效果、优缺点和满意度等问题，其调查对象可涉及学生、教师以及有相关需求的潜在教材使用者。理想的做法是在教科书出版后的几年里连续进行。比如，研究者可以跟踪一组学生或某一届学生，评测他们在使用教科书 1 年以后取得的进步，还特别要评估教科书对他们产生的长期影响（2 年或 3 年后）。[①] 问卷调查表的形式各种各样，比如，包正委等人开展了“普通高中新课程信息技术教科书使用情况”的问卷调查，问卷包括教科书内容与形式的测评量表、师生使用教科书的实际情况、影响教科书使用的测评量表等方面。[②③]

2. 教科书德尔菲调查法

教科书德尔菲调查法是一种通过综合多名专家经验与主观判断来开展教科书评价的方法。它是基于对教科书的功能定位和性质认识，制定教科书问卷的指标体系，通过征询和收集专家意见从不同方面或多个角度来对教科书质量进行评价，构建教科书质量评价的指标体系。这种调查法往往可以为教科书评价提供一般原则和基本标准。万延岚的博士论文《中学理科课程的适切性研究》运用德尔菲法，对全国高等院校和科研院所与科学相关的各个领域 33 名杰出专家共同

① 热切尔，罗日叶．为了学习的教科书：编写、评估、使用[M]．上海：华东师范大学出版社，2009：116.

② 包正委，董玉琦，杨宁．普通高中信息技术课程实施的现状与反思（上）：基于9省份5版本教科书使用状况的问卷调查[J]．中国电化教育，2014（3）：24－29，50.

③ 钱薇旭，董玉琦，杨宁．普通高中信息技术课程实施的现状与反思（下）：基于信息技术教科书使用的访谈研究[J]．中国电化教育，2014（5）：33－38.

体，就“社会发展视域下适切的中学理科课程应包含哪些重要内容”这一问题进行深入的实践探索。通过三轮迭代的德尔菲法研究，万延岚构建了社会发展视域下中学理科课程适切性的内容模型，主要包含7项一级社会性科学主题，即环境问题、安全健康、资源能源、生态系统、生物技术、新型材料、科学本质；7项科学能力，即发现和提出问题的能力，收集、分析、综合、评价、交流信息的能力，创新能力或创新思维，实验探究能力，科学论证能力，运用科学术语进行表达的能力，社会参与和实践；6项价值观念，即实事求是的科学态度，批判性态度或批判性思维，社会责任感，道德和伦理意识，团队参与、交流合作，规则意识。① 王小梅等人运用德尔菲法建立了英语教材评估指标层次模型，该模型利用可读性理论对教材的文本语言特征进行分析。② 温宁独立开发了物理学教师教育教材的两个章节，使用改良的德尔菲技术咨询内容领域专家，以确保新教科书章节与相关的科学教学、教师准备标准一致，实现其预定的期望。③

（二）根据调查对象划分

教科书问卷调查主要针对学生、教师、编辑等不同主体开展。不同主体对于教科书的需求是不同的。学生注重教科书内容的可理解性和趣味性；教师关注教科书的内容以及他们使用这种教科书的方法；编辑和课程开发者希望课程的新思想和新元素能够体现在教科书中。

1. 以学生为对象的教科书问卷调查

以学生为对象的教科书调查使用的问卷大部分比较简单，且开放型问卷居多。虽然学生是教科书的主要使用者，但是以学生为对象开展的教科书调查则不太多。瓦西里琴科使用四个最简单的问题调查学生对教科书的看法：①这本教科书是否易于理解；②这本教科书的插图是否漂亮；③这本教科书是否有趣；④这本教科书是否接近生活。学生只需要用一两个加号、减号来回答每个问题。瓦西

---

① 万延岚. 中学理科课程的适切性研究：基于社会发展的视域[D]. 济南：山东师范大学，2016.

② 王小梅，杨亚军. 基于可读性理论和模糊层次分析法的英语教材评估体系的研究与设计[J]. 中国外语，2012 (3)：67－77.

③ WENNING C J. Using a modified Delphi technique to validate a physics and physical science teacher education textbook[D]. Bloomington－Normal：Illinois State University，2007.

里琴科发现，这种方法在了解学生对教科书的看法方面非常简单有效。一旦学校开始使用一种新的教科书，学生的评价意见就会发生巨大变化。她发现，大部分学生对某些教科书的评价是枯燥无味、难以理解。开放型问卷被用来让学生自由表达他们对教科书的看法。20 世纪 90 年代，瓦内塞克和赖特研究发现，义务教育阶段的学生认为教科书是乏味的，且缺少彩色图片。尼奇科发现，十二年级的学生认为，教科书只是有助于死记硬背，教科书中的问题重复了他们已经阅读的材料，而让他们有所收获的只是教科书中的词汇表以及与真实生活相关的问题和插图。齐博罗夫斯基设计问卷用来研究适合于阅读能力较差的学生使用的教科书的特征，问卷关注学生的已有知识、动机和学习策略。①

2. 以教师或编辑为对象的教科书问卷调查

以教师为对象的教科书调查关注教师对教科书的看法以及教师使用教科书的方式。皮里马吉在问卷中调查了教师在课堂中是如何使用教科书的。这意味着当教师完全钻研过教科书并在课堂上使用了教科书后，才能去填写问卷。国内学者的研究大部分集中在这个方面。卜文敏对黔东南地区高中数学教师教材使用的情况进行了调查研究，调查涉及教师对课标教材和新课程标准的熟悉程度、教师对课标教材的使用情况、教师教学方式、不同背景的数学教师在使用教材时的差异等多个方面。②“普通高中新课程信息技术教科书使用情况”课题组通过开展问卷调查和访谈调查，了解普通高中信息技术教科书使用情况和信息技术课程实施的状况，探究导致教科书使用的主要障碍和深层原因。③④ 达尔以教科书编辑为对象编制了调查问卷，为了更好地了解教科书如何成为它们现在这种状况，问卷比较关注教科书的历史和学科的历史，还提出了有关在经济学教科书中发挥重要

---

① MIKK J. Textbook: research and writing[M]. New York City: Peter Lang Publishing, Inc., 2000: 27, 39, 30.

② 卜文敏. 黔东南地区高中数学教师教材使用的调查研究：以凯里市为例[D]. 贵阳：贵州师范大学，2014.

③ 包正委，董玉琦，杨宁. 普通高中信息技术课程实施的现状与反思（上）：基于9省份5版本教科书使用状况的问卷调查[J]. 中国电化教育，2014（3）：24－29，50.

④ 钱薇旭，董玉琦，杨宁. 普通高中信息技术课程实施的现状与反思（下）：基于信息技术教科书使用的访谈研究[J]. 中国电化教育，2014（5）：33－38.

作用的问题。[1]

（三）根据研究阶段划分[2]

教科书问卷调查往往是以问卷调查的形式来达到评价教科书的目的，它可以应用于编写和使用新教科书的三个不同阶段，包括用前调查、用中调查和用后调查。

1．用前调查

用前调查是在编写新教科书前用问卷调查的方式向使用者和学科专家征求意见，确定他们对于教科书的期望以及现行教科书的使用问题。人们通过对旧教科书及背景情况进行调查和评估，进而为编写新教科书确定目标和方向。用前调查旨在揭示教师和学生在课堂中使用旧教科书遇到的问题，旧教科书对新课程标准的偏离问题，从而在如何改进新教科书方面给出意见。

2．用中调查

用中调查是在学校正式使用新教科书前、新教科书试验过程中或新教科书使用过程中开展的调整性评估，调查对象涉及教师、学生和相关的教科书使用者，调查的内容主要涉及教科书的内容选择、内容组织和内容呈现等方面。这种调查非常重要，且经常被采用，它可以防止不符合条件的教科书进入课堂。在学校正式使用教科书前，通常用试验性版本的教科书（草样）进行试验，这是一种内容完整而印刷粗糙的教科书，通过大范围的试验，我们可以检查教科书是否符合要求，并根据调查结果在最终出版前对教科书进行调整和修改，保证其质量足够好。另外，弗朗索瓦－玛丽·热切尔指出，在库存将尽的前两三年，进行一次教科书质量评估是比较恰当的做法。人们借此可以决定，是否需要更换教科书，而且如果有必要的话，要进行什么样的修改；是否可以保留这本教科书。在这种情况下，需要进行哪些调整来补救其不足或欠缺之处（表面的或深层次的，内容的

---

① MIKK J. Textbook：research and writing[M]. New York City：Peter Lang Publishing，Inc.，2000：30.

② MIKK J. Textbook：research and writing[M]. New York City：Peter Lang Publishing，Inc.，2000：32.

或形式的等）。[①]

3．用后调查

用后调查是在学校使用新教科书后开展的，通过收集充分有效的信息对教科书质量及其使用问题进行评估，了解教科书文本内容、制作手段及其使用效果。在这种情况下学生大部分能够评价教科书。由于这种用后调查是在学校使用该教科书后开展的，因此其问卷可以涉及与该教科书相关的最有效、最细致的信息，其调查结果可以为编写人员编写新版本教科书做准备。

第二节　教科书问卷调查法

一、问卷设计的适切性

教科书问卷设计最重要的就是问题的适切性和代表性。研究者必须保证问卷所包含的问题可以对教科书个别或全部的问题进行准确的评估和测量，确保被调查者能够恰当地回答这些问题。

（一）问卷设计与调查目标相适应

问卷设计应建立在相关调查目标的基础上，调查目标是教科书问卷设计的灵魂，它决定着问卷的内容和形式。如果研究者利用问卷收集资料的目的是，从总体上对教科书文本内容和编写质量进行评价，研究者需要在问卷设计中尽可能全面详细地收集与教科书质量相关的所有客观事实，而不能只收集与教科书某些方面质量相关的信息。如果研究者调查的目的是了解和评估教科书的教学使用问题，他所收集的资料必须是师生使用教科书的方式和问题。如果研究者进行调查的目的是要探讨教科书的有效性，其所收集的资料必须是学生使用教科书对其学业和成长产生影响的信息，问卷中不能泛泛地提出问题，提问应该有助于找到那

---

① 热切尔，罗日叶．为了学习的教科书：编写、评估、使用[M]．上海：华东师范大学出版社，2009：104－105．

些真正由使用该教科书所带来的进步，而不是由教师教学、课外补习等其他无关因素带来的影响。整个问卷编制和问题设计都要围绕调查目标来进行。

（二）问卷设计与研究对象相适应

被调查者是问卷所作用的对象，不同的问卷对被调查者的影响是不同的，对被调查者的要求也是不同的。合适的问卷让被调查者愿意回答、易于回答；相反不合适的问卷让被调查者拒绝回答、难以回答。因此，要达到调查目的，研究者在设计问卷时，必须从被调查者的角度出发。首先，问卷问题尽量避免要求被调查者进行难度较大的计算和思考，比如，在一份对高中生家长的教科书调查问卷中，提出问题："这个孩子从小到现在，各科教科书共花费了多少钱？其他相关学习资料一共花费了多少钱？"对于孩子从小到大所有教科书及学习资料的费用，有几个家长能一下子计算出来？又如，在一份对初中学生的教科书调查问卷中提道："在你所学习的政治教科书中，以科学家为代表的榜样人物出现了多少次？以政治家为代表的榜样人物出现了多少次？"学生为了回答这个问题必须对政治教科书进行统计，非常麻烦。其次，问卷尽量不要设计得太长，填答量不要太多。理论上，问卷上的问题越多越好，有利于收集更详细的信息和资料，但是问题太多，被调查者填答所需要的时间就多、负担就大。问卷一般设计 20—50 个问题，调查对象回答时间尽可能控制在 30 分钟以内。

问卷调查中有时候同时需要调查不同的研究对象，此时，问卷设计必须适合于不同的调查对象，可以采用如下方法：①在问卷调查中，可以针对不同调查对象设计不同的问卷，即同时使用两套或两套以上的问卷。比如，教科书使用状况的调查既需要调查校长和教师，还需要调查学生，我们可以设计两套问卷，一套是供学校校长和教师回答，另一套是供学生回答。②使用跳跃性问题或相倚性问题。比如，关于国际课程与境外教材使用状况的调查，调查对象既包括使用境外教材的教师，也包括没有使用境外教材的教师。我们可以这样说，如果你在课堂中没有使用境外教材，就请从问题 10 开始回答。对于相当一部分回答者来说，不相干问题会使他们感到难以回答，从而影响问卷回收率。

（三）问卷设计与课程教材相一致

从理论上看，编制教科书问卷的方法与社会调查中确定代表性样本的方法是一样的，可以从所有与教科书相关的问题中随机抽取一部分作为问卷来使用。事实上，由于现在仍没有一个包含所有与教科书相关的问题库，因此这种方法很少使用。在教科书评价中，要确保问卷设计所含问题能够准确地测评教科书质量，问卷设计必须以课程标准与教材特性作为基本依据。

首先，作为教科书评价的重要工具，教科书问卷设计必须与课程标准保持一致。课程标准确定了不同年级段学生在特定学科领域中要达到的学习目标，从课程标准的要求出发来设计问卷，问卷中研究教科书内容的维度应与国家课程标准的基本要求相一致。扬·米克认为，问卷题目对学科课程标准的代表性体现是教科书评价问卷设计的最重要原则，比如，如果思维能力在这门课程所有200个教育目标中被提到了20次，那么教科书质量评价问卷中10%（20/200＝10%）的问题就应该涉及教科书作为发展学生思维能力工具的效果。① 弗朗索瓦－玛丽·热切尔等认为：检查教科书在所涉及的概念水平上、在所追求的目标与使用方法水平上是否与课程一致是很重要的，问卷调查需要阐明被教科书要求落实的课程目标或能力，以及它们被涉及的次数；没有被教科书要求落实的课程目标或能力；教科书所要求的却没有包含在课程中的目标或能力，以及它们被涉及的次数。②

其次，在教科书评价中，问卷设计要以教科书特性为基础和依据，教科书特性是教科书开发和评价的重要指南。我们可以依据教科书特性来进行问卷设计，具体方法为：首先，将教科书的特性进行归纳组合，形成数条教科书质量评估的指标细则；然后，针对每个指标设计出相应的问题，一个指标可以对应几个问题，如果在教科书评价过程中某个指标非常重要，那么对应这个指标的问题数也相对较多。在教科书评价中，调查问卷涉及教科书的广泛特性和诸多可能性，问卷设计应根据不同特性的重要程度来限定相应的问题。如果与教科书特性相对应的问题比例不太恰当，调查就会因为过分强调某些方面而导致结果不准确。同时，这种教科书特性是一般性的，没有针对具体的年级段或特定的学科，因此，以此为依据编写的问卷也是一种一般性的教科书评价问卷，可用于诸多学科和不

---

① MIKK J. Textbook：research and writing[M]. New York City：Peter Lang Publishing，Inc.，2000：33.

② 热切尔，罗日叶. 为了学习的教科书：编写、评估、使用[M]. 上海：华东师范大学出版社，2009：310－311.

同年级的教科书评价和研究工作。

二、问题设计的一般原则

问卷中的问题应简明易懂、内涵明确，同样的问题表达方式不一样，效果就不一样，问卷中的问题如果含混不清、模棱两可，被调查者难以回答，问卷的效度就会降低。

（一）问题要尽量简短

问题的设计应该简单明确、短小精悍，这样使回答者能够迅速阅读并理解其内容，毫不费劲地选择和提供答案。因为被调查者通常希望尽快完成问卷，不愿意花太多时间理解、认真分析问题，因此问题和答案的设计尽量不使用长句子，使回答者尽快理解和完成问卷。教科书调查的问卷题目要有明确针对性，比如，当提问“教科书的插图中包含一个简短的、易于理解的故事”时，这个问题实际上包含三层含义：首先，教科书的插图中包含一个故事；其次，这个故事很简短；第三，这个故事易于理解。回答者如果给予肯定答案，就意味着赞同以上三种情况，回答者如果提供了否定答案，研究者就不清楚回答者到底否定了以上三者中的哪种情况。

（二）问题要尽量具体

问卷要避免使用教育专业术语，尽可能使用浅显易懂、简单明白的词语。在以学生和家长等非专业人员为对象的问卷中，尽量不要出现“教科书设计应有助于发展学生的学科核心素养”“对教科书学习效果的评价应开展形成性评价”等问题，学生和家长可能无法理解“学科核心素养”“形成性评价”这些专业术语的含义。

问题和答案的设计要避免使用抽象概念，尽量表达得简单明确、具体清晰，比如，“你每天上课花多长时间在教科书上？”这个问题就不明确，可以改为：

“你每一节课花多少时间在教科书上？”

A. 超过 30 分钟　　B. 20—30 分钟　　C. 10—19 分钟　　D. 少于 10 分钟

“教科书中的科学术语在多大程度上可以理解？”这个问题就太抽象了，应将之分解成如下几个具体的问题：

（1）教科书中有很多科学概念吗？

（2）教科书中有很多长句子吗?

（3）根据学生先前的教材学习来看，教科书中的科学术语是否易于理解?

（4）教科书中有太多的抽象词汇吗?

（5）教科书中，古文的比例是否适合于这个年级的学生?

问卷中的意见性问题如果较宽泛，就会难以回答。比如询问教师对不同版本教科书或某学科教科书的意见，调查对象很可能在要求表述意见的问题后写“没有意见”，可能他们的确没有意见，也许他们从来就没有使用过这些版本的教科书或相关学科的教科书。为此，在问卷设计时最好的方法是，研究者应将已知的几种意见都列在问卷上，调查对象只需要作出选择或赞同与否。

（三）问题尽量不用否定形式提问

否定形式的提问容易导致误解，问卷设计应尽量避免使用否定形式提问。如果问卷中采用否定形式的提问，回答者需要把否定形式转换成肯定形式后，再选择合适的答案。为了避免回答者进行额外的转换，问卷设计最好使用肯定形式提问。比如，当提问“在教科书中不会碰到不认识的字”，面对五个选项“A. 很少；B. 较少；C. 有时；D. 经常；E. 很多时候”，回答者很容易遗漏题目中的“不”字，把题目理解为“在教科书中会碰到不认识的字”，并在这种理解的基础上来选择答案。结果许多不会在教科书中遇到不认识的字的人选择了“很少”，而在教科书中总是遇到不认识的字的人则选择了“很多时候”。实际态度与答案选择正好相反。

（四）问题尽量不要带倾向性

倾向性是指鼓励回答者以某种特定方式回答问题的特性。问卷设计应该保持价值中立的态度，避免倾向性。回答者对于问题的回答在很大程度上会受到问题措辞的影响，研究者要避免在提问中暗示或表露自己的态度，要避免提问方式对回答者形成诱导，即提问不要让回答者感到这个问题是在期待、鼓励他作出某种回答。比如，“我们应该使用更简单的教科书来防止学生负担过重吗?”就是在鼓励回答者认同这种观点；同样，“如果我们使用更简单的教科书会导致学生学习水平降低吗?”也具有同样的效果。为了避免这种情况，我们可以这样提问“有人认为，使用更简单的教科书可以防止学生负担过重；而有人认为，使用更简单的教科书会导致学生学习水平降低，请问您认为，如果我们使用更简单的教科书会有何影响?”

(五)设计序列形式的答案

在问卷调查中，有些问题是为了解调查对象关于教科书问题的意见和态度，这些问题通常带有主观性，其答案常常呈现出序列化形式，序列变量的答案通常是用等级式的程度词来表示。比如，“优、良、中、较差、差”“很好、好、一般、差、很差”“很经常、经常、有时、几乎没有、没有”“非常同意、同意、中立、不同意、坚决不同意”等。但是，我们无法从数量上证明不同等级的程度词之间表示的距离是否相等，比如“很经常—经常”之间的距离与“经常—有时”之间的距离是否相等?为了避免这种情况，我们可以采用“温度计式”的答案格式。“温度计式”是指用温度计上的刻度数字来表示序列变量的不同程度。

【例】

(1)教科书中________会出现不认识的词语。请您在认为合适的刻度上作下记号。

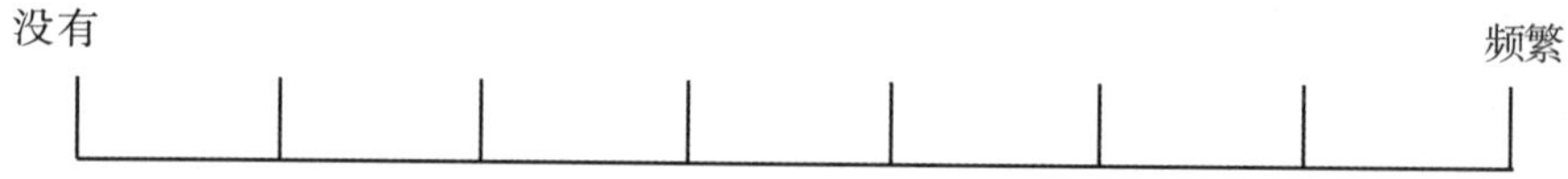

(2)您认为任课教师应该在多大程度上决定教材的选择?请您在认为合适的刻度上作下记号。

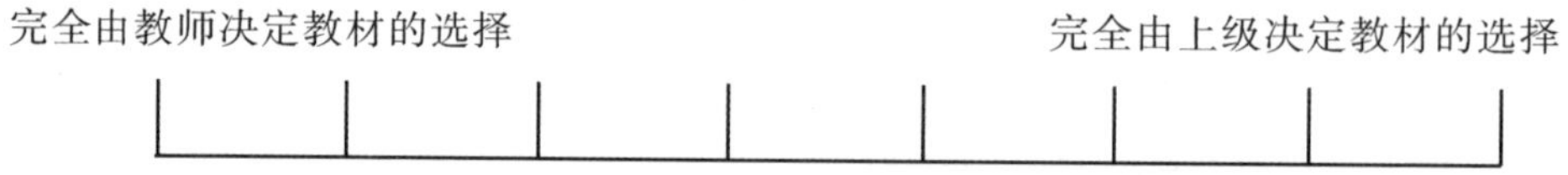

(六)注重问题的排列次序

问卷通常是由一系列问题组合而成的，问题的排列次序是研究者必须重视的，问题设计最关键的是让调查对象在填答过程中保持兴趣、不受拘束。在总体上，问卷中问题的排列应遵循由易到难的原则，排在前面的问题应该相对容易，先问易于回答的封闭型问题，再问敏感型和开放型问题。同时，问卷中问题形式应活泼多样，让调查对象对问题保持强烈的兴趣。问题的排列应具有一定的逻辑性，同类型的问题应尽量编在一起，问题的跳跃性不要太大。国外社会学家建议用“漏斗技术”的方法来排列调查问卷的问题顺序。依据这种技术，在问卷设计中，先要问范围广的问题，再问范围窄的问题；先问一般的问题，再问具体的问题；先问开放性问题，再问封闭性问题。这样就像漏斗一样，越来越细、越来越窄。这种设计方式的优点为：由于先问的是一些非威胁性的问题，从而使调查对象感到无拘无束。[①]

（七）问题设计好后需要试测

在正式的研究开始前，问卷设计好后应该进行试测，这是问卷设计最重要的环节。通过试测可以发现问卷的问题与不足，以便在正式调查前加以修改和完善。试测的对象分为专家和调查对象这两种类型。首先，要请教科书领域的专家对问卷的重要性、可行性及问题的代表性进行综合评估，并对问卷进行必要的修改。其次，问卷要发放到部分调查对象中进行试测，收集调查对象对问卷设计各方面的看法和意见，通过试测了解问题的措辞和表述是否会引起误解，答案是否清楚、合适、充分。试测完成后，必须对试测所取得的各种资料进行分析，研究者应侧重分析回答者关于问卷的各种意见或困惑，如果回答者中有少数人认为某道问题或答案有问题，那么就应有针对性地进行修改。

三、问卷调查的基本步骤[②]

为了发挥问卷调查的功能，研究者应依循严谨的步骤设计问卷。

（一）了解调查目的，明确调查主题

要设计一份完美的问卷，研究者必须对本次调查有一个整体清楚的设想和目标，明确通过问卷要收集哪些第一手资料，哪些现象特征与调查主题有关，如何进行数据处理和分析，如何避免调查目标与数据分析之间脱节等问题。一般来说，研究者可以通过查阅文献、结合自身经验以及开展实地调查等方式来把握调查的核心要素。在此基础上，研究者还需要深入思考如下四个问题：①我为什么要进行这项调查？②我想要知道什么？③我知道了这些答案以后有什么用处？④我能否用其他更经济有效的方法来完成调查？通过回答上述问题，帮助研究者把握调查主题，明确研究目的。

---

① 杨小微，刘卫华. 教育研究的理论与方法[M]. 武汉：湖北教育出版社，1994：169－170.

② 王攀峰. 行动研究的理论与方法[M]. 北京：首都师范大学出版社，2013.

（二）设计问卷

从调查主题到具体问题，存在许多中间环节。为了使整个问卷具有严密可行的结构，研究者在明确调查目的和研究主题之后，还需要将调查目的具体化为理论假设和操作性定义，并按照这个假设从不同的角度对研究主题进行分类，列出反映主题的所有研究项目和具体变量，构建完整反映主题的调查指标体系。构建调查指标体系的过程是将抽象的概念（研究主题）转化为具体可观测特征的过程，“如何设计和分解调查指标”是问卷设计中十分重要的一步，对问卷的质量有着重要的影响。只有问卷的核心指标全面准确，才能保证最终形成的研究结果具有说服力和可靠性。在构建调查问卷的指标体系时，可以设计一些半开放或完全开放性的题目，集思广益。比如，某研究者要研究高中物理教师使用新教材的情况，首先在某所中学中找一些高中物理教师作为调查对象，然后对他们进行集体座谈或开放式访谈，访谈可以围绕如下开放式问题展开：①您觉得与以往的教材相比，新教材的编写特点是什么？②您觉得新教材是否有促进教师教学和学生学习？如果有，是如何促进的？③您在课前、课中和课后是如何使用新教材的？④您觉得新教材的使用是否促进您的教学活动？如果是，是如何促进的？⑤您觉得哪些因素会对新教材的使用产生影响？在此基础上，归纳组成问卷的主要指标要素。构建问卷指标体系也是一项较难的工作，要做到全面准确的反映整体，就必须做到：①全面性，列出所有能反映主题的具体项目，尽量不遗漏；②独立性，各个具体项目之间互不包含，不重复。

在此基础上，研究者还需要把调查指标体系转化为具体的问题，这是问卷设计的关键步骤。一般来说，每个调查项目往往需要一个或多个行为指标来衡量，把用以衡量变量的行为指标转化为调研对象易于接受、便于回答的问题，一张完整的问卷就初步设计好了。比如，有研究者为了制作高中数学新教科书使用情况的调查问卷，首先根据相关理论和研究成果，将高中数学教科书使用情况划分为四个维度：教科书的内容维度、教科书的教学（学习）维度、教科书的习题维度、教科书的特性维度。然后通过跟教师和学生的反复探讨，进一步确定以上四个分量表的次级维度：内容维度（即静态文本）包括内容的选择、编排、呈现、时代性和拓展性 5 个次级维度；教学维度（即动态使用）包括引导数学思考、加深数学观念、激发数学兴趣 3 个次级维度；习题维度包括习题的数量、习题的难度、习题的类型3个次级维度；特性维度包括基础性、衔接性、体系性、引导性4个次级维度。根据这一指标体系，在参考其他调查问卷的基础上，最后形成有51题的高中数学新教科书使用情况调查问卷，其中包括46个封闭式问题，4个半开放式问题，1个开放式问题。封闭式题目均要求以五点量表形式作答，将“不好”“不太好”“一般”“比较好”“非常好”依次记为1至5分。[①]

表7-1　高中数学新教科书使用情况

项目	问题	
高中数学教科书的内容（静态文本）	内容的选择	内容是否合适，难度是否适中
	内容的编排	逻辑性、衔接性、模块合理与否
	内容的呈现	情境设置、表达方式正误
	内容的时代性	信息技术的应用程度
	内容的拓展性	实习作业、阅读与思考、数学实验等设置合理与否
高中数学教科书的教学（动态使用）	引导数学思考	思考观察探究等设置合理与否
	加深数学观念	课后习题、复习题的使用情况
	激发数学兴趣	探究活动的数量及使用情况
高中数学教科书的习题	习题的数量	数量的多少，教师是否布置
	习题的难度	梯度、层次性是否体现
	习题的类型	示范性、功能性是否展示
高中数学教科书的特性	基础性	知识的基础性，思想方法的基础性
	衔接性	与初中数学及高等数学的衔接性
	体系性	严密性、合理性
	引导性	教学（动态使用）的引导，高考的引导性

（三）预调查，修改问卷

设计好问卷后首先应征求有问卷设计和调研经验的专家的意见，判断问卷的可行性。然后，做预调查，全面检测问卷，并修正和完善。预调查是将问卷在少

---

① 杨慧娟. 高中数学新课程实验教科书使用调查研究[D]. 重庆：西南大学，2012.

数有代表性的被调查者中进行发放和试填，在大样本的调查中，这种预调查具有重要的意义。预调查的对象通常是研究者周围或熟悉的人，原则上应该是与调查对象属于同一总体的，人数可以是30—50人。预调查的主要目的是发现问卷表达方式、项目、内容等方面的不足，如问题的措辞是否简洁易懂，相关概念的定义是否清楚，被调查者对哪些问题的理解可能有误，问题排列的顺序是否合乎一般人思考的顺序，完成一份问卷需要多长时间等。试用之后，研究者要对所获取的资料进行分析，应侧重分析回答者关于问卷的各种意见，尽量寻找那些回答者未予回答或未加评论的问题的原因。根据了解到的各种信息，对项目内容、排列方式加以改进。

四、问卷调查的信度与效度

研究者期望调查能够客观地评估教科书的质量特征，为了达到客观评估的目的，问卷调查必须具有较高的信度和效度。问卷的信度是指用两周内同一份问卷评估一本教科书，回答者会给出相同的答案。如果问卷答案缺少稳定性，我们就无法依据它们来评估教科书。问卷的效度是指问题的答案真正地反映了我们期望它们能够体现的教科书不同方面的特征。如果问卷设计者从一个视角提出问题，而回答者从另一个视角理解这个问题，那么调查的结果就是误导性的。

社会调查方法往往具有效度较低、信度较高（即准确性较低、可靠性较高）的特点，教科书问卷调查也不例外。问卷调查法的特定工具及其操作方式在较大的程度上使其处于低效度的境地中，更经常面临效度问题的挑战。为了提高问卷的效度，研究者应该对问卷设计的操作化工作给予极大的关注。问卷调查结果中出现的各种偏差以及问卷调查法在实际应用过程中出现的诸多缺陷大都与操作化过程的不足紧密相关。所谓操作化，也就是把抽象变成具体。在问卷调查的实际过程中，研究者应该做到三个层面的操作化：①研究课题的操作化，即把一个笼统的、高度概括的研究课题变成一套明确具体的研究方案和研究计划；②假设的操作化，即把来自理论的抽象命题、研究假设转化成或分解成若干个可验证的具体假设或工作假设；③概念的操作化，即将抽象的概念转化成一组具体的、可实际观测的指标。因此，要提高问卷调查的效度，实质上就是要提高问卷设计操作化的水平和质量。扬·米克认为，用新设计的问卷开展调查，其结果应该与由已确证的调查或其他有效方法获得的结果存在较高的相关性，相关系数是体现问卷效度的一种最好的指标。调查研究的相关系数应该高于0.7，但教科书研究中却很少计算它。①

五、教科书问卷设计案例

高中数学新教科书使用情况调查问卷（教师卷）②

尊敬的老师：

您好！为了了解数学新教科书在一线教学中的实际使用情况，我们设计了该次问卷调查。问卷不署名，调查结果仅用于学术研究，请根据您的实际使用情况填写，感谢您的大力支持！

基本信息：

1. 您的性别（　　）

A. 男　　B. 女

2. 您的学校位于（　　）

A. 省会　B. 地级市　C. 县级市或县　D. 乡镇

3. 您的学校属于（　　）

A. 省级重点　B. 地（市）级重点　C. 县级重点　D. 普通中学

4. 您最后的学历（　　）

A. 中专　B. 大专　C. 本科　D. 硕士　E. 博士

5. 您的高中教龄（　　）

A. 不满1年　B. 1—2年　C. 3—5年　D. 6—10年　E. 11—20年　F. 21年及以上

6. 您的年龄（　　）

A. 25岁以下　B. 25—30岁　C. 31—35岁　D. 36—40岁　E. 41—45岁　F. 46—50岁　G. 51—55岁　H. 56—60岁

---

① MIKK J. Textbook: research and writing[M]. New York City: Peter Lang Publishing, Inc., 2000: 43-44.

② 杨慧娟. 高中数学新课程实验教科书使用调查研究[D]. 重庆：西南大学，2012.

7. 您的职称（　　）

A. 试用期　B. 中学二级　C. 中学一级　D. 中学高级　E. 中学特级　F. 其他

8. 您所使用的教科书（　　）

A. 人教A版　B. 人教B版　C. 北师大版　D. 苏教版　E. 湖北版　F. 湖南版

9. 您学校使用此套教科书（　　）

A. 刚启用　B. 1—3年　C. 4—6年　D. 7年及以上

调查内容：

请把您认为符合您的实际想法和做法的选项填入题后的括号内

1. 我认为教科书与课标的吻合程度（　　）

A. 很不好　B. 不太好　C. 一般　D. 比较好　E. 非常好

2. 新教科书对于我教数学的价值（　　）

A. 基本没有　B. 不太大　C. 一般　D. 比较大　E. 非常大

3. 我认为数学新教科书在体现“易教易学”原则方面做得（　　）

A. 不好　B. 不太好　C. 一般　D. 比较好　E. 非常好

4. 我认为使用新教科书对于高一学生的负担而言（　　）

A. 增加了很多　B. 增加了一些　C. 基本没有变化　D. 减少了　E. 学生负担与教科书没有关系

5. 我认为新教科书内容的含量（　　）

A. 太多　B. 较多　C. 合适　D. 较少　E. 太少

6. 我认为新教科书内容的难度（　　）

A. 太难　B. 较难　C. 合适　D. 较简单　E. 太简单

7. 我认为教科书中例题的选取（　　）

A. 很不好　B. 不太好　C. 一般　D. 比较好　E. 非常好

8. 我认为教科书中例题的难度（　　）

A. 太难　B. 较难　C. 合适　D. 较简单　E. 太简单

9. 我认为教科书中习题与例题的配合程度（　　）

A. 不好　B. 有些不太好　C. 一般　D. 比较好　E. 非常好

10. 我认为教科书内容在体现教学的层次性（区别教学）方面做得（　　）

A. 很不好　B. 不太好　C. 一般　D. 比较好　E. 非常好

11. 对于每一必修模块顺序，我的实际做法是（　　）

A. 完全打乱顺序　B. 不按照，变动很大　C. 不按照，有一半变动
D. 基本按照，有小的变动　E. 严格按照

12. 我认为教科书内容的逻辑性（　　）

A. 不好　B. 不太好　C. 一般　D. 比较好　E. 非常好

13. 我认为教科书的体系性（　　）

A. 不好　B. 不太好　C. 一般　D. 比较好　E. 非常好

14. 有没有发现教科书中的错误（　　）

A. 很多　B. 较多　C. 发现一些，不多　D. 偶尔发现
E. 从来没有发现

15. 我认为教科书对于概念的呈现（表达表述）（　　）

A. 很不清楚　B. 不太清楚　C. 一般　D. 比较清楚
E. 非常清楚

16. 我认为教科书中“信息技术应用”栏目的数量（　　）

A. 太多　B. 比较多　C. 一般　D. 比较少　E. 太少

17. 教科书中“信息技术应用”知识的难度（　　）

A. 太难　B. 较难　C. 合适　D. 较简单　E. 太简单

18. 对教科书中的“信息技术应用”栏目，一般的处理方式是（　　）

A. 完全凭学生自觉　B. 给学生提示，做不做没有要求　C. 让学生自己做
D. 给学生简单讲授　E. 给学生详细讲授　F. 其他

19. 对于教科书中的一些课外实践活动，我的做法是（　　）

A. 完全凭学生自觉　B. 给学生提示，做不做没有要求　C. 让学生自己做
D. 给学生简单讲授　E. 给学生详细讲授　F. 其他

20. 对于教科书中的“阅读与思考”栏目，我的做法是（　　）

A. 完全凭学生自觉　B. 给学生提示，读不读没有要求　C. 让学生自己阅读
D. 给学生简单的引导　E. 给学生引导并要求学生阅读　F. 其他

21. 教科书中的实习作业（课题学习），我的做法是（　　）

A. 完全凭学生自觉 B. 给学生提示，做不做没有要求 C. 让学生自己做 D. 给学生简单讲授 E. 给学生详细讲授并指导学生完成 F. 其他

22. 对教科书中的“数学实验”“数学建模”“课题学习”等板块，我一般的处理方式是（　　）

A. 完全凭学生自觉 B. 给学生提示，做不做没有要求 C. 让学生自己做 D. 给学生简单讲授 E. 给学生详细讲授 F. 其他

23. 教科书中的“问题讨论”栏目，我的做法是（　　）

A. 几乎不讨论（直接讲授） B. 讨论少部分 C. 大约讨论一半 D. 大部分讨论 E. 全部讨论

24. 对教科书上的探究活动，我的做法是（　　）

A. 几乎不探究（直接讲授） B. 探究少部分 C. 探究大约一半 D. 探究大部分 E. 全部探究

25. 我要求学生课前预习（阅读）教科书的情况是（　　）

A. 从不 B. 较少 C. 一般 D. 较多 E. 总是

26. 我要求学生课后复习（阅读）教科书的情况是（　　）

A. 从不 B. 较少 C. 一般 D. 较多 E. 总是

27. 对于章后的小结，我要求学生认真学习的频率是（　　）

A. 从不 B. 较少 C. 一般 D. 较多 E. 总是

28. 上新课时，我利用教科书中的素材（情境）导入的频率是（　　）

A. 从不 B. 较少 C. 一般 D. 较多 E. 总是

29. 教科书中的习题，我给学生布置为课外作业或练习的频率是（　　）

A. 从不 B. 较少 C. 一般 D. 较多 E. 总是

30. 我认为教科书中习题的数量（　　）

A. 太多 B. 较多 C. 合适 D. 较少 E. 太少

31. 我认为教科书中习题的难度（　　）

A. 太难 B. 较难 C. 合适 D. 较简单 E. 太简单

32. 我认为教科书中的习题与教学内容的配合程度（　　）

A. 不好 B. 有些不太好 C. 一般 D. 比较好 E. 非常好

33. 我给学生布置教科书中的习题作为必做练习的比例是（　　）

A. 0—20%　B. 21%—40%　C. 41%—60%　D. 61%—80%　E. 81%—100%

34. 备课时，利用新教科书的频率是（　　）

A. 从不　B. 较少　C. 一般　D. 较多　E. 总是

35. 利用新教科书中例题的频率是（　　）

A. 从不　B. 较少　C. 一般　D. 较多　E. 总是

36. 我给学生补充辅导书中的例题、习题等内容（　　）

A. 很多　B. 较多　C. 一般　D. 较少　E. 很少

37. 我认为新教科书的内容与初中数学内容的衔接性（　　）

A. 很不好　B. 不太好　C. 一般　D. 比较好　E. 非常好

38. 我认为新教科书的难度与初中数学的难度的衔接性（　　）

A. 很不好　B. 不太好　C. 一般　D. 比较好　E. 非常好

39. 我认为数学内容与其他学科相互渗透的体现（　　）

A. 很不好　B. 不太好　C. 一般　D. 比较好　E. 非常好

40. 新教科书在体现“双基”目标的做法上（　　）

A. 很不好　B. 不太好　C. 一般　D. 比较好　E. 非常好

41. 必修5册对于数学的基础性体现（　　）

A. 很不好　B. 不太好　C. 一般　D. 比较好　E. 非常好

42. 在平时进行考试命题时，我参考新教科书的频率是（　　）

A. 从不　B. 较少　C. 一般　D. 较多　E. 总是

43. 我认为教科书的内容（包括习题）在反映高考试题方面做得（　　）

A. 很不好　B. 不太好　C. 一般　D. 比较好　E. 非常好

44. 我对高中数学新课程教科书的意见和建议是＿＿＿＿＿＿＿＿＿＿。

再次感谢您的合作，祝您工作顺利！

第三节　教科书德尔菲调查法

一、德尔菲调查法概况

德尔菲法是20世纪50年代在美国空军的资助下，由赫尔姆、达尔克、戈尔登及其助手在兰德公司最先开发出来的，它是使用一系列带有可控意见反馈的调查问卷来收集多名专家意见的系统方法。其主要特征是专家小组在回复问卷调查过程中保持匿名，优点是个体可以在方便的时间和地点异步参与群体交流过程。德尔菲法最初应用于美国国防领域，直到1968年与之相关的论文才首次在《技术预测和社会变革》创刊号上公开发表。[①] 至此，德尔菲法在医学、教育、企业与商业、预算拨款等非军事领域受到广泛关注，并被应用于各个领域的预测决策、规范编制和综合评价实践中。1975年，赫尔姆指出，德尔菲法在其短暂的历史中走过了漫长的道路，但它还有很长的路要走。他呼吁加强发展德尔菲技术，并指出其在提供社会科学"软"数据上具有潜在的重要性。

（一）德尔菲调查法的界定

学者们对于德尔菲法的界定各不相同。达尔克和赫尔姆提出，德尔菲法的目的是获得专家团体意见中最可靠的共识，通过运用一系列精心设计和带有可控信息反馈的调查问卷来实现这个目的。[②]

赫尔姆认为德尔菲法是一种征集和整理专家意见的系统方法，它通常应用于人们需要依据理智判断来制定政策和计划的情况。实际上，德尔菲法在某种程度

---

① LINSTONE H A, TUROFF M. Delphi: a brief look backward and forward[J]. Technological Forecasting and Social Change, 2011 (9): 1491 - 1499.

② DALKEY N, HELMER O. An experimental application of the Delphi method to the use of experts[J]. Management Science, 1963 (3): 458 - 467.

上就是决策制定过程。[1] 桑多认为德尔菲法是“一种预测工具，一种长期规划、行动和分析的基础，一种引发审慎判断的装置，以及一种用测试替代预期行动的看似连贯的结构”。[2] 林斯顿等人指出，德尔菲法是一种通过构建群组交流过程来使得一组专家作为一个整体去解决复杂问题的方法。[3]

里德认为，德尔菲法是一种针对某一特定问题，从专家组系统地收集数据和整合判断信息的方法。[4] 韦弗认为，德尔菲法是组织和分享“专家”关于未来发展的直觉预测方法。[5]

达尔克和赫尔姆的界定是最早的定义，他们把德尔菲法界定为获得“专家共识”，然而随着德尔菲法的不断应用和改进，不同类型的德尔菲法相继涌现，不是所有的德尔菲法都是致力于达成共识，比如政策德尔菲法就是通过建构和讨论“首选未来”的不同观点来支持政策决策。为此，人们提出了更加宽泛的德尔菲法的定义，尝试用一句话包含或突出不断改变的德尔菲过程。德尔菲法相继被界定为“制定决策”“直觉预测方法”“匿名辩论”等。透过不同的定义也可以发现人们关于德尔菲法形成的基本共识为：德尔菲法的工作原则是建立于“二人智慧胜过个人”的信念之上，其核心技术价值是通过运用重复的问卷调查过程去确定、预测与获得专家小组对某个特定问题的意见、态度和预测。

（二）德尔菲调查法的特点

作为一种决策和预测的方法，德尔菲法科学实用、方便易行，不仅如此，还可以避免传统群体决策方法带来的问题，如在群体讨论时，部分人受地位最高的人影响而导致随声附和，或因碍于情面而放弃自己的意见、附和别人的观点。德

---

① HELMER O. The use of the Delphi technique in problems of educational innovations[J]. Rand Paper, 1966 (12): 3499.

② SANDOW S A. Educational policy formulation: planning with the focus Delphi and the cross - purpose matrix[R]. New York City: E. P. R. C. Research Report, Syracuse University Research Corporation, 1972.

③ LINSTONE H A, TUROFF M. The Delphi method: techniques and applications[M]. Boston: Addison - Wesley, 1975: 282 - 287.

④ REID N. The Delphi technique: its contribution to the evaluation of professional practice [C]. Professional Competence and Quality Assurance in the Caring Professions, 1988: 230 - 262.

⑤ WEAVER W T. The Delphi forecasting method[J]. Phi Delta Kappan, 1971 (5): 267 - 272.

尔菲法具有四个重要特点：①匿名性。德尔菲法开展匿名的问卷调查，研究者运用信件或邮件的形式单独与专家联系，向其征询意见，由于专家互不见面、互不讨论、完全匿名，从而消除了身份、地位、资质等因素对其判断的影响，同时专家可以参考前一轮的反馈信息来修改和完善自己的意见，由于匿名无须担心会有损于自己的威望。②重复性。德尔菲法在调查过程中，要进行 3—4 轮征询专家意见，每一轮都做基本相同的事情（重复投票和统计投票结果），经过多轮反复调查，专家组成员可以根据反馈信息不断修改与完善自己的观点。③反馈性。德尔菲法在调查过程中要进行多轮征询专家意见，研究者对每一轮调查结果都要进行统计汇总，并把专家组的综合意见作为反馈信息提供给每一位专家，供下一轮调查时参考。由于每一轮调查都有反馈信息，专家可以分析比较自己观点与他人观点的不同，适当调整和修改自己原有的观点，从而达到相互启发、提高调查准确性的目的。④聚合性。德尔菲法总结阶段科学地综合专家组的意见，运用统计方法对专家组意见进行处理，常常用中位数的方法得出最终结论。

德尔菲法是一种综合多名专家经验与判断的群决策方法，也是一种得到广泛应用的定性分析方法，它主要适合于如下状况：问题难以借助精确的分析和技术处理，但是建立在集体基础上的直观判断可以给出有用的结果；问题庞大而复杂，缺少或没有历史数据，甚至是首创性的，这时专家们的意见是仅有的判断来源，然而当专家人数众多，面对面交流思想的方法效率很低，或者专家间分歧严重，或因其他原因，不宜面对面交流思想；在预测技术创新问题时，避免盲从权威或“从众”心理，需保留专家们的多种意见进行分析。上述情况中使用德尔菲法都较为有效，当然，受专家知识结构或资料限制，此法也具有一定模糊性和主观性。

（三）德尔菲调查法的步骤

1. 选择和组建专家小组

由研究人员按照研究目的和研究内容选择该领域的专家，组成讨论小组，选择专家的一般要求为：专家总体的权威程度较高，对研究内容非常熟悉，拥有丰富经验，并且有时间、热情和精力参与该调查研究。有学者认为专家成员最好包含不同理念或社会地位的成员，人数原则上不要太多。如果是异质性小组，以 5—10 人为宜；如果是同质性小组，以 15—30 人为宜。一般来说，专家咨询小组成员在 10 人以上时，群体误差较低，可信度较高。

2．开展第一轮问卷调查

研究者应设计专家调查表，向参加调查的专家发放首轮调查问卷。问卷应向每位专家说明研究的问题及相关要求，并将与该问题相关的背景资料提供给专家组成员，同时询问专家还需要哪些资料。该轮调查问卷主要由开放式问题组成，一般采用信件或电子邮件的形式，专家对问卷作出书面答复，问卷调查过程中采用匿名的方式进行。专家调查表在设计时需要注意，表格的每一栏目要紧扣研究目的，表格内容简明扼要，填答方式简单。此类针对专家的调查表应该使专家思考决断的时间长，应答填表时间短，填表时间在 2—4 小时之内。

3．专家提出评价意见

各个专家根据收到的资料，提出自己的预测或评价意见，并说明自己是如何利用这些资料作出预测和评价的。

4．汇总首轮专家意见

汇总各个专家首轮判断意见，列成图表后进行对比，第二轮以反馈信息的形式分发给各位专家，让专家比较自己与他人的不同意见，坚持或者修改自己的意见或判断。各位专家也可以把意见加以整理，请身份更高的其他专家加以评论，然后把这些意见再分送给各位专家，以便他们参考后修改自己的意见。

5．回收专家修改意见

整理和分析专家意见后，将得到的专家群组信息反馈给下轮，并以问卷形式发给下一轮专家，“逐轮收集意见并为专家反馈信息”是德尔菲法的主要环节。需要注意的是，在向专家反馈意见的时候，只给出各种意见和汇总情况，并不说明发表各种意见的专家的具体姓名。这一过程重复进行，直到每一位专家不再改变自己的意见为止。收集意见和信息反馈一般要经过四轮的反复过程：第一轮，发给专家的第一轮调查表只提出评价研究主题，研究小组对专家填写后寄回的调查表进行汇总整理，归并同类事件，排除次要事件，归纳出一张时间一览表，作为第二轮调查表发给每位专家；第二轮，专家对第一轮调查表所列的每个事件作出评价并阐明理由，领导小组对专家意见进行统计处理；第三轮，根据第二轮统计材料，专家再一次进行判断和预测，并充分陈述理由，有时只需持异议的专家充分陈述理由，因为他们的依据往往对其他成员重新作出判断产生影响；第四轮，在第三轮统计结果基础上，专家再次进行评价预测，根据研究小组要求，有的成员要重新作出论证。通过四轮调查，专家的意见一般趋于一致。

6. 综合处理专家意见

根据以上步骤，汇总所有专家的意见，把专家组形成的共识作为调查结论进行公示。在实际操作过程中，德尔菲法并非都需四轮的反复过程才能取得最终结果，有的可能在第二轮修正时专家意见就达到了统一。但是，有的也可能经过四轮反复调查和修正后，专家的意见仍然没有统一，并且每位专家都坚持自己的立场，不愿改变自己的观点。在这种情况下，研究者可以运用中位数和上下四分法，通过科学统计来获得最终的结果。

二、德尔菲调查法的新发展[①]

随着德尔菲法的广泛应用，基于德尔菲原理的各种方法不断地被创新和发展。正如韦弗在 1972 年所说，现在没有人运用纯粹的德尔菲法，这些方法都是经过修改的。[②] 研究者把德尔菲法与相关理论融合，改造和开发基于德尔菲法基本原理的新方法，广泛应用于各个领域。

（一）政策德尔菲法

1970 年，图罗夫提出了政策德尔菲法。政策德尔菲法致力于寻找重大问题潜在解决办法的最可能反对意见。政策德尔菲法的前提是决策者并不需要专家们作出决策，只需要一组知识渊博并视野开阔的专家提供尽可能多的意见并提供相关证据。传统德尔菲法是一个决策工具，而政策德尔菲法则是一个决策辅助工具。政策德尔菲法和传统德尔菲法相似，都存在一些方法学本质上的局限，研究者们对于局限的批评主要是不确定性调查问卷的使用，过分精简的结构化咨询过程限制新想法产生，还会使实施过程花费时间过长。

（二）教学德尔菲法

1971 年，图罗夫和桑多提出，德尔菲法是一种非常有效的教学工具，这种

---

① 丁晋飞，谈立峰，汤在祥，等. 德尔菲法及其在公共卫生领域的应用和展望[J]. 环境与职业医学，2012（11）：727－730.

② MCGAW B，BROWNE R K，REES P. Delphi in education：review and assessment[J]. Australian Journal of Education，1976（1）：59－76.

教学技术可以影响参与者对未来规划复杂性的认识，并重新调整不合理的期望。许多人致力于把德尔菲法转变成一种探索未来的游戏，一种更好的教学法。奥斯古德于 1965 年在伦敦举行的未来会议上首次提出了在教学计算机上编制一种探索未来的游戏程序想法，并将其用于教育和社会科学研究。昂普尔比等人在伊利诺伊大学进行开发研究，制作了一个名为“德尔菲法探索”的计算机系统。该系统的先进形式为“探索者”提供了虚拟环境，在这种环境中，他们可以测试自己构建未来的能力。“构建理想的未来”意味着通过投资（答案表示意愿）的方式来改变发展的可能性，以使探索者期望的发展接近 100% 的可能性，不期望的发展趋于 0% 的可能性。昂普尔比认为，在试图改变发展的可能性时，探索者会明白，他的行为具有次要影响，有些是可取的，有些是不可取的。通过这种方式，个人有机会比较他对“世界如何运作”的看法与“专家”的看法，他们对未来发展的评估是该程序的一部分。总之，德尔菲法与计算机技术的结合所获得的专业知识具有重要的教学价值。

（三）模糊德尔菲法

1985 年，穆里等人提出将传统德尔菲法和模糊理论结合的概念。模糊理论以人类解决问题的思考模式为出发点，旨在解决现实环境中的不明确和模糊的信息，其突出优点是能较好地描述与效仿人的思维方式，总结和反映人的体会与经验，对复杂事物和系统进行模糊度量、模糊识别、模糊推理、模糊控制和模糊决策等。根据模糊理论，专家在评估方案或评估绩效时，对于复杂或难以定义的评价指标的值，很难用定量的方法去描述。在这种情况下，可以用模糊数的概念来表示对指标的评价值。模糊德尔菲法采用隶属度来建立参与专家之间的隶属函数，利用统计分析和模糊运算，把专家的主观意见转化为准客观数据。应用模糊德尔菲法来进行因素筛选综合考虑了专家主观思维的不确定性和模糊性，可以达到研究所设定的目标。有研究者总结模糊德尔菲法的优点是其充分考虑和整合每一位专家的意见来实现群组决策共识，人类思想中的模糊部分如不确定信息和主观信息都可以通过模糊数来包含，减少调查时间使研究经济省时。也有研究者认为模糊德尔菲法仍需要改进。

（四）实时德尔菲法

1973 年，图罗夫创建了一个使用计算机终端的在线自动化德尔菲法会议实验，这个实验持续了13周。实验表明，计算机在线技术有助于促进德尔菲法的实际应用效果。2006年，戈登等通过删除多轮调查以减少调查时间来改进传统德尔菲法，新方法采用“实时”技术在线获得专家的意见和信息，因此被称为“实时德尔菲法”。通过运用英特网让专家参与调查研究，受访专家感到他们正在与同行的专家小组交换信息，而非回应民意调查，从而解决了专家参与研究的积极性问题并简化问卷调查过程。实时德尔菲法解决了传统德尔菲法的一些缺陷，如研究者任务复杂，缺少实时的结果展现，很难长时间地跟踪调查进程。该法最大的优势在于，不管是用于标准德尔菲法的问题，还是用于决策分析、输入输出和交互影响分析的矩阵设计问题，实时德尔菲法都具有高效和适用的特征，但现在的实时德尔菲法只有理论的概念原型，要投入使用还需要更多的实践和研究。

（五）问题解决德尔菲法

2007年，怀特和图罗夫提出了问题解决德尔菲法，这是一种提供协作判断的系统。参与者被鼓励集中讨论解决主要分歧，通过收集参与者的排名或配对比较来获得专家组协同一致的意见。采用瑟斯顿配对比较法，将参与专家的意见集中至同一个动态协作区间。面对灾难应急响应等紧急问题时，该法可以帮助研究者进行快速而有效地决策分析。

三、德尔菲法在教科书领域的应用

德尔菲法在教育领域中较早应用于教育管理学。1968年，美国学者戈登和萨尔在美国教育管理教授参与的圣地亚哥会议上开展了试验研究，其主要目的是收集可能对教育管理产生影响的未来发展、可能发生的日期以及这些发展的价值（如果发生的话）。受访专家还被要求推测不同团体在促进或阻碍有关事态发展方面所发挥的力量。[①] 后来，德尔菲法逐渐扩展到教育研究的各个领域，包括教科书研究。

德尔菲法在教科书领域的应用主要体现为教科书评价指标研究。评价规准研

---

① MCGAW B，BROWNE R K，REES P. Delphi in education：review and assessment[J]. Australian Journal of Education，1976（1）：59－76.

究在教科书发展研究中数量很多，教科书评价规准的研究常采用德尔菲法征询专家学者意见，以建构一套客观、具公信力的评价规准。但研究结果大同小异，常见的标准包含内容、教学、出版等属性。

（一）德尔菲法与学科教科书评价研究

2009 年，有研究者从教师视角、学生视角和基于语料库语言学的客观视角对英语教科书进行评价，提出了一种新的评价体系模型。通过德尔菲法从 127 个项目中选取了 70 个评价标准，运用模糊层次分析法消除主观因素，根据专家意见和教科书用户的主观判断对评价标准进行加权，客观评价标准的统计数据是通过计算机软件分析英语教科书语料库中的资料而获得。基于这些数据的定量分析使评估结果更加客观和准确。①

2011 年，李佳运用德尔菲法构建了高中物理教科书评价指标体系。首先，他选择高等师范院校物理课程与教学论专业的专家学者、高中学校教学管理领导、高中物理教研员、高中物理特级教师、高中物理教科书编写者作为此研究的专家；然后，经过两轮德尔菲问卷调查，构建高中物理教科书评价体系，包括 3 项一级指标、8 项二级指标、33 项三级指标、53 项评分标准。在一级指标中，“内容属性”尤为重要（权重值为 0.552），“教学属性”次之（0.324），最后是“表征属性”（0.124）。在“内容属性”中又以“目标一致性”最为重要（0.263），“内容选择”次之（0.192），最后是“内容组织”（0.097）；“教学属性”下，依据重要性程度排列依次为：“教学设计”（0.173）、“学习评价”（0.077）、“教学资源”（0.074）；“表征属性”下，二级指标依据重要性程度排列依次为：“语言表达”（0.094）、“出版设计”（0.030）。②

（二）德尔菲法与电子教科书评价研究

2012 年，有研究者认为有必要从更加系统化、结构性的视角开发数字教科书，提供数字教科书用户界面结构指导原则。研究运用德尔菲法对由学者和技术工作者组成的专家小组进行三轮问卷调查，形成数字教科书用户界面必要的要

---

① WANG X M, YANG Y J, WEN X. Research and design of computer - aided English textbook evaluation system[M]. New York City: IEEE, 2009.

② 李佳. 高中物理教科书评价指标体系构建研究[D]. 重庆：西南大学，2011.

素，在此基础上形成数字教科书用户界面指导原则。① 2015 年，彭文萱、熊召弟选取 14 名大学科学教育、科技教学领域的教授和使用电子教科书的教师，以自然与生活科技领域电子教科书为研究对象，依据自然与生活科技领域教学所使用的针对教材、数位和科学本质三大标准，在三轮德尔菲问卷调查的基础上，提出优质科学电子教科书的评价分别有 3 个分类、8 个向度、23 个子向度、51 个指标。以此为标准对三个版本的电子教科书进行分析，发现技术界面符合指标，但数位与教学有待进一步融合，科学本质的转化表现较弱，尤其在科学方法与科学实证这两个子向度的表现上较弱。

（三）德尔菲法与教科书文本内容研究

2016 年，万延岚运用德尔菲法对来自全国高等院校和科研院所、与科学相关的各个领域 33 名杰出专家，就“社会发展视域下适切的中学理科课程应包含哪些重要内容”这一问题进行了深入探讨。通过三轮迭代的德尔菲法研究，专家共同体基于我国社会发展背景和学生全面发展需求作出了有效决策和权威共识。研究构建了社会发展视域下中学理科课程适切性的内容模型，主要包含 7 项一级社会性科学主题（环境问题、安全健康、资源能源、生态系统、生物技术、新型材料、科学本质），7 项科学能力（发现和提出问题的能力，收集、分析、综合、评价、交流信息的能力，创新能力或创新思维，实验探究能力，科学论证能力，运用科学术语进行表达的能力，社会参与和实践），6 项价值观念（实事求是的科学态度，批判性态度或批判性思维，社会责任感，道德和伦理意识，团队参与、交流合作，规则意识）。这些内容是适切的中学理科课程应该重点关注和强调的。②

从总体上看，德尔菲法在国内外已被广泛应用于医学、经济学、管理学、教育学等各个领域，但是德尔菲法在国内教科书领域还处于初步应用和起步阶段。在研究时间上，德尔菲法在国外具有更长的研究历史。德尔菲法产生于 20 世纪

① JIN K A, LIM D K, KANG J J. Development of digital textbook UI guideline: focused on percepted user interest experience[J]. Communications in Computer and Information Science, 2012: 351, 170 - 175.

② 万延岚. 中学理科课程的适切性研究——基于社会发展的视域[D]. 济南：山东师范大学，2016.

50 年代的美国，在国外被广泛应用于各个领域。20 世纪 80 年代国内学者才开始引进和使用该方法，教科书领域的相关成果数量不多。在应用领域上，德尔菲法在医学领域、管理学领域的应用更多、更成熟，教育学领域中主要被应用于教育政策、课程设置、教材评价等相关问题的研究，教科书领域中数字教科书评价研究日益成为该方法应用的重要方面。在研究目的上，国内研究注重建构教科书评价指标体系，将此法应用在教科书发展预测和政策管理领域较少，今后希望能够广泛应用于教科书政策管理、教科书技术创新和教科书使用效果等方面。在研究方法上，近年来国外研究对德尔菲方法不断进行创新和改进，国内研究仍然局限于传统德尔菲法的应用，缺乏对新方法的吸收和应用，研究的信度和效度也有待提高。德尔菲法及其新方法在教科书领域的应用还需要众多教材专家和教学工作者的深入研究。

四、德尔菲法的方法论反思①②

（一）效度

德尔菲法是一种具有较好效度的研究方法。

1. 内容效度

内容效度是指调查内容对调查目的的适合程度，调查的问题在多大程度上代表了所要调查的全部内容。许多学者认为，德尔菲法具有较好的内容效度和表面效度，这种观点主要是基于三个关键性假设：第一，研究结论源于团体意见，假设团体的共识比个体的意见更为有效；第二，德尔菲过程源于“真实世界”中的专家意见，假设这些意见可以提供明确判断；第三，经典的德尔菲过程包含第一轮开放、定性的调查，假设允许专家提出测评项目。此外，后续几个轮次的调查允许专家审查和判断项目的适当性。

2. 构想效度

构想效度是一种理论效度，着眼于理论上的假设和对假设的检验，用于衡量

---

① MCGAW B, BROWNE R K, REES P. Delphi in education: review and assessment[J]. Australian Journal of Education, 1976 (1): 59 – 76.

② HASSON F, KEENEY S. Enhancing rigour in the Delphi technique research[J]. Technological Forecasting and Social Change, 2011 (9): 1695 – 1704.

一种调查能否测量出预测构想的程度。德尔菲法被认为是可以实现构想效度的方法，它的参数是由专家给出的项目来界定和支持。施密特、奥科利和帕洛夫斯基建议，研究者对第一轮调查结果的解释和分类应反馈给专家进行检查。由于德尔菲中的反馈对于研究者来说不是匿名的，因此这种方法是允许验证的。这样做可以确保专家的定义是正确的，并增加调查结果适用于不同情境的可能性。

3. 效标关联效度

“调查是否有效”直接关系到决策的正确与否。效度标准简称“校标”，是用于衡量决策正确与否的参照标准。效标关联程度就是测验结果与效标间相符合或相一致的关联程度。当测试被证明在预测研究对象的标准或指标是有效的，就建立了与标准相关的有效性。评估校标关联效度一般有两种策略：同时效度和预测效度。两者的区别在于获得测验分数和校标分数时间间隔长短的差异。

同时效度是以测验分数和效标分数之间的相关系数作为测验的效度值，但其特点和可行性在于人群总体的测验分数和效标分数几乎同时获得。由于德尔菲法有着连续轮次的调查，专家成员已经确定并同意其组成部分，因此它被认为有助于同时效度。

预测效度是以测验分数和实测过一段时间后的实际行为表现为效标，由两者的相关系数所决定。预测效度通常是根据德尔菲法的准确性来衡量，许多人认为这是技术有效性的证据。自从该方法应用以来，许多研究都探讨了短期和长期预测的精准度问题。比如小野和魏德迈比较了 1995 年德尔菲调查的结论与 1991 年的实施状况，发现早期的预测与后期的评价有高度相关性，早期专家的预测几乎准确地预言了一半的事实。贝格霍费尔提出，德尔菲法能够为推动人们广泛参与教育政策制定提供一种有效的手段。他发现，由于参与者可以提前阅读与未来相关的材料摘要，他们构建未来政策的能力大大提高了，因此最大限度地接触未来材料的团体最有可能提出有助于改进当前实践的明确政策建议和实施方案。贝格霍费尔也发现，获取了与未来相关材料的专家团体倾向于更多地利用德尔菲过程互动，这样他们更愿意在各轮调查中改变意见，更少地被主流观点影响，在参与政策制定的过程中，这种专家团体也会比那些事先没有获得与未来相关材料的专家表现得更加积极。

学者还探讨了德尔菲法是否比传统的圆桌讨论法或一次性问卷调查法更加准

确。达尔克在兰德公司开展了一系列试验来判断德尔菲法是否会提高团体判断的准确性。试验的基本任务是回答 20 个年鉴中的问题。其中一个典型的问题是："第二次世界大战结束时有多少女海军陆战队队员?" 在第一轮调查中，答案有很多个，在接下来的几轮调查中，答案越来越接近，专家小组趋向于一个共同的答案，然而共识却没有达成，在几轮调查后仍然存在明显的分歧。最重要的是，有些团体成员的判断确实在几轮调查后变得更准确，而有的则并非如此。大约三分之二的案例中团体判断有所改善，三分之一的案例中变得不那么准确，与面对面互动的试验相比，德尔菲程序往往改进了团体的判断。后来，达尔克在系列试验的基础上提出：试验表明，面对面的讨论会使团体判断更不准确，然而匿名的带有可控意见反馈的程序使团体判断更加准确。

（二）信度

许多学者认为，德尔菲法提高了研究信度。这种观点主要是基于两个原则：①德尔菲法具有交互性特征，避免了团体偏见，出现了群体思维情景，提高了结果的可靠性；②随着团体规模的增加，受访团体的可靠性也会增加，基于这样一种信念，较大的团体将反映总体的意见，提供较小的置信区间。但是，这种说法受到了广泛的质疑，因为样本越大，可能发生的变异越多，准确度和普遍性水平就越低。这种情况就可能导致错误的共识，因为它迫使参与者达成共识而没有任何机会辩论这些问题，有学者声称使用开放式第一轮调查使信度评估存在问题。

1．重测信度测试

重测信度测试是评估研究结果可靠性最直接的方法。它是指使用同一个测量工具，对同一组受试者前后施测两次，根据两次分数计算得到的相关系数。许多研究已用它测量德尔菲法的稳定性和可靠性。比如，应用重测法测量 26 名大学教师在不同时间范围内意见的一致性。调查使用了由 110 个项目组成的问卷，根据不同的机构目标向专家征询对这些项目重要程度的看法。尽管意见存在很大差异，但三轮调查后仍然达成了共识。一年后，同一个专家小组被提供了同样的问卷，结果发现德尔菲第一轮调查结论与最后一轮相比更为相似。调查结果表明专家组成员在两次调查中最初的意见一致，说明德尔菲法具有较高的信度。但是最初获得的共识似乎并不持久，这也导致有人质疑方法的可靠性，并建议进一步研究。

2. 观察员间信度测试

观察员间信度测试是组成两个专家咨询小组，由两组专家分别完成相同主题、相同轮次的德尔菲调查，从而得到两组调查结果，观察者通过比较两组专家咨询的结果来评估德尔菲法的可靠性。诸多研究发现，通过观察员间信度测试，德尔菲法的信度和可靠性较高，两组专家意见高度一致，但是研究者主张每种德尔菲研究的信度都需要单独评估。

3. 平行卷信度测试

德尔菲法的稳定性也可以用平行卷信度测试来衡量。例如，改变问题的顺序或修改德尔菲进程中第一轮问题的措辞。如果专家组成员两次都以相同的方式进行回答，那么指向正相关表示的可靠性至少为0.80。这旨在确定可变的任何错误都是由问题措辞或排序引起的。这种方法可能有助于减少实践效果的影响，这种影响源于重测信度法。平行卷信度测试法通常应用于心理测量和教育研究，但很少测试德尔菲研究。这是由于创建第二种平行的测试题存在实际困难。此外，戈登提示说，即使是微妙的措辞变化也会影响答案，因此建议给专家成员提供正规形式的测试工具，然后跟进专家小组，了解他们对问题的解释。然而，为了测量可靠性（或一致性），在某种意义上需要复制调查问卷，因此在开发技术时也应该考虑平行卷测试。

（三）局限及其克服

罗韦和弗鲁尔指出，我们的定义越精确，我们开展的研究越好（信度和效度越高），我们越容易解释结果，我们对于我们的结论就越有信心。[①] 德尔菲法缺少精确的界定，使其在研究信度和效度上处于不利的境地。除了德尔菲法定义的不确定性，这种方法还存在着其他的不确定性，比如关于专家意见共识、选择专家的标准、德尔菲的类型、专家的最佳人数、调查的轮次等。关于专家意见共识，沃登贝赫认为，德尔菲法过分强调共识的形成，在无形中产生让参与者跟随主流意见的压力。亨森提出德尔菲法存在两个问题和局限：第一，只有当专家组的意见包括了全体意见时，德尔菲法才是有效的；第二，研究者的领导角色可能

① ROWE G, FREWER L J. A typology of public engagement mechanisms [J]. Science, Technology & Human Values, 2005 (2): 251 - 290.

会对研究产生偏倚，因此合理的设计研究至关重要。关于选择专家的标准，有学者认为，综合评价的过程中专家的选择要相对“广泛化”，在评价的具体环节专家的选择应注重“精深化”，如在确立评价指标体系环节中，应选择精通现象描述的专家；在对评价结果进行评估检验环节中，应选择精通现象分析和熟悉评价方法应用的专家。关于专家的最佳人数，德尔菲法的调查专家一般不超过 20 人，克莱姆认为，德尔菲法的可靠性会随着调查组专家人数上升而增加，但太庞大的调查组会使研究变得难以管理和实施。德尔菲法研究的可靠性在达到 13 个参与者时趋于一个收益递减点，再增加人数就会降低其可靠性。关于调查的轮次，如果调查的目的是排序，一轮专家咨询即可，2 到 3 轮调查容易使专家产生疲劳。

有四种策略可以建立德尔菲法的信度、可靠性、可证实性和可推广性。恩格斯和肯尼迪认为，通过持续的迭代和向小组成员提供反馈可以增强德尔菲法的信度，这可以被视为成员检查和应用其他研究方法的过程；科尼克提出，通过在德尔菲法研究中选取一系列代表性的专家样本，可以实现德尔菲法的可靠性；通过保持对德尔菲法收集和分析过程的详细描述，可以体现其可证实性；开展德尔菲法结果的适用性验证来确定其可推广性。埃夫斯塔西奥等人得出结论：经典德尔菲法的信度是通过制定明确的研究问题、转录专家的回答和详细记录连续几轮的回复建立的。

第八章

教科书研究方法的新进展

第一节　教科书叙事分析

叙事指叙述一系列因果相连且有意义的故事或事件。叙事在文学、历史、哲学、法律、艺术、宗教等人类社会生活的各个领域中广泛存在，它参与了人类历史文化的形成和生活文明的发展。叙事受人类外部的社会历史文化影响，同一叙事可以有不同的变体，由不同的形式呈现，但千变万化的叙事形式内部潜藏着相似的基本结构。结构主义叙事学产生于二十世纪六十年代，它主张运用语言学分析方法探讨叙事文本的结构规律，揭示叙事符号系统背后隐藏的价值意义；受其影响，叙事分析成为一种影响深远的文本分析方法。所谓叙事分析就是以结构主义方法论为基础，运用语言学分析模式对叙事文本展开研究，明确叙事文本中表层结构与深层结构之间的关系，透过具体的叙事形式和表层结构揭示潜藏其中的价值系统和深层结构。简言之，叙事分析就是要“望穿”叙事文本，探寻“故事下面的故事”。本节探讨叙事分析的理论观点及其在教科书研究领域中的方法应用。

一、叙事分析的理论与观点

（一）叙事分析的理论发展

叙事分析是以费尔迪南·德·索绪尔的结构主义语言学、查尔斯·桑德斯·皮尔斯和查尔斯·莫里斯的符号学作为理论基础。索绪尔区分了“语言”和

“言语”这两个概念：语言是一种理论结构和符号体系，是所有的言说活动必须遵循的基本规则；言语是存在于日常情境中的具体言语行为。语言学家的任务应该是研究“语言”而非“言语”。从历史上看，叙事分析主要包括三种较经典的理论流派：费拉基米尔·普洛普的直线式叙事分析、克洛德·列维－斯特劳斯的二元对立叙事分析、阿尔吉尔达斯·朱利安·格雷马斯的叙事语法分析。

1. 直线式叙事分析

普洛普认为，以往按照人物和主题对童话进行分类和研究的方法不够严密。他通过深入研究一百个俄罗斯童话，发现故事中的人物虽然千差万别，但他们在故事中的行为活动却十分有限，大多重复着同样的行为，所有的故事都遵循着共同的规律结构和叙事原则。他主张应根据“功能”而非“主题”对童话进行归纳和概括，为此，他提出了七种人物角色和三十一种类型化功能，每种人物角色都承担一定的功能，所有的童话都是由角色和功能构成的基本故事，形态各异的童话不过是这些基本故事的变体。普洛普的理论超出了经验范畴，从具体文本中抽象出基本的功能类型，把多元变化的叙事文本简化为结构模式和叙事规则，为构建叙事文本的类型学理论提供了启示。这种注重功能与序列的叙事分析法也被称为“横向组合分析法”或“直线式叙事分析法”。

2. 二元对立叙事分析

列维－斯特劳斯在分析一系列神话故事的基础上，指出从具体的历史时空出发探讨神话现象，必会导致对神话的解释众说纷纭，使神话研究处于非科学阶段。他主张应该从神话纷繁复杂的具体现象出发，分析神话形成发展的自然机制，发掘其中蕴涵的深层结构和逻辑模型，确保神话研究科学化。列维－斯特劳斯认为，二元对立原则是分析神话的基石。在神话中，人们通过善与恶、好与坏、强与弱等二元对立的思维形式再现世界与建构意义，为此，在分析中，应该使用二元对立的模式来解释神话，探寻神话情节背后潜藏的深层结构。比如，俄狄浦斯神话故事体现了自然与文明的二元对立。神话分析首先要把神话分割为一系列不同的叙事单位，发现叙事单位之间的关系，赋予这些叙事单位以特定的意义，彼此之间建立意义联系，根据意义将它们重新排序、组合和归类，说明和阐释这些意义联系，“破译”神话中蕴藏的二元对立的逻辑密码。

3. 叙事语法分析

格雷马斯提出了叙事语法分析理论。首先，格雷马斯对“行动元”进行了类型分析，“行动元”也称为“行动者”“角色”“行动单位”等，是指导行动的施加者，任何意义的产生都与行动有关，有行动就必须有施加者。他把普洛普叙事分析中的七种人物角色进一步简化为三种存在对立关系的“行动元”，即主体对客体、发送者对接受者、辅助者对反对者。其次，格雷马斯创建了“行动元模型”开展分析文本的叙事结构。行动元模型是关于角色模式的结构系统模型。格雷马斯认为，行动元之间并非简单孤立，而是密切关联的。他从结构主义思维出发为叙事文本设计了一个“行动元模型”，以此确定教科书叙事文本中人物的角色类型，揭示不同角色与故事之间构成的功能关系。最后，格雷马斯构建了“符号矩阵”分析文本的深层结构。从静态的角度看，矩阵体现了叙事中特定时刻的规范性条件；从动态的角度看，矩阵可以用来说明价值规范的不同发展。为了确定叙事中各个部分的静态结构，文本内容从表层结构到叙事结构必须按照一系列规则进行提炼和缩减。

（二）叙事分析的主要观点

结构主义叙事学的诸多流派虽然没有提供一种统一的思想观点和操作方法，但是在叙事分析的基本理论观点上比较一致。下面以二元对立的三对范畴来揭示其基本观点。

1．中心概念：表层结构与深层结构

叙事分析从“结构”的角度探讨语言符号建构的文本，把结构划分成表层结构和深层结构等不同层次。表层结构是可见的、在场的语言组织形式，是传统文本分析和内容分析关注的研究对象，包括语音语法、句段组合、情节材料等。深层结构则是以表面“缺席”、实质“在场”的形式存在于文本中，是文本中的基本的价值系统和深层意蕴，是赋予文本以存在意义的深层逻辑表达形式，是隐含着人类深层的无意识结构，它们无意识地存在于人的心灵中，包含着具有普遍意义的规范、价值和态度，在文本中反映了特定社会系统的价值和规范结构。结构主义叙事学强调的是深层结构，他们主张为了把握文本的内在联系和本质规律，必须把握其深层结构，叙事分析就是要在话语的表层结构下抽象出一个潜藏的深层结构。在结构主义叙事学中，普洛普、列维－斯特劳斯、格雷马斯等人对一系列文本故事进行形式化处理后，得到的“故事形态”“逻辑事纲”“符号矩阵”就是深层结构。

2. 结构图式：能指与所指

索绪尔认为语言是一种自治系统和先验结构，是由语音和概念这两个要素构成的，为了揭示这两者之间的关系，索绪尔提出了“能指—所指”的结构范式。能指是指符号的语音形象，所指就是符号的实质意义和约定俗成的概念内涵。他认为，一切符号都可以分为能指和所指，比如，作为语音的“猫”就是能指，所谓概念的“猫”就是所指。能指与所指之间存在一一对应的关系，语音必然指向特定概念，特定概念必然有语音与之匹配。语言体系表现为一系列语音上的差别和一系列概念上的差别的并存。能指与所指的结构图式形成了一个稳固的语言体系和符号网络，这就是语言结构。皮尔斯也指出，符号学意味着“一种行动、一种影响，其中包含着‘符号’‘对象’‘解释’这三种关联要素”①，叙事分析是由这三者之间的关系决定的，“符号”与“对象”不会直接关联起来，只有通过“解释”才能将它们联系起来。因此，在结构主义叙事学中，语言就是一种由能指和所指的对立关系和不同符号的差别关系构成的符号体系，符号的意义是在能指和所指两者的和谐共处中形成的。

3. 逻辑工具：对象语言与元语言

结构主义叙事学吸收了当代语言哲学和逻辑学的思想，通过借用“对象语言”和“元语言”这两个学术概念，构建了其特有的形式化语义分析方法。对象语言是用以代表或指称外部世界事物的语言，涉及文本中具体的讨论题材或话题；元语言是用以描述或解释语言本身的语言，是一种更高层次的语言形式。只有对象语言，无法深入分析语言形式系统的实质，必须把元语言作为分析工具，定义和探讨对象语言，才能建构完善的语言形式系统。对象语言与元语言之间的关系，就是研究文本中抽象出来的结构形式和对这种结构规律的有效解释之间的关系。叙事分析中引入元语言分析具有重要的方法论意义，有助于分析文本的语言结构形式和意义生成过程，揭示语言的形成规则和本质规律，从而大大增强文本分析的严密性、有效性和科学性。

总之，表层结构与深层结构、能指和所指、对象语言与元语言等对立概念贯

---

① TITSCHER S, MEYER M, WODAK R, et al. Methods of text and discourse analysis [M]. London: Sage Publication, 2000: 126.

穿在叙事分析理论的始终，体现其二元分立的分析框架和逻辑结构，也构成了对叙事文本开展符号学分析的有效工具。

二、教科书叙事分析的内涵与特征

教科书中存在大量包含叙事要素和典型故事的叙事文本，如语文教科书中的记叙文、童话故事、神话故事、小说、传记，历史教科书中的历史人物和历史事件，政治教科书中的榜样人物和道德故事等。有学者指出，教科书研究领域中适合开展叙事分析的研究选题也较多。① 叙事分析应用于教科书研究，有助于分析教科书中的叙事文本，从结构主义叙事学的视角去审视教科书文本，揭示教科书中的叙事文本“说什么”和“怎么说”的问题，探寻其故事的叙述风格、语言结构、组织形式和价值观念。总体上看，教科书叙事分析具有如下内涵与特征。

（一）一种深层结构分析

教科书叙事分析是透过教科书中叙事文本的话语形式和表层结构，对叙事文本潜藏的精神语言和深层结构的分析。从结构主义叙事学来看，教科书中的叙事文本可以分为叙事的表层结构和深层结构，叙事的表层结构是指叙事文本在话语形式上“说什么”和“如何说”；叙事的深层结构是指叙事表层结构背后隐藏的更深层次的故事结构和价值意义，所有叙事文本背后都有“可理解”的深层结构。为此，叙事分析不应停留于探讨教科书中叙事文本的外显形式，而应关注叙事文本中基本的深层结构和普遍的价值规定性。

叙事就是人类按照一定的结构规则讲述故事，是人类对个体经验的精神表达和心灵形式，教科书叙事文本中不但具有文本赖以构成的重要叙事逻辑，而且蕴涵着复杂的价值意义。教科书叙事分析是对文本系统做语言逻辑的结构分析，寻求形式化的叙事结构，把握教科书中蕴涵的文化意识和精神语言。叙事文本中蕴

---

① 适合开展教科书叙事分析的研究选题如下。a. 领袖故事如何被运用在教科书中：可做跨国教科书比较，跨时代教科书比较。b. 小学教科书中典范人物的故事特征分析：可探究典范人物的成就类型，获得成就归因，故事功能，道德意涵等；亦可做不同时代典范人物比较，不同版本比较，不同学科比较等。c. 教科书中记叙文的各种形象特征描述：好家庭、好父母、好老师、好学生、好朋友等形象特征，亦可做跨国比较、跨时代比较。

张芬芬. 如何分析教科书：四种文本分析法及其比较 [M] //石鸥. 教科书评论. 北京：首都师范大学出版社，2014：30 - 59.

涵着人类社会生活共同的精神语言，教科书叙事文本分析应该求助于作为叙事基础的内在的结构模式和“共同的精神语言”。为此，教科书叙事分析应从结构观念入手，把叙事文本看做一个结构系统来考察：既可以把教科书中的一篇叙事文本看成一个结构系统，也可以把一本教科书中的所有叙事文本看做一个系统，甚至可以把不同教科书中的一组文本或某个时期的所有叙事文本看成一个结构系统。结构主义叙事学作为一种叙事分析的方法，对于教科书研究的意义在于“促使教科书研究从对教科书中叙事现象的描述性分析转向对叙事结构的理论性分析、从对复杂多变的具体故事的分析转向恒定不变的叙事结构的分析，从而有助于推动教科书叙事话语理论和叙事文本结构理论的形成，提升教科书研究的理论性和科学性”。

（二）一种语言学系统分析

作为一种语言学系统分析，教科书叙事分析不是把编写者和社会现实作为分析文本的起点，而是指向教科书文本中的语言系统。以往教科书研究在分析叙事文本时关注的是外部影响因素，注重选文数量、主题思想、创编意图及其所处的社会文化语境，教科书中的叙事作品仅仅成为一种历史文献，成为体现特定历史时期社会政治文化观点的工具。结构主义叙事学的引入有助于推动教科书研究的重心由外部社会文化语境转向叙事文本话语、由创编过程的分析进入文本语言的分析。结构主义叙事学关注能指，忽视所指；关注语言，忽视言语；关注内部的语言系统，忽视外部的社会现实；关注产生意义的结构，忽视意义本身。在结构主义叙事学看来，语言是一种独立自主的系统，其意义是整个语言系统的产物，而非取决于说话者的主观意图或外部社会文化环境。由此，它突出了文本，突出了叙事文本中语言的价值。教科书研究建立在结构主义叙事学的基础上，把语言学分析方法应用在教科书研究中，极大地拓宽了研究视野，这有助于阐明教科书叙事的语言价值和文化魅力。

教科书叙事分析不是对具体叙事文本的研究，而是对教科书中所有叙事文本及整个语言系统的研究。结构主义叙事学对语言与言语进行了区分，认为语言学不是研究个别言语而是研究整体语言系统，语言学要通过分析语言系统来驾驭千差万别的言语，通过创建抽象的语言学模式来阐释形态各异的叙事文本。叙事文本是由语言构成的，与语言有特殊的关系，它与语言一样是以结构和系统的形式存在的。在结构主义叙事学视角下，作为文化要素的具体叙事文本具有表象性或偶然性，真正有意义的是如何使具体叙事联结为一种文化整体的语言结构或语言模式，真正起作用的是这种语言模式而非具体文本。教科书叙事分析确立了语言学模式在教科书研究中的重要地位，运用语言学理论和方法不仅可以阐明教科书文本中的语言结构，还可以把语言结构作为基本模式推导出教科书中的文化结构和教学结构，从而为教科书的编写、评价和使用提供有效指导。

（三）一种符号学分析方法

教科书是一种书写文化，由无数的文化符号组成。教科书叙事分析是把其中的叙事文本作为文化符号来研究，注重分析叙事话语的文化价值及其在符号系统中的意义。从这个角度来看，教科书叙事分析实质上是一种符号学分析方法。结构主义叙事学对于语言符号的分析极大地推动了符号分析方法在人文社会科学各个领域的应用。结构主义叙事学认为，符号不仅表示特定的意义，而且能够把读者吸引至文本意义产生的整个过程之中。结构主义叙事学在进行分析叙事文本时，都创制了符号系统，在符号系统中构建形式逻辑框架，阐明叙事文本“能够说得清楚的部分”，运用元语言的形式系统揭示语言符号的“深层意蕴”。比如，格雷马斯的“行动元模型”理论和“符号矩阵”就是形式化程度较高的符号学分析工具。符号学分析方法应用于教科书研究具有重要的方法论意义，有助于阐明教科书中叙事文本的符号性质和文化特征，开辟一种探索教科书叙事文化意义的新路径。

符号学的根本任务是异中求同，寻求共性，寻求不同现象背后的共同规律。为此，研究者运用符号代码表示叙事文本中不同角色，通过简化和还原的方式把各不相同的叙事文本转化成符号序列和叙事结构，构建不同文本的共同符号学模式。由此，在教科书研究中考察叙事文本，不应凭借表面化的印象感悟来开展主题篇章分析，而应转换研究方式，借助符号学中的形式化逻辑分析工具来实现叙事结构分析。教科书研究不仅要“知其然”，而且要“知其所以然”，通过运用元语言或形式逻辑工具来揭示教科书叙事文本中符号与意义的关系。

三、教科书叙事分析的方法与案例

叙事分析具有诸多的方法论流派，其中，格雷马斯运用“行动元模型”和

“符号矩阵”，探讨叙事文本的故事结构、人物关系和话语意义的生成过程，创建了一种操作性较强的叙事分析方法。以下主要依据格雷马斯的叙事语法理论，以语文课文《祝福》为例，对教科书叙事分析的方法和程序进行详细阐述。

（一）划分叙事角色

格雷马斯的叙事分析运用“行动元模型”作为分析叙事结构和深层结构的工具，其研究遵循规定的程序和步骤。格雷马斯提出了三对“行动元范畴”，以此对故事中的人物角色进行分类，明确不同角色与叙事文本中主要事件之间构成的功能关系，三对行动元由高到低构成层级关系：①“主体/客体”处于最高层级，主体是故事中的主角，客体是主体意欲达到的目的，它们是叙事文本的逻辑动因，它们构成以寻求或希冀为主题的故事；②“发送者/接受者”处于中间层级，发送者是把价值和规则转化成行动的特定力量，体现文本的意识形态，接受者承载着发送者的价值观念，它们是主体价值观念的具象化，可扮演不同形式的主体与客体，构成交流的故事；③“辅助者/反对者”处于最低层级，发挥辅助作用，其功能在于帮助或阻碍主体实现目标。这三对行动元范畴可以涵盖叙事中所有的人物角色，同时，时间和空间也是决定故事情节的两个关键要素。叙事就是不同角色在特定时空中先后经历一系列事件的过程，叙事分析的首要任务是描述叙事过程中的六种“行动元”和时空要素，构建行动元模型，揭示故事中行动元之间的结构和关系。

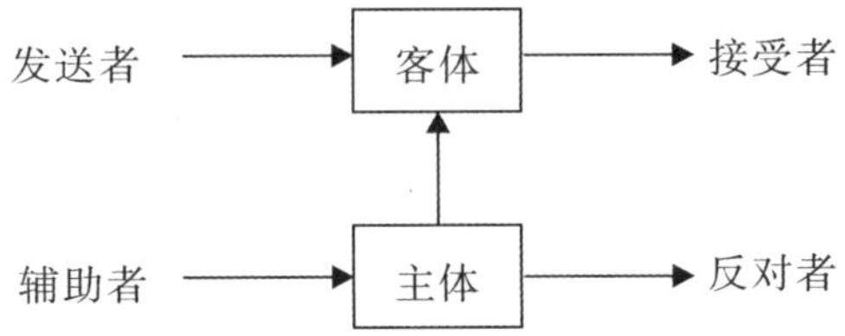

图 8－1　格雷马斯的行动元模型

图 8－1 呈现了叙事中行动元的结构模型。“主体/客体”居于模型的中心位置，主体是目的的追寻者，客体是主体意欲达到的目的，主体在追寻客体的过程中得到了辅助者的帮助和反对者的阻碍，客体在实现的过程中受到了发送者的价值影响，接受者也受到了这种价值影响。行动元模型是叙事分析中联系故事表层结构和深层结构的工具。一方面，一切叙事文本的表层结构都可以抽象为这种行动元模型，这种模型可用于阐释文本的故事情节和表层结构；另一方面，行动元

模型构建了一个逻辑先设的意义模型和结构系统，可用于分析文本的深层结构和价值意义，揭示文本的意义是如何通过行动元之间的互动关系形成的，是如何通过故事情节展开的。

比如，《祝福》这篇课文中的人物可以划分为如下角色。①主体：祥林嫂。②客体：过一种起码的“人”的生活。③发送者：封建思想。④接受者：祥林嫂。⑤辅助者：卫老婆子、鲁四老爷、四婶、柳妈、鲁镇人们。⑥反对者：卫老婆子、鲁四老爷、四婶、柳妈、鲁镇人们。

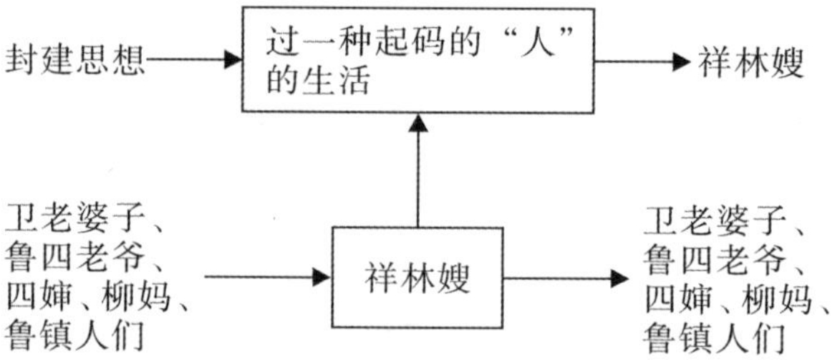

图 8－2　《祝福》的行动元模型

图 8－2 是《祝福》叙事文本中的行动元模型。其中，主体是祥林嫂，客体是祥林嫂意欲达到的目的，即利用自己的辛勤劳动过上起码的“人”的生活。受传统社会中封建思想的压迫，祥林嫂的人生表现为从开始被鲁镇人所“接纳”到遭受周围人排斥再到最后“死亡”的悲惨结局。因此，封建思想观念是发送者，女性（祥林嫂）是接受者。鲁镇中的卫老婆子、鲁四老爷、四婶、柳妈及其他闲人作为善良的普通人，主动为祥林嫂提供了慰藉、帮助和支持；同时，他们又作为封建社会的帮凶，嘲弄、迫害和打击祥林嫂，最终合力把她逼到死亡的绝境。所以，他们既有“辅助者”的身份，也有“反对者”的身份。

（二）确定叙事程序

在确定叙事角色后，研究者应依据叙事转化模型对叙事文本进行更加精确的分析，对叙事程序进行描述，明确故事中不同角色之间的相互关系和变化状态，分析故事随着时间的推移和空间的变化是如何转换发展的。《祝福》的叙事程序可以分为如下六个部分。[①]

① NP＝叙事程序，F＝叙事功能，S＝主体，O＝客体，n＝相斥，u＝相容。罗钢. 叙事学导论［M］. 昆明：云南人民出版社，2008：123.

1．叙事程序1

祥林嫂第一次丧夫后，由卫老婆子介绍来到鲁镇鲁四老爷家做女佣，虽然鲁四老爷讨厌她是个寡妇，但她老实本分、干活卖力、勤快利索，受到主人的认可和接纳。第一次在鲁四爷家帮佣做工很辛苦，但她反而感到很满足，身心都很愉快。这个程序表明主体祥林嫂在追求过一种平常人的生活，鲁镇的人们作为“辅助者”，收留和接纳她，故事达到初始的平衡。叙事程序的功能为NP1：F（SuO），即叙事程序1中，主体与客体相容。

2．叙事程序2

祥林嫂前夫家的人到鲁镇来找她，在鲁镇的河埠头，卫老婆子与他们合伙把祥林嫂硬拖到船上，劫回了卫家山。周围人这才明白她是瞒着她婆婆逃出来做帮佣的，不久鲁镇的人渐渐忘了她。后来四婶因为雇不到勤快的女工，偶尔会想起她。这个程序表明主体祥林嫂被前夫家里的人劫持，被迫离开鲁镇，远离了一种常人的生活。叙事程序的功能为NP2：F（SnO）。

3．叙事程序3

祥林嫂的婆婆逼迫她再嫁给贺家坳的贺老六，以此收取大量礼金。祥林嫂在出嫁那天拼命哭闹抵抗，甚至用头撞到香案角上，碰出了一个大窟窿，流血不止。但此后她却逐步适应了贺家的生活，贺老六有力气、能干活，住着自家的房子，年底的时候祥林嫂生了一个儿子。这个程序表明主体祥林嫂重新被社会接纳，过上了山村人的普通生活。叙事程序的功能为NP3：F（SuO）。

4．叙事程序4

三四年后，祥林嫂的丈夫贺老六患伤寒病故，儿子阿毛被狼叼走，大伯收回了他们的屋子，赶走了她，她受到致命打击，走投无路，被社会排斥。这个程序表明主体祥林嫂再次遭到不可抗的人生灾难，远离了正常人的生活，陷入孤独和苦难的境地。叙事程序的功能为NP4：F（SnO）。

5．叙事程序5

某年的秋季，祥林嫂再次由卫老婆子带到鲁家做女佣，努力开始寻求一种新的平常人的生活。大家因为同情，收留了无家可归的祥林嫂。但是与第一次做工相比，她的手脚已经没有先前那样灵活，记性也变差了，脸上没有笑容，鲁四老爷认为她伤风败俗，祭祀的时候不让她沾手。她逢人便讲她的阿毛被狼吃掉的悲惨故事，鲁镇的闲人们报以厌倦的嘲弄。周围人的歧视、冷漠和排斥直接粉碎了祥林嫂回归社会的希望。柳妈好心给祥林嫂指出一条赎罪的方法，到土地庙捐一条门槛，以期获得认可。于是，祥林嫂支取了自己所有的工钱到土地庙捐了门槛。这个程序表明主体祥林嫂内心万分痛苦，希望重新回归社会，过上普通的生活，但是鲁镇人却扮演着“反对者”的角色，渐渐击碎了她心中的希望。叙事程序的功能为 NP5：F（SuO）。

6. 叙事程序6

祥林嫂虽然在土地庙捐了门槛，却依然不被鲁镇的人所认可，在祭祖时她越是想出力，越是遭到四嫂的拒绝。她彻底失望，精神渐渐恍惚，最终被鲁四爷家辞退和打发，沦为乞丐。在鲁镇人迎接新年“祝福”的特殊时间点，她在贫困绝望中死去。这个程序表明主体祥林嫂被当作“另类”，排斥在现实社会之外，一辈子都未获得起码的生活权利，最后到另外一个世界中寻找“别样”的安宁。叙事程序的功能为 NP6：F（SnO）。

（三）分析叙事意义

教科书叙事分析从叙事结构深入文本深层结构，不同的叙事结构背后可能隐藏着相同的深层结构。深层结构的组成要素有三个特征：第一，具有足够的复杂性、逻辑一致性和稳定性，可以对文本进行适当的表示；第二，在文本与研究者之间能够实现一种有效的中介性和客观化功能；第三，足够精确。[①] 符号矩阵就是这样一种合适的深层结构分析模式。在此，研究者与文本之间保持一定的距离，将叙事文本的表面结构搁置一边，运用“符号矩阵”工具对形式化的叙事程序”（上一阶段的分析结果）进行更深层次的意义分析。“符号矩阵”是格雷马斯构建的用来分析文本深层结构的工具。符号矩阵如图 8－3 所示。

符号矩阵表格中的概念标上了“正号（+）”或“负号”（－），以此来表示概念之间的关系。矩阵中各概念之间存在着三种逻辑关系：第一，对立关系，$S1$ 与 $S2$，$S-1$ 与 $S-2$ 之间存在着对立关系；第二，矛盾关系，$S1$ 与 $S-1$，$S2$ 与 $S-2$ 之间存在着矛盾关系；第三，蕴涵关系，$S1$ 与 $S-2$，$S2$ 与 $S-1$ 之间存

① TITSCHER S，MEYER M，WODAK R，et al. Methods of text and discourse analysis [M]. London：Sage Publication，2000：128.

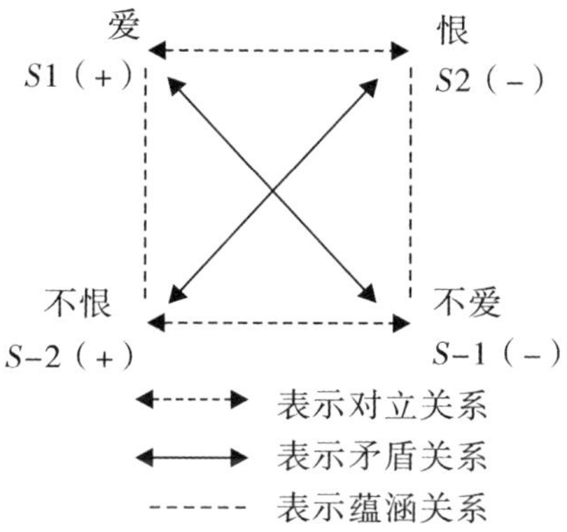

图 8-3　格雷马斯的符号矩阵①

在着蕴涵关系。为了有效地解释文本深层的价值意义，研究者还需掌握较好的文本解释的技巧。研究者应从社会文化语境出发，对叙事结构开展元语言分析，根据叙事程序中空间、时间、行动元之间的相互关系和情节变化，对不同的行动元进行“赋值”，把表层叙事下潜藏的价值概念置于相应的符号矩阵格中。解读叙事文本要将叙事程序与符号矩阵相结合，揭示不同类型的价值冲突，发现表层故事背后潜藏的深层意义，达到有效把握文本的深层结构和价值意义的目的。

例如，《祝福》讲述的是一个社会底层的农村女性迫于封建社会的压迫和无常命运的打击，在一次次丧失生活信心的过程中最终走向死亡的故事。整个故事凸显了个人存在的意义，贯穿着祥林嫂“生”与“死”的价值对立。伴随着个人命运的变化，祥林嫂在社会中反复“被接纳”和“被排斥”。运用“符号矩阵”来分析《祝福》，其符号矩阵如图 8-4 所示。

在图 8-4 的方阵中，四个概念一共产生了三组关系。第一，对立关系，“生”与“死”、“被接纳”与“被排斥”之间存在着对立关系。祥林嫂追求的是普通人幸福安宁的生活，而封建社会和传统礼教把她逼到死亡的绝境，她第一次做工时被大家接纳，第二次做工时候却被大家排斥，文本的意义便衍生于祥林嫂“生”与“死”、“被接纳”与“被排斥”的对立过程中。第二，矛盾关系，“生”与“被排斥”、“死”与“被接纳”之间存在着矛盾关系。《祝福》表达了祥林嫂“生”而“被排斥”的生活境遇，最终“死”而“被接纳”的悲惨命

① S 表示一个象限，S1 表示 S1 象限，其他依此类推。该字母可以替换为其他字母，此处仅用于方便读者理解。

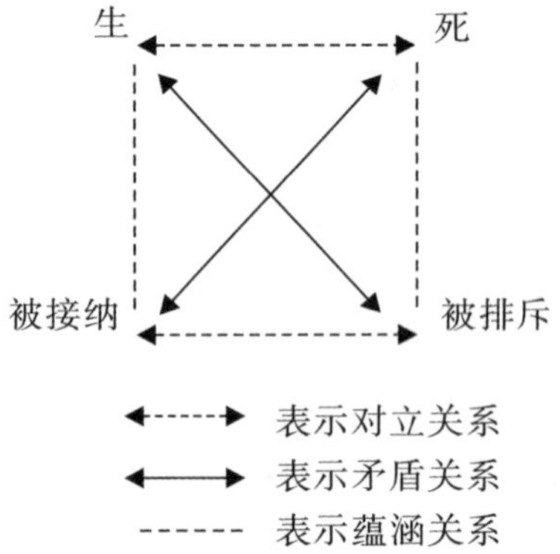

图 8-4 《祝福》的符号矩阵

运。第三，蕴涵关系，“生”与“被接纳”、“死”与“被排斥”之间存在着蕴涵关系。鲁镇人一方面通过收留、帮助和同情的方式为祥林嫂提供了一条生路，另一方面用冷漠、嘲讽、厌倦的态度击碎了她的希望、助推了她的死亡。祥林嫂在一次次“建立”人生意义中被“摧毁”，在一次次“追寻”个体的生活意义中被社会所“排斥”，封建礼教和无常的命运一步步把她推向了孤独、绝望和死亡的境遇，揭示了深刻的存在主义主题。①

总之，叙事作为故事叙述方式是教科书话语的逻辑结构、构造形式和实现手段，教科书话语是由千变万化的叙事片段编排、裁剪和组织构造出来的，教科书叙事分析是对教科书话语作为社会实践的语言结构和实现形式的探讨。教科书叙事分析从结构系统出发对叙事文体进行分析，将故事还原为人的心灵认识结构、普遍理想类型，把复杂多元的叙事文化现象转变为易于把握的符号和原则，确立教科书研究的系统性、概括性和科学性。这样不仅有助于揭示教科书中叙事话语的普遍规律和共性特征，而且为我们理解具体的叙事文本提供了有效的分析框架，是一种有效的教科书研究方法。教科书叙事分析启示我们，教科书中叙事文本的发展和演变，其意义的确定并不在于选文类型主题等现象的千变万化上，而在于对深层文化结构的基本把握。这种把握是否可能？研究者如何构建教科书叙事结构理论？教科书编写者如何根据这种结构理论选编叙事文本？教师如何运用叙事分析方法引导学生把握课本中的叙事文本？对于教科书研究者、编写者和使

① 刘海波. 挣扎在格雷马斯方阵中的祥林嫂：对《祝福》的另一种解读［J］. 济南大学学报（社会科学版），2001（5）：40-43.

用者而言，这都是值得思考和加以解决的有意义问题。

第二节 教科书接受分析

教科书研究应关注教科书使用过程中的意义问题，教师和学生是教科书使用的主体，意义是由教师与学生基于课程目标和教科书文本在协商对话中形成的，通过考查日常课堂语境中教师如何解读文本与学生如何接受文本，把握师生使用教科书文本的真实状况，揭示教科书话语向日常生活转化的内在机制，发现主流意识形态传播的教育规律。二十世纪八十年代，西方传播学受众研究兴起了接受分析方法，主张受众是自主的意义生产者和文化解码者，关注受众接受文本的内在心理过程和外部社会文化语境，创立一种颇具人文学科色彩的媒介文化研究路径。本节尝试以接受分析的研究思想为基础，阐明接受分析应用于教科书研究中的理论启示、价值意义和方法路径，探寻一种讨论教科书使用问题的理论分析框架和跨学科研究方法。

一、接受分析：一种受众话语研究方法

（一）接受分析的基本内涵

接受分析是在传播学领域兴起的一种新的受众研究范式，接受分析具有深刻的理论和政治意义，其历史发展短暂而动荡[①]；代表有大卫·莫利、丹尼斯·麦奎尔、伊恩·昂、斯坦利·费什、约翰·费斯克等。基于对受众研究的历史回顾和理论分类，当前国际传播学界对于“接受分析”的界定主要包括以下两种

---

① JENSEN K B. A handbook of qualitative methodologies for mass communication research [M]. London and New York: Routledge, 1991: 135 - 148.

类型。[①]

第一种类型，接受分析是一种独立于文化研究的最新的受众研究方法。丹麦克罗斯·布鲁恩·詹森和瑞典卡尔·埃里克·罗森格伦指出，大众传播的受众研究在其历史发展过程中主要形成了五种研究传统：效果研究、使用与满足研究、文学批评、文化研究和接受分析。效果研究、使用与满足研究属于社会科学研究方法，主要借助社会学、心理学、经济学等社会科学视角对文本内容在认知和行为上的传播效果进行探讨。文学批评和文化研究属于人文科学研究方法，借助哲学、文学、符号学、人类学等人文学科视角对文本内容的话语意义进行批判。长期以来，人文科学与社会科学在传播学领域中彼此独立、相互分开，接受分析则将人文学科和社会科学密切结合在一起，吸收了以往四种研究传统的理论和方法，成为一种新型的综合性跨学科研究方法。詹森提出，接受分析是指对媒体话语和受众话语开展的比较性文本分析，在解释结果时要特别注意其语境、历史和文化语境以及其他媒体内容的“语境”。接受分析既关注传播的话语意义维度，又关注传播的社会效果维度，从接受分析角度看，没有“意义”就没有“效果”。[②]

第二种类型，接受分析是一种隶属于文化研究的受众研究方法。丹尼斯·麦奎尔将受众研究传统简化为三种类型：结构性受众研究、行为性受众研究、社会文化性受众研究。结构性受众研究即效果研究，是最早、最简单的受众研究，注重运用测量统计的方法，通过受众调查了解受众对于各种媒介及其内容的满意度和信赖度。行为性受众研究即使用与满足研究，运用调查、实验、心理测试等方法探讨受众使用媒介的动机、行为和反应，解释和预测媒介的传播效果。社会文化性受众研究即文学批判、文化研究和接受分析，主张运用民族志和质性研究方法，从社会文化语境出发综合考察受众的媒介接受行为和对媒介内容的意义解

---

① 目前国际传播学界对受众研究的取向有两种分类方法：一是詹森和罗森格伦提出的五类受众研究取向，二是麦奎尔提出的三类受众取向。其中，麦奎尔的三类研究取向实质上是詹森等的五类研究取向的简化版。这两种分类方法导致学者对于“接受分析”的理解既相互区别，又彼此交叉的。

胡学亮. 简明传播学 [M]. 北京：知识产权出版社，2014：116.

② JENSEN K B, ROSENGREN K E. Five traditions in search of the audience [J]. European Journal of Communication, 1990 (2): 207 - 238.

读。麦奎尔指出，接受分析一般采用定性和民族志方法进行研究，着重强调“读者”在对媒介文本进行“解码”中的作用，声称受众对于大众媒介所提供的主导性和支配性意义具有抵抗与颠覆的力量。接受分析的主要特点如下。第一，受众按照自己的理解对媒介文本进行“解读”，并从中建构意义，获取愉悦（而这些从来都是不确定的或不可预测的）。第二，受众感兴趣的正是媒介使用过程及其在特定语境中的展现方式。第三，媒介使用是典型的特定环境产物，以社会任务为取向，由参与“解释团体”而逐渐形成。第四，不同媒介内容的受众通常由不同的“解释团体”构成，“解释团体”中的成员大体分享相同的话语形势和理解媒介意义的框架。第五，受众从来不是被动的，受众中的成员也各不相同，其中一些人比其他人更有经验，也更积极主动。第六，研究方法通常是定性的、深入的，一般采用民族志的方法，并且将内容、接受行为与语境结合起来进行考察。①

上述界定虽然存在分歧，但共同揭示出：当代受众研究的重心从关注外显行为向注重内隐文化转变，从传者本位向受众本位迁移，从单一定量的方法向综合多元的方法发展。接受分析在全面继承以往不同受众研究方法的基础上发展创立，与当代文化研究学派的发展具有千丝万缕的联系，是一种富于人文关怀的质性研究方法。② 接受分析开创了一种新型的“受众—内容”分析模式，旨在揭示在特定社会背景下受众如何对媒体话语进行解码，以及媒体话语如何给受众带来特定的意义。在接受分析的视野中，文本内容研究和受众接受分析都很重要，不仅要关注文本内容的解读，还要关注文本使用的真实情境和社会语境，以此理解制约文本生产传播的政治话语和社会结构。

---

① 麦奎尔. 受众分析［M］. 北京：中国人民大学出版社，2006：28－49.

② 詹森虽然把“接受分析”界定为一种综合性人文社会科学研究方法，主张它是一种涵括了定量和定性的受众研究方法，在《大众传播研究方法：质化取向》一书中对“接受分析”进行了专门介绍。麦奎尔提出“接受分析”是一种具有人文科学色彩的社会文化性受众研究，主要运用定性和民族志研究方法。综上，本节将接受分析界定为质性研究方法，视为文化研究中衍生发展而来的受众话语分析方法。

JENSEN K B. A handbook of qualitative methodologies for mass communication research［M］. London and New York：Routledge，1991：139.

郭镇之. 传播学 受众研究 接受分析［J］. 现代传播（中国传媒大学学报），1994（3）：42－46.

（二）接受分析的主要观点

1. 受众是主动的媒介使用者、文化解码者和意义诠释者

接受分析认为，在文本与受众的关系中，受众是活跃主动的文本使用者，是受众在使用文本，而非文本在使用他们。受众运用个体的阐释策略生产和制造了文本的意义，文本的意义不是由传播者通过文本直接注入受众的意识中，而是传播者与受众基于文本进行平等协商而建构的。在接收信息的过程中，受众通过对文本不同的解码方式保持自身的独立。例如，斯图尔特·霍尔认为受众是处于“编码—文本—解码”这一文化生产和消费过程的主体，面对开放多义的文本，受众可以运用三种不同的信息解读方式和解码立场：即“主导—霸权”立场、协商立场和对抗立场。[①] 后两种立场的提出开辟了受众接受的主体性路径和创造性空间。因此，受众不再是信息的被动接受者和消极客体，而是主动选择、平等协商的意义生产者和文化解码者。文本结构不能决定和主宰受众信息接受的效果，文本只有在被受众接受时才能发挥其预期效用。

2. “阐释团体”控制文本意义的阐释和生产

接受分析认为，个体读者都隶属于“阐释团体”。“阐释团体”不是文本阐释的专门机构和专业组织，而是享有共同价值观和阐释策略的受众共同体，是一种适合公众的社会化理解体系，是制约受众理解文本的固有习惯和内在规则。受众不是以个人身份，而是作为“阐释团体”的成员去理解文本，个体受众对于文本的理解受到“阐释团体”的制约，与其特有的社会思想和文化模式关系密切。不同的“阐释团体”采取不同的阐释策略，对于同一文本的理解各不相同，文本接受过程成为主观性与客观性、个体性与社会性相统一的活动。[②] 因此，为了达到良好的传播效果，应探讨不同类型的“阐释团体”与人们信息接受行为之间的关系，引导传播者依据不同的“阐述团体”来创作和传播文本。

3. 用民族志方法揭示“文本”与“受众”之间的复杂关系

接受分析主张，研究者应将意识形态的宏观探讨与日常生活的微观分析结合

---

① “主导—霸权”立场是指受众按照传播者的意图来接受和理解文本信息。协商立场是指受众部分地按照传播者的意图来接受和理解信息。对抗立场是指受众拒绝按照传播者的意图来接受和理解信息，而是对信息采取其他方式进行理解。

② 方汉泉. 费什读者反应批评若干重要理论概念评析 [J]. 华南师范大学学报（社会科学版），2010 (6)：54 - 61.

起来，运用民族志方法开展研究，对受众的日常生活进行完整详尽的描述，从日常生活情境出发把握不同身份角色的受众接受文本的真实情况，探讨受众如何解读文本和建构意义，提出适合特定语境的分析模式。由此，推动受众研究转向日常生活的微观社会学。在接受分析看来，媒介或文本使用的单位是特定的社会团体（如家庭、学校等），而非个别的受众。一切都要围绕文本使用的具体情况来进行。不仅关注文本在特定社会团体中扮演的功能性角色，而且要关注文本在实际使用过程中权力运作实践，即受众会如何使用文本、达成什么认同、建构什么意义。受众接受的信息包含了各种各样的经验，接受分析应了解是什么影响了受众的接受体验、社会团体中的人际互动过程是如何与文本使用发生互动关系的。[①]

总之，接受分析确立了受众在媒介传播过程中的主体地位，注重传播过程中意义的建构，主张传播效果是由传播者与受众相互协商所决定的。同时，接受分析还创造性地把民族志方法引入受众研究领域，主张从日常生活情境入手，揭示特定社会背景中受众如何对媒体话语进行解码，以及媒体话语给受众带来怎样的意义。接受分析从人类学、语言学、符号学、社会学、政治学等诸多人文社会科学中吸取思想并建立其理论资源和研究方法，极大地推动了传播、媒介和文化研究领域的发展。作为一种跨学科研究方法论，接受分析为教科书研究也开辟了新的理论视角与研究思路，有助于我们更好地理解教科书使用的社会文化语境，为探讨师生解读和接受教科书问题提供了分析框架与理论工具，深化了教科书话语理论和接受分析方法的发展。

二、教科书接受分析的理论定位

接受分析围绕文本与受众之间的对话关系，在方法论上展开其文化研究的维度。把接受分析的理论、观点和方法引入教科书研究领域，有助于构建教科书“受众—文本”分析模式，深化教科书话语生产传播整体过程的研究，形成一种教科书社会接受效果研究的新思路。具体而言，教科书接受分析在研究视角、研究对象和研究方法等方面表现出如下特征。

（一）研究视角：注重受众接受

教科书的受众主要指教科书传播过程中的信息接受者、文本使用者和读者，

---

① 蔡骐，谢莹．英国文化研究学派与受众研究［J］．新闻大学，2004（2）：28－32．

教师和学生是教科书的实际受众，社会大众、家庭成员则是教科书的潜在受众。以往教科书研究把教科书生产、传播、使用过程视为彼此分离、互不相关的领域，更多地关注教科书的内容，注重探讨教科书文本中体现的正式课程和意图课程，较少关注教科书的接受，忽视了受众使用教科书的阐释策略、文化语境和个体差异。

接受分析强调受众（或读者）在文化接受和文化诠释活动中的主体作用。霍尔的解码理论、费斯克的文化消费理论都高度评价受众在文化消费中的能动性和创造性，强调关注受众消费行为的文化复杂性。从接受分析的视角出发，受众是教科书“作者—文本—受众”关系中的一个重要维度，是生产和阐释文本意义的真正主体，是教科书使用过程中的能动主体。教科书只有在被接受时才获得意义，因而其创编应注重受众的接受和理解。没有被阅读和使用的教科书仅仅是一种“可能性存在”，只有在阅读和使用过程中教科书才能转化为“现实性存在”。教科书的使用和接受过程是将教材“可能性”符号存在转化为师生“现实性”生命存在的重要途径。没有师生的有效使用和参与介入，教科书将丧失其存在价值和现实生命。从这个意义上看，教科书研究应重点关注受众如何使用或接受教科书，以及教科书在受众中产生怎样的影响。

实际上，师生在课堂上使用教科书就是对教科书文化符号进行解码的过程。[①] 每个教师结合自己的专业知识、教学目标、兴趣特长和对学生的认识，对教科书进行拓展、修改、删除或再创。学生是在教师的指导下从个人经历、家庭背景、生活体验、兴趣爱好出发接受教科书。在学习过程中，学生也是选择性地接受合法的课程知识，从个人的“期待视野”出发重新理解和阐释课程知识的意义，丢弃和遗忘不需要的内容。师生个体在阶层、性别、个性、兴趣等方面存

---

① 阿普尔在霍尔文化解码理论的基础上，提出了一种教科书使用分析模式，用三种方式来分析人们对教材作出的潜在反应：“受支配型”“协议型”“反对型”。在教科书的“受支配型”阅读中，人们根据表面价值来接收信息。在“协议型”的反应中，读者会就具体问题展开争论，但接受课本的整体趋势和对它的解释。“反对型”的阅读拒绝这些主流趋势和对它的解释，在这样的情形下，读者会就自己与教材的关系，重新确立自己的位置，把自己置于“被压迫者”的地位。

阿普尔，克丽斯蒂安－史密斯. 教科书政治学［M］. 上海：华东师范大学出版社，2005：17.

在差异，对教科书的“期待视野”各不相同。因而，他们在阐释或解读相同的教科书时也会存在极大的差异。比如，安杨通过观察和访谈发现，学校课程内容及其实施反映了统治阶级的价值观和意识形态，进一步生产了不平等的社会关系和结构；不同社会阶层的学校中，师生对于课程知识的理解不尽相同：在工人阶层的学校，课程知识主要是为低能力学习者提供事实性知识和简单技能；在中产阶级的学校，课程知识是更为抽象的、有助于升学的概念性知识；在富裕阶层的学校，课程知识注重个体探究和自主创造，旨在促进学生个性的发展；在精英阶层的学校，课程知识是具有较强的学术性、思想性的知识，旨在培养未来社会中卓越的精英。[①] 在接受分析的视野下，教师和学生被视为意义的创造者而赋予主体地位；由此，教科书研究应特别关注师生在日常课堂生活中对教科书的使用和接受状况。

（二）研究对象：在对话中生成的教材文本

以往教科书研究把教科书视为知识权威和真理代言人。在学校中，教师是教科书内容的忠实传播者和机械灌输者，学生是教科书知识的被动接受者和权威的遵从者，考试完全依据教科书内容设计和测评。这样，教科书的使用是“传递—接受”课程知识的单向线性传播过程。这样的教学中，教科书研究仅仅关注教科书文本内容，关注教科书传达了什么信息，而忽视教师与教科书、学生与教科书之间的沟通互动。

从接受分析角度来看，教科书是一种对话协商的教学文本，是教育对话的参与者，教科书只存在于人的理解意向性结构之中，其意义只有通过人的理解和解释才能生成，其效果是无法由文本内容本身所预测和决定的。编者、教科书、受众是教科书生产传播过程必不可少的因素，只有在“编者—教科书—读者”三者之间建立动态的对话关系，才能打破教科书文本封闭的意义系统。编者与读者在教科书使用过程中进行沟通、开展对话，达致视界融合、心灵沟通、灵魂触碰。理解是一种对话的形式，教科书接受效果分析中主要包括两种对话关系：“教师与教科书”的对话和“学生与教科书”的对话。教师和学生都是带着自己的生活经验和阅读期待去接受和理解教科书，他们不仅要理解教科书的表层含

---

① ANYON J. Social class and school knowledge [J]. Curriculum Inquiry, 1981 (1): 3-42.

义，而且要把握教科书的深层含义，领略教科书中隐藏的意识形态。通过赋予读者诠释文本的权利，使教科书成为开放性、创造性和对话性文本，使教师和学生成为教科书文本意义的阐释者、建构者和创造者，使教学过程成为一种对话、生长和创造的过程。教科书的本质是教学属性，这种属性决定了教科书不能脱离其使用者而独立存在，只有在教科书使用的课堂环境中，在教师与学生的人际互动中，在教科书与人的视界融合中，才能把握教科书文本的真正意义。

（三）研究方法：运用民族志研究法

以往教科书研究认为教科书居于至高无上的权威地位，具有不可抵挡的影响力，能够把编者的意图强加于被动的受众身上，教科书的社会效果是直接的、可测量的。教科书社会效果调查是以控制和管理受众为目的，把教师和学生当作抽象存在的社会总体，关注教科书送达了多少读者、什么样的读者，将他们从社会文化系统和学校课堂情境中剥离出来，运用封闭式问卷和结构化访谈回溯性地了解他们对教科书的意见，获取和统计各类数据，以此获知教科书使用效果。

接受分析是以理解、同情和解放受众为研究目的，主张把受众研究置于日常生活情境中，运用民族志方法来揭示受众所处的社会文化情境，从复杂的社会文化情境中把握受众是如何解读和接受文本，并将之融入日常生活的。比如，戴维·莫利的《家庭电视》考察了电视在微观的家庭语境中的实际使用方式，揭示父权制社会中性别认同对家庭成员收看电视方式的影响。伊恩·昂的《观看〈达拉斯〉》探讨了欧洲人对美国电视连续剧《达拉斯》的真实解读过程，发现所有观众所表达的感情都是通过借用、协商、挪用或抵制大众文化意识形态的主流坐标来得以实现的。[①] 珍妮丝·A. 拉德威的《识别意识形态的裂痕》发现，已婚妇女阅读浪漫小说是对现实社会中父权文化的反抗和繁重家务压力的逃避。[②] 接受分析推动教科书研究回归人的日常生活，把受众视为文本解码者和意义阐释者，把教科书使用问题置于社会文化语境中研究，开辟了教科书研究的微观层面与日常生活维度。教科书参与了社会意识形态的建构，而意识形态并非高

① 杨击. 传播·文化·社会：英国大众传播理论透视［M］. 上海：复旦大学出版社，2006：179－185.

② RADWAY J A. Identifying ideological seams：Mass culture，analytical method，and political practice［J］. Communication，1986（9）：93－123.

高在上、与人无关的客体，它注定要在人的日常生活的感性活动中产生和存在，并要在人的日常生活中发挥作用。教科书文本意义的生产不仅是由宏观的学校教育机构所决定，还受到微观的个体日常生活的制约，师生接受教科书的过程植根于课堂生活、个人生活史及其所属社会文化团体的共同历史。因此，教科书研究应把握自然教育情境中不同身份的师生接受和使用教科书的真实状况，了解他们微观的日常生活、文化环境以及这些环境对于他们理解和接受教科书的影响，在此基础上探寻其内在的社会关系、文化传统、权力实践和价值理念，揭示师生、教科书文本与社会文化情境之间互动的复杂景观。

三、教科书接受分析的价值探讨

（一）接受分析可以深化教科书使用和接受效果研究

教科书接受分析就是一种教科书“受众—内容”分析方法，教科书接受分析不仅要探讨教科书文本内容，而且要分析受众从教科书中理解知识、获取价值和形成态度的过程。如果未被使用的教科书是一种“可能性文本”，发挥着“潜在影响”，那么被使用的教科书则是一种“现实性文本”，发挥着“实际影响”。以往教科书内容分析仅仅指向“可能性文本”及其“潜在影响”，而教科书接受分析则要关注真实课堂中的“现实性文本”及其“实际影响”。麦奎尔指出，媒介影响与受众的注意质量、受影响程度、潜在效果有关，其中有些可以根据经验性方法进行测量。一般来说，在整个实际的受众行为当中，只有一小部分是可以测量的，其余大部分只能通过推测、估计或猜测来把握。[①] 作为以往调查研究的补充，教科书接受分析旨在阐明大部分、不可测量的受众使用和接受教科书的实际效果，这便大大深化了教科书使用效果研究。例如，教科书中的隐性课程是文字背后的深层意义世界，是课文的言外之意和话外之音，由于学校教科书具有学校制度规定的权威性，因而其中隐含的深层意义会被师生视为理所当然的真理知识，教科书就可能通过自然渗透和隐性控制的方式深刻影响师生的思想行为。为此，从受众接受的立场出发分析教科书文本背后的深层意义、确保其价值导向的

---

① TITSCHER S, MEYER M, WODAK R, et al. Methods of text and discourse analysis [M]. London: Sage Publication, 2000: 156.

正确性，应成为教科书研究的一个重要主题。为了揭示实际传播效果，教科书接受分析需要站在受众一方，采取受众视角，充分考虑教科书、受众（教师和学生）、教科书使用的社会背景三者之间的关系，关注受众使用和接受教科书的课堂环境、受众对教科书文本意义的解读、受众对于教科书的喜爱程度和忠诚度等问题，以此为课程教材实施的质量评估提供重要依据和有效反馈，为提升教材编写的可接受性水平提供方法建议。

（二）接受分析为教科书研究构建了微观的社会文化研究路径

教科书接受分析把民族志方法引入教科书研究领域，关注师生的课堂生活实践，推动教科书研究回归到具体的生活世界。教科书使用过程是受众接受和阐释教科书文本的过程，是教科书文本的符号世界与人的生活世界融合的过程。教科书中蕴涵的主流意识形态只有在日常课堂生活的微观层面上，被师生理解和接受，并转化成他们内在的价值信念和思想意识，才能真正促进全体学生的发展，实现课程教材传播的预定目标。教科书接受分析指向日常生活世界的微观层面，通过分析教科书使用过程中的各种微观权力结构和文化实践，探讨教科书中的主流意识形态在多大程度上被师生接受、转化或修改，揭示课程改革目标在多大程度上影响和决定着师生的思想行为。接受分析认为，媒介总是通过一连串“中介因素”对受众发挥影响，受众也是携带着“过滤装置”理解和接受媒介，“过滤装置”不仅包含着他（她）的过去和现在，也包含着他（她）对未来的看法和期望。只有研究了媒介的使用类型以及那些使用媒介者的先见、背景经历及其相关的关系之后，才有可能预测使用的结果。[①] 为此，教科书接受分析应该关注师生的已有知识、生活经历、认知动机、性别种族等“中介因素”或“过滤装置”对教科书使用过程产生的影响，在日常课堂生活中探寻师生与教科书、社会语境之间的复杂关系，揭示多元差异的微观权力与宏观权力之间的多元互动机制。教科书接受分析基于跨学科的理论和方法，把教科书接受问题置于日常课堂生活中加以考察，注重“受众—教科书”互动关系中的微观权力结构和文化控制机制，构建了一种日常生活批判的教科书研究路径，形成了一种教科书微观文化研究的

---

① 杨击. 传播·文化·社会：英国大众传播理论透视［M］. 上海：复旦大学出版社，2006：169－170.

新视角。

（三）接受分析可以推动教科书研究观照师生的发展需求

教科书接受分析确立了受众或读者在文本接受过程中的重要地位，强调受众或读者是能动的文本意义的生产者和创造者。露丝·沃达克等人指出文本理解受社会心理因素影响，受众的文化知识、能力水平、性别特征和社会身份是影响其接受文本的方式和程度，受众是依据内部图式和阐释策略接受原初文本；受众阐释文本的差异主要是由文本、社会环境、文本和环境之间互动所决定的。[①] 这就要求研究者观照教师和学生接受教科书中的个人理解、真实体验和内心需求，了解师生的个体生命史及外部环境作用于教科书使用效果的机制方式，发现教育场域中教科书影响学生发展的内在原因和关键因素。教科书接受分析有助于研究者确立一种“他者的眼光”，从教师和学生的立场来看待教科书问题，理解他们使用和接受教科书的不同可能性，从中揭示社会和时代对学校课堂生活的影响，推动对教科书问题开展更有效、切实的反思和改进；教科书接受分析从师生发展真实需求出发重新审视教科书问题，探索教科书中主流意识形态认同的有效策略，推进教科书中社会主义核心价值观更好地融入师生的日常生活。教科书接受分析强调站在他者的视角来对教科书问题进行反思，这种“他者的眼光”用于教科书研究中，有助于推动教科书话语体系和话语方式的改进和创新，引导编写者运用符合传播规律、受众偏好的话语方式对主流价值观进行“再编码”，通过乐于接受的方式和易于理解的语言来传播中华优秀文化和诠释科学知识，从而有效提升教科书编写的可接受性，增强教科书的吸引力和感染力。

四、教科书接受分析的方法应用

教科书接受分析是对教科书话语和受众话语开展的比较性分析，其方法步骤主要包括收集资料、分析资料和解释资料。

（一）收集资料

在接受分析的视角下，教科书是一种意义多元和内容开放的文本，仅仅运用

① FUCHS E, BOCK A. The palgrave handbook of textbook studies [M]. Basingstoke: Palgrave Macmillan UK, 2018: 377, 374.

内容分析和文本分析难以诠释教科书的意义，其研究还应关注文本使用和接受过程，阐明文本意义产生的过程和条件。为了把握教科书接受和使用情况，研究者应深入日常课堂生活，从受众接受的视角出发，围绕研究主题，运用深度访谈、参与观察、实物收集等方法来获取“受众话语”，搜集学生、教师或教学管理人员的主要观点、生活经历和个人故事，了解受众对教科书的意见、态度及其与教科书的互动方式，发现在日常语境中教科书使用和接受的规则与惯例。教科书接受分析可以通过各种途径收集不同类型的“受众话语”：搜集研究对象的日记、信件、录音或录像材料，观察研究对象并记录他们在课堂或会议中与他人之间展开的社会互动，记录研究者与研究对象之间的访谈和对话，请研究对象用自己的方式讲述自己对教科书的感受，收集学校及相关机构的政策文件与官方背景，等等。需要强调的是，文本批评或话语分析仍然是接受分析方法论中的关键组成部分，它们不仅用于对访谈资料和其他当前话语的分析，还用于从历史角度对与媒体有关的话语进行历时性分析。①

深度访谈、参与观察、实物收集等质性研究方法的运用，有助于研究者从受众主体和社会文化的视角展开教科书分析，从受众的视角阐明其对于教科书文本的理解和接受问题，凸显教科书接受分析的主位研究立场。例如，琳达·克丽斯蒂安－史密斯在《读者、教科书和背景：校园爱情小说》中综合使用人种学和调查研究等多种方法，以三所学校 75 名女性读者为研究对象，揭示校园和社会的文化环境如何帮助她们建构阅读爱情小说的意义，并指出以爱情小说替代教科书将使女性的技能发展受到限制，使她们最终以工人阶级的身份走向社会。霍斯利和沃克在澳大利亚开展的视频观察研究，由赖兴贝格在瑞典进行的视频观察研究以及阿瑞克等人在德国历史课堂中开展的民族志观察，主要围绕师生与教科书的互动模式、师生接受教科书的过程等问题开展研究。在芬兰的一项研究中，教师日记被用来记录对高中化学教科书与其课程目标相关性的持续评估，并将其与学生自己的评估进行比较。② 这些研究从教科书使用者的视角获取了研究资料，

① JENSEN K B, JANKOWSKY N W. A handbook of qualitative methodologies for mass communication research [M]. London and New York: Routledge, 1991: 139.

② FUCHS E, BOCK A. The palgrave handbook of textbook studies [M]. Basingstoke: Palgrave Macmillan UK, 2018: 377, 374.

对教科书使用问题开展了大量的探索性研究，有助于把握师生的教学观念、教学方法与教科书之间存在的关系。

（二）分析资料

研究者运用语言学话语分析、文学批评等质性资料分析技术对获取的原始资料进行分析，用系统集中和浓缩精炼的方式把“受众话语”重新组织和呈现出来，从而揭示其背后的意义。语言学话语分析也称为交际民族志、传播民族志，它认为语言本身就是一种行为，可以为人们做事情。詹森提出，语言学话语分析主要包括言语行动、互动模式和话语文本等三个分析层次。戴尔·海姆斯认为，传播民族志主要分为情境、事件和行动三个分析单元。研究者运用话语分析把收集的原始资料打散，根据其意义进行编码和分类，按照特定的分类标准组合成一系列编码系统和概念框架，这种编码系统和概念框架就是研究者对资料进行分析的基本工具，体现了研究者对资料的解读方式。安杨在《社会阶级与学校课程》中对四种不同类型学校的师生进行了观察和访谈，其分析框架主要包括教师的知识观、课程与教材的使用情况、学生的知识观、学校的主导文化这四个主题。[①]在教科书接受分析中，研究者不仅要对原始资料中受众的思想和观点进行提炼和整理，还要对研究者与被研究者之间的互动关系进行反思，确保研究者客观理解被研究者对于教科书问题的看法，避免因研究者的个人参与而导致研究结果失真。

（三）解释资料

在教科书接受分析中，资料分析与资料解释在理论上是分开的，在操作中则是同步进行的。研究者收集的“受众话语”本身没有意义，只有通过理论解释才会产生意义，通过理论解释产生的意义反过来又会加深人们对这些“话语”的认识。理论解释是联系生活世界与理性世界的桥梁，可以赋予研究资料以价值意义，使研究文本具有系统性和思想性。为了真实展现研究结果，研究者要运用“深描”的方法和反思的态度报道课堂生活中教科书使用的真实场景，要关注特定的社会情境、事件的具体细节、事件发生变化过程，要对教科书接受和使用现

---

① ANYON J . Erratum: Social class and school knowledge [J]. Curriculum Inquiry, 1982 (3): 297.

象进行整体性的、情境化的描述，让读者能够身临其境，获得一种现场感。教科书接受分析认为，语言存在于特定的社会文化情境中，脱离了情境的语言分析毫无意义，因此，理解研究对象需要结合语境对他们的语言进行分析。研究对象表述的话语不是对“社会现实”的客观再现，而是对社会现实的意义重构。“受众话语”的意义存在于具体的语境中，生成话语意义的环境本身就是有意义的。由于接受分析是对媒介话语与受众话语开展的比较性分析，因此，研究者既要参照教科书文本中的上下文语境，还要参照受众接受教科书的社会文化语境，在整体把握受众日常生活的前提下，阐明受众如何对教科书话语进行解码以及教科书话语如何给受众带来特定意义。在此基础上，揭示教科书接受和使用过程背后隐藏的社会文化机制。

总之，接受分析为教科书研究提供了全新的方法论基础，它有助于改变以往研究忽视受众日常接受与使用教科书的问题，关注受众的主体性、文本接受的可能性维度，重视教科书接受过程中的意义建构，实现了教科书研究向文本接受方向的转变。接受分析关注学校教育的现实生活世界，力图将教材话语与受众话语关联起来，将宏观的社会文化问题与微观的日常生活实践整合起来，开辟了受众与教科书互动的社会文化研究视角。接受分析强调自下而上的理论建构，使教科书研究立足于鲜活的教育实践和真实的教育场域，推动具有本土特色的教科书研究路径的发展。需要注意的是，教科书接受分析通常应结合教科书创编过程分析、教科书文本内容分析共同进行，只有把教科书生产、传播和使用研究有机结合起来，把教科书研究置于“作者—文本—受众”组成的教科书建设的总体动态关系中，才能系统整体地揭示教科书与意识形态之间的深层关系。

第三节　教科书语境分析

教科书是由教科书编写人员构思创编出来的文本，教科书的创作过程不是个人自由创造的结果，而是与特定的历史文化语境相关联，受到社会主流意识形态的制约，还受创编者生活经历、人格特征和生活态度的影响。从这个角度来看，教科书的文本意义由文本与其生成的具体语境之间的关系所决定。教科书话语分析不是对教科书文本的单纯客观解读，而是基于不同的语境视角对教科书文本意义进行的理论解释，阐明语境对于教科书文本和话语生产传播的影响，揭示教科书领域中话语层面与社会层面之间的内在关系。语境分析是开展教科书研究及其中话语分析的一条重要路径。[①] 教科书语境分析就是在一定的社会文化语境中探讨教科书话语生产传播的过程，从教科书文本与社会文化语境的关系入手解释教科书话语生产传播活动的教科书研究方法。本节梳理了语境分析的理论来源，分析了语境分析应用于教科书研究的理论意涵、价值意义和方法路径，阐明从社会语境切入探讨教科书话语意义的方法论路径，以此深化教科书研究的理论与方法的发展。

一、语境分析的起源与发展

语境分析是对语言意义的探索，当代各学科领域中对于意义问题的探讨不断运用和借助语境分析，语境和语境分析已经成为“语言学和相关学科的元理论范畴”。[②]

语境分析作为一种语言分析的方法论工具始于语义学研究。分析哲学家弗里德里希·路德维希·戈特洛布·弗雷格在《算数基础》中最早提出了语境分析的方法论原则：只有在语句的语境中，而不是在孤立的语词中，才能找到语词的意义。[③] 这里的“语境”是指文本范围内上下文的语境，即“言内语境”。波兰社会人类学家布罗尼斯拉夫·马林诺夫斯基先后提出了“情境语境”与“文化

---

① 田海龙指出，认知取向的批评话语分析有两条研究路径，即认知话语分析和社会语境分析。其中，认知话语分析是从话语层面切入的研究，与系统功能语言学和基于语料库语言学的批评话语分析研究范式相似，侧重点在话语结构，注重从认知的角度理解话语及其特征和含义，通过分析文本/话语特征解释文本的社会意义。认知语境分析是从社会的层面切入探索话语意义的研究，与费尔克拉夫的批判话语分析法、沃达克的话语历史分析法相似，把社会语境作为分析起点，注重探索语言使用者在大的社会语境里使用语言时对语境的认知方式和程度，以及这种认知对语言运用的影响。本节立足于话语分析理论，分析“教科书语境分析”理论内涵，阐明教科书研究运用语境分析法的必要性和可能性。

田海龙. 认知取向的批评话语分析：两种路径及其特征［J］. 外语研究，2013（2）：1－7.

② 郭贵春.“语境”研究纲领与科学哲学的发展［J］. 中国社会科学，2006（5）：28－32.

③ 刘放桐. 新编现代西方哲学［M］. 北京：人民出版社，2000：254.

语境”，并开创性地把语境分析的对象从“言语语境”扩展到“非言语语境”。其中，情境语境是指与语言交际活动直接相关的客观因素和具体情境，文化语境是指语言交际活动参与者所处的文化背景，它们都是“言外语境”。

接着，语境分析成为语用学研究的重要内容。路德维希·约瑟夫·约翰·维特根斯坦后期提出了语言游戏理论和语言即使用的观点。语言的意义在于它们在实际中的使用，而语言的运用也应该当像足球运动那样遵守规则[①]。一定群体的语言游戏受到其生活方式和社会文化环境的影响，他强调对语境中非语言因素的研究，推动语境分析从语义学的静态研究走向语用学的动态研究。约翰·朗肖·奥斯汀提出语言行动理论，认为“说话就是做事”，以言行事要在一定的语境中完成，在语境分析中引入了对人心理因素、背景信息和交际情境的关注。系统功能语言学的语境分析包括韩礼德的语域分析模型和马丁的语类分析模型，语域是情景语境的产物，语类是文化语境的产物，两者在基本概念和理论层次上存在着诸多差异，都从宏观上为语境分析提供了理论框架和具体方法。海姆斯主张从人类学和语言学的视角开展语境分析，并对语境变量做了系统研究，认为语境是由于情景、参与者、文本、语用规约四个方面构成的。马丁·休因斯提出语境分析应关注局部语言语境、广阔语言语境、局部情景语境、广阔社会文化语境。诺曼·费尔克拉夫提出文本的生成、传播和接受是由特定的社会实践条件决定的，应运用“社会分析”解释话语生成传播过程与其社会语境之间的关系。沃达克主张在话语历史分析中尽可能多地开展语境分析，整合大量有关话语性“事件”的社会和政治背景知识与历史渊源。约翰·汤普森认为，要运用“社会历史分析”再现文本生产、传播和接受的具体社会历史条件，这些具体条件包括话语产生传播的时空场合、交际领域、社会机构、社会结构、技术媒介等。

近年来，语境分析逐渐发展成为认知语言学中新的语言研究方法。冯·戴伊克从社会认知的视角探讨了语境分析，语境不是一种纯粹客观存在，而是语言使用者的主观解读和心理建构，语言使用者的社会认知和心理语境模型影响着话语的生产、交流和理解，语境分析应指向直接情景和宏观语境，要关注话语与社会语境的联系，揭示话语生成的心理机制和社会认知的过程。

---

① 刘放桐. 新编现代西方哲学［M］. 北京：人民出版社，2000：275.

可见，语境分析从语义学领域的静态研究到语用学领域的动态研究，进而到认知领域的认知语境研究，经历了由隐到显、逐步扩展、意义凸显的演变过程。[①] 语境分析对文本意义的揭示经历了从文本语言的静态研究到话语实践的动态研究、从语言形式的表层研究到社会意义的深度研究、从社会文化的外部研究到心理语境的内部研究的转化。一言概之，语境分析是指通过研究制约话语产生与发展、存在与变化的影响因素及话语与语境的相互关系，进而揭示文本话语的整体意义及话语与语境的内在关系。语境分析作为语言哲学研究的一个基本方法，已得到广泛认可，并应用于社会学、心理学、人类学等不同学科领域。

二、教科书语境分析的意涵与特征

语境分析对于教科书研究也具有重要意义，由其所致的“语境观念”，从本体论、认识论和方法论的角度为教科书研究提供新的研究视域和方法路径，对于探讨教科书话语生产传播过程具有重要作用。教科书研究中的语境分析具有如下意涵与特征。

（一）解释教科书话语形成发展过程的“形而上学”框架

语境分析把现实世界作为认识的前提，主张在活跃动态的行动和现实存在的状态中寻找事情发生、发展的根由。语境分析确立了教科书研究的本体论立场，把教科书话语的意义问题与历史的、文化的和科学的语境密切关联起来，将教科书话语的时代性、价值性和历史性作为判断其是否具有意义的标准，研究者以语境为思想框架来分析教科书话语形成和发展的意义，力图在历史文化语境中对教科书话语进行新的意义建构。从这个角度看，教科书话语是与语境相关的，是随着语境的改变而不断变化的，研究者在探讨教科书问题时不存在“超语境”的纯科学研究方法，教科书中的话语也不是纯粹客观、价值中立的真理系统，而是一种历史性、规范性和价值性的概念系统，是存在于具体的历史文化语境中、反映主流意识形态的境遇化知识。语境分析把社会意识、历史文化和主观经验作为研究教科书的“视界”，主张教科书话语是向历史文化开放的，只有在社会历史文化语境中，才能把握教科书话语生产和发展的演变规律，才能正确理解教科书

① 周淑萍. 语境研究：传统与创新［M］. 厦门：厦门大学出版社，2011：241.

文本的真实意义，“去语境”的教科书话语和“无视界”的教科书研究都是不存在的。

（二）在历史文化语境中对教科书话语的意义建构

语境分析不关注知识的起源、意识与存在的关系问题，而是关注语言的意义、语言与世界的关系问题。语境分析在教科书研究领域中确立了一种整体的语境范式，它是把教科书作为社会事实进行分析，从历史文化语境出发再现和解释教科书话语的真实含义，展现教科书话语实践的一般规律。教科书的编写不是自主、独立的创作，而是与编写者的价值观念、社会文化、政治利益、生活环境密不可分。虽然教科书的编写活动是编写者的小团体的活动，但是这种编写活动的推动有着深刻的社会历史文化的原因。编写者在生产教材知识时都是怀着价值实现和文化建构的愿望，教科书的生产创编活动体现了编写者在特定历史时期对其文化使命和社会责任的体认。教科书存在于一定时空领域、价值系统、文化信念、语言符号等社会要素之中，其文本的意义不仅其本身的陈述来表达，而且也由其所处的整个意义系统来表达。教科书的文化生产传播活动离不开特定的语境，受到社会权力和历史文化因素的制约，体现了一种“知识的控制”。语境分析是把教科书文本置于一定的文化历史语境中，发现编写者编写教科书的真实意图、价值理念、心理认知和社会条件，探讨教科书生产、传播和使用的社会背景和知识语境。语境分析把教科书生产过程视为历史的、文化的、社会的实践活动，注重从文化生产传播的角度探讨教科书的社会性、价值性和历史性的问题，揭示教科书与其所处社会价值立场和意识形态之间的内在联系。

（三）探讨教科书话语问题的重要的分析工具

语境分析在批判话语分析和系统功能语言学的理论和方法中占据着重要的地位，是阐述话语问题的特定分析方法。批判话语分析特别注重对话语生产、传播和接受的生活语境和社会文化语境进行考查，语境分析是批判话语分析中的重要步骤和基本方法。语境分析在不同的话语分析理论中有着各不相同的说法，如韩礼德的语域理论、费尔克拉夫的“社会分析”、汤普森的“社会历史分析”、沃达克的三角互证研究等，它们都是考查话语生成传播的语境及话语与语境联系的方法。语境分析使教科书研究者认识到，教科书不仅是对外部客观世界的理论解释和客观反映，而且是人类社会文化历史“选择”和“制造”的产物。教科书研究不仅关注文本中的语言形式和表达方式，更要分析文本中的话语与其生成、传播和使用的语境的关系，展示教科书话语在特定语境中暗含的意识形态。所有的教科书都与人类文化历史语境密切相关，权力关系、思想价值、意识形态、文化传统等因素都会深刻地影响它们。教科书研究本质上是把教科书置于文本生产传播过程中的社会语境分析。语境分析在整体语境的基础上将语形、语义和语用分析法相统一，使语言符号与语言意义、话语内容与话语形式、文本知识与现实社会，在教科书话语分析中内在地连成一体，形成方法论的新视角。从这个意义上看，语境分析是探讨教科书话语问题的基本分析工具和研究方法。

三、教科书语境分析的价值与意义

语境分析对于当前教科书研究具有重要的价值和意义，推动了教科书研究在研究性质、研究目的和研究方法上的深化与发展。

（一）语境分析坚守的文化价值立场揭示了教科书研究的独特性

马林诺夫斯基认为语境包括“情景语境”和“文化语境”，把语境观念从“语言范畴”拓展到“非语言范畴”，语言的意义不仅与语汇、语法密切相关，而且与外部的人类社会文化情境不可分割，这便为语境分析确立了文化价值立场。昆廷·斯金纳在历史研究中也倡导语境分析法，认为语境分析就是着眼于社会历史和文化价值视角对文本话语的分析，要想方设法复原主体于言说过程中的行为，从而按照所用术语的本来意义和所指理解作者在发表某种言说时的意图，进一步把握任何有着特定意涵的言说在特定的时刻发表所蕴涵的特定的分量。[①] 研究者只有通过还原历史语境才能恢复文本的意涵和意义，揭示作者的言说意图，否则就会导致思想的“时代误置”。

从文化价值的视角出发，教科书不是价值中立的课程知识，而是体现着社会重要的价值导向和文化传统的课程文本，是代表社会主流意识形态的官方课程。教科书的选用是多方参与达成的结果。[②] 为此，教科书研究的独特性就体现为：

---

① 斯金纳. 言语行动的诠释与理解［M］//丁耘. 什么是思想史. 上海：上海人民出版社，2006：137.

② 王攀峰，宋雅琴. 论教科书的内涵与属性［J］. 当代教育科学，2018（1）：7－12.

它是研究者基于特定的社会文化立场、对教科书文本开展的价值反思与文化建构的研究活动。教科书研究与教科书所处的社会文化情境分不开，要分析和解读教科书文本，研究者必须把它们放置于丰富复杂的真实社会和历史文化情境中进行考察。研究者要注重教科书文本的社会相关性和历史情境性，对教科书生产、传播与使用过程进行整体考察，教科书的任何文本话语都不能脱离其特定的文化语境而被理解。对教科书进行研究时，不仅要分析教科书文本本身，还要分析教科书生产、传播和使用过程的社会文化背景。

（二）语境分析启示教科书研究要关注语言的行动维度

语境分析强调在语境中不仅要考查教科书中使用特定话语所表达的言语意义，而且要关注教科书借助这些话语所具有的意义所实施的特定的言语行为。教科书话语既是一种文化符号，也是一种社会行动。教科书话语总是同文化意义有关，它包括外显的和内隐的文化意义，人们运用教科书话语中外显的和内隐的文化意义实施各种特定的言语行为，形成一定的知识信仰和意识形态，建构一定的社会关系和社会结构，形塑特定人群的民族性和国民性。从这个意义上看，教科书就是由编写者创制文本来实现其特定教育目的和社会功能的言语行动。为此，教科书研究就应关注话语的行为维度，关注如何利用教科书话语意义说明世界、形塑世界和建构世界。费尔克拉夫认为，话语建构社会的行为主要表现为语言的“身份”功能、“关系”功能和“观念”功能。话语可以建构不同的社会身份、主体地位和自我形象；话语可以建构人与人之间的社会关系；话语可以建构人们的知识观念和信仰体系。[①] 在语境分析的视角下，教科书研究要分析教科书话语在社会身份、社会关系和社会观念等方面的建构功能，要把教科书置于其赖以存在的语境中进行研究，透过教科书话语的表面意义，发现教科书话语中的内隐价值和权力关系，揭示教科书话语对社会过程的介入作用。

（三）语境分析启示教科书研究要建立广阔、多维、立体的视角

语境分析法强调研究者只有把研究对象置于多元、立体、交互的社会文化网络中加以研究，才能全面而系统地揭示研究对象的内在本质及其意义。语境分析

---

① 费尔克拉夫. 话语与社会变迁［M］. 北京：华夏出版社，2003：60.

法在教科书研究领域的应用，推动研究者把教科书发展放到更广阔、更多维、更立体的时空环境中进行考察。语境分析是一种综合整体的研究方法，研究者既要探讨教科书本身的概念、观念、理论及其发展，又要探讨教科书发展与社会文化历史背景之间的关系。如果脱离社会历史语境探讨教科书本体问题，会使教科书研究失去赖以生存的社会动力和基础，无法正确揭示教科书的发展规律。此外，如果脱离教科书具体内容探讨外部社会历史文化环境对教科书的影响，则会使教科书研究失去独特性，显得空洞无物。语境分析是一种纵横贯通的研究方法，研究者既要从纵向的历史语境中探讨教科书问题，分析教科书文本和话语在历史发展中的变化，又要从横向的社会文化语境中比较教科书文本，分析同时期不同社会、不同国家的文化语境对教科书文本的影响。通过历时和共时、纵向和横向的结合，可以用跨越时空的方式分析教科书文本与社会文化语境的发展变化、交互作用。语境分析是哲学与历史统一的研究方法。研究者一方面要立足教科书历史研究，深入教科书发展历程中开展复杂丰富的历史叙事，另一方面对教科书问题开展哲学分析，探讨教科书发展的本质内涵、普遍规律和一般模式。这样，既能从对教科书历史的深入研究中发现教科书发展的一般规律，又能使教科书研究获得历史的意蕴和哲学的洞见。

四、教科书语境分析的方法与步骤

（一）坚持问题导向，确定研究主题

任何社会科学研究都是从提出研究问题开始，教科书语境分析首先要选择适合开展语境分析的研究问题。语境分析把教科书现象置于历史或当下的文化语境中来考查，使研究者能够多视角地分析各种语境因素的影响。适合开展教科书语境分析的问题主要包括两类：一类是探讨特定社会语境中教科书生产传播的话语实践，揭示特定时期教科书话语实践所呈现的社会文化问题；另一类是分析教科书在特定语境下动态发展的社会变化过程，揭示特定语境下教科书话语结构的变化和发展过程，以及教科书话语对广阔的社会文化的变革过程。语境分析强调，教科书话语只有借助特定的社会文化语境才能真正发挥作用，脱离了语境的教科书文本是毫无意义的。为此，教科书语境分析必须选择具体的教科书事件或教科书话语作为研究主题，在立体多元的社会文化语境中全面系统地把握教科书话语

实践的本质及其社会意义。

（二）建构研究框架，开展语境分析

研究者在明确研究问题后，应着手构建语境分析的研究框架，在教科书话语与各种语境因素之间建立联系，实现教科书文本的语境化复原，在此基础上揭示相关因素之间的内在关系和意义联系。依据费尔克拉夫、沃达克和汤普森等人关于“语境”的分类，教科书语境分析可以遵循如下研究路径。

1. 社会历史语境分析

社会历史语境分析是透过教科书话语本身发掘它所体现的宏大的社会历史语境，并依据这种社会历史语境对教科书的文本进行解释。教科书是传承人类文化、改造精神世界、改革社会生活的重要工具，研究教科书应当从教科书与人、与社会的关系着眼，注重社会效果。卡尔·马克思认为，社会意识决定于社会存在。任何教科书文本都取决于其所得以产生的社会历史语境，只有从社会历史语境出发才能真正揭示教科书问题的实质。

在社会历史语境中分析教科书话语，主要包括三层含义。第一，教科书研究应基于其生产传播的一般文化状况。一般文化状况包括教科书产生的时代、环境、种族、风俗等。教科书研究是对教科书话语与社会文化语境之间关系的研究。教科书本身就是一种文化产品，它是与宏观的社会文化状况交互影响的结果，只有置身于产生那些教科书的时代和文化中，我们才能充分地、真正地理解和把握那些文本的内在意义。第二，教科书研究应基于其生产传播的社会结构。教科书话语的形成发展根本上取决于社会结构，因为只有从社会存在或社会结构出发才能真正理解教科书话语的内涵。教科书研究是寻找教科书话语与社会结构之间的关系研究。第三，教科书研究应基于其包含的意识形态。教科书具有教诲功能，教科书研究应从教科书所包含的意识形态和价值立场出发研究文本，意识形态是教科书研究的根本出发点。社会历史语境分析是宏观层面上的语境分析，其首要任务就是将教科书文本中的思想从“教育话语”解码为“社会话语”，从而阐发教科书文本中的社会历史意蕴。这种分析更多地涉及教科书话语产生发展的外因，是教科书语境分析的重要起点和主要路径。比如，石鸥教授等人的《中国近现代教科书史》从广阔的社会文化语境出发对我国近现代教科书内容和形式的发展演变进行了全面梳理，揭示了教科书在传承文化价值和推动社会变革上发

挥的重要作用。[①]

2. 话语实践语境分析

如果说社会历史语境是一种抽象的宏观层面的语境，话语实践语境则是一种具体的中观层面的语境。在教科书研究中，话语实践语境是指教科书文本生产、传播和使用过程所处的时空场域、机构组织、社会团体和文化背景。话语实践语境分析是用非语言知识来解释语境与教科书话语实践之间的相互关系，关注行动主体介入教科书制作过程的真实经历，对特定组织语境中教科书产生、传播和使用的过程进行完整的描述和意义的揭示。阿普尔指出，我们需要完成一项长期的研究，需要从理论和政治的角度，利用人种学的方法研究教科书从编写到销售（乃至使用）这一过程。这不仅有利于我们更好地理解文化、政治和经济之间的关系，而且非常有助于我们变革学校教学中被认为是合法的各类知识。[②]

话语实践语境分析建立在如下观点之上：现实是由行动主体经历的意义组成的。为此，研究者应从不同行动主体的视角展现他们介入教科书制作过程的真实经历。汤普森提出，语境分析要从时空场合、交际领域、社会机构、社会结构和技术媒介这五个层次，再现语篇产生、传播和接受的社会历史条件。话语实践语境分析的目的是复原和重建教科书话语生产、传播和接受的实际语境，考查这些语境赖以形成的特定社会组织、规则惯例、社会关系。社会组织是话语实践语境分析关注的重点，如出版社是制作发行教科书的社会组织，学校或班级是使用教科书的社会组织，相关教育行政部门是审查、选用和评价教科书的社会组织。教科书话语实践语境分析是以参与观察和深度访谈的方式获取资料，关注教科书实践场域中不同主体的社会角色及其关系，理解行动主体参与和介入教科书话语实践的过程，深入考查教科书场域中的个体观念、集体意识和组织文化，以及教科书制作过程与机构语境之间的内在关系。比尔格兰德和德雷斯勒提出了“文本属性七标准”，其中，话语实践分析主要涉及对“文外语境”的分析，包括意图

① 石鸥，吴小鸥. 中国近现代教科书史［M］. 长沙：湖南教育出版社，2012.

② 阿普尔，克里斯蒂安－史密斯. 教科书政治学［M］. 上海：华东师范大学出版社，2005：43－44.

性、可接受性、信息性、情景性和互文性。[①] 从这个角度来看，教科书话语实践分析就是分析教科书制作的“意图性”、教科书文本选编的“互文性”、教科书文本表达的“信息性”和社会“力量”、教科书传播和使用过程中的“可接受性”。任何教科书话语呈现的都是彼时彼地语境下的“事实”，时过境迁，此时此地，同样的教科书话语表达的可能是其他的“意义”。语境分析是从行动主体介入教科书话语实践的真实经历出发，分析教科书文本在不同社会组织中生产、传播和使用的过程，揭示教科书话语实践的深层价值和社会意义。比如，宁彦锋在《教育变革中的教科书建构》中，通过访谈教科书开发使用过程中的不同主体，揭示了教科书开发和选用过程所隐含的课程异变文化，体现了课程政策制定者、编写者、教师、学生、课程标准、社会环境等复杂因素之间的相互作用。[②]

3．文本言语语境分析

文本言语语境是一种微观层面的言语环境。与社会历史语境和话语实践语境相比，文本言语语境的意义相对狭窄，是教科书话语前后的语言单位，只涉及教科书文本中的“上下文”。文本言语语境分析是指对教科书文本的语言形式、组织结构和状态特征进行研究，是利用语言知识来解释语境对教科书话语的解释制约作用。在语境分析的视角中，教科书文本内的言语语境是外部各种非言语语境因素综合作用的体现和结果，由此教科书文本中言语形式的分析离不开非言语语境。费尔克拉夫提出，文本分析首先是针对词汇、语法、连贯性和文本结构这四个方面，这四者在范围上是递升的。在比尔格兰德和德雷斯勒提出的“文本属性七标准”中，文本言语语境分析主要涉及对衔接和连贯这两种“文内语境”的研究。[③] 辛斌认为，英语文本中“分类系统”“及物系统”“情态系统”和“转换系统”等言语形式可能具有重要的社会意义，需要重点开展分析。[④] 教科书文本中的各种言语形式都可能具有社会意义，但是没有必要考查文本中的所有言语

① TITSCHER S, MEYER M, WODAK R, et al. Methods of text and discourse analysis [M]. London: Sage Publication, 2000: 22－23.

② 宁彦锋. 教育变革中的教科书建构 [D]. 上海：华东师范大学，2008.

③ TITSCHER S, MEYER M, WODAK R, et al. Methods of text and discourse analysis [M]. London: Sage Publication, 2000: 22－23.

④ 辛斌. 批评语言学：理论与应用 [M]. 上海：上海外语教育出版社，2005：64.

成分和结构。在对教科书的社会历史语境和话语实践语境准确把握的基础上，重点选择和分析那些可能具有重要社会意义的言语结构和言语形式，在此基础上揭示教科书文本的社会意义及其与语境的关系。比如，褚小婧在《数学教科书意识形态研究》中对中华人民共和国数学教科书文本中使用的词汇、情态、语态、语篇等言语形式和言语结构进行了分析，揭示了社会文化的发展对数学教科书意识形态变化产生的影响，以及数学教科书中的话语策略对社会主流价值观的建构作用。[①]

上述三种语境分析的路径相互联系、相互作用。社会历史语境相对于话语实践语境是抽象的，它潜在、间接地制约着教科书话语的运用，其作用要通过话语实践语境才能得到发挥。话语实践语境直接与教科书话语发生关系，是教科书话语产生、传播和接受的直接环境，相对于社会历史语境而言是具体的。教科书文本言语语境受外部社会结构的控制，是话语实践语境和社会历史语境共同影响的结果。

总之，语境是解释教科书话语选择、言语表达的根本要素。在实际的教科书语境分析中，研究者不应把所有层次、各种类型的语境都纳入教科书分析中，而是应该根据自己的研究主题，合理选择和使用相应的语境因素开展分析，通过分析和比较相同类型的教科书语境分析，优化语境建构的策略，运用多种视角设计有效的研究框架和分析路径。

（三）深度诠释语境，形成中层理论

通过分析教科书中的言语符号及其产生的社会历史语境，揭示教科书话语实践的变革与社会变革的内在关系，阐释教科书文本背后潜藏的话语秩序和价值意义，重建教科书话语形态、社会权力和意识形态之间的关系。语境在一定意义上是教科书话语存在和发展的时空范围，在教科书研究中开展语境分析可以超越现实的时空范围，全方位拓展教科书研究的深度和广度。一方面，语境分析可以使教科书研究超越文本符号和字面意义，对教科书问题形成一种全景动态的文化观照，对教科书话语生产、传播和接受过程进行价值反思。另一方面，语境分析可以使教科书问题在社会文化坐标中有一个确切的位置，通过语境分析，有助于明

① 褚小婧．数学教科书意识形态研究［D］．金华：浙江师范大学，2019．

确历史长河中教科书发展的总体态势和一般模式，形成特定语境中解释特定教科书问题的中层理论。作为一种历史文化存在者，研究者只能处在特定社会历史语境中去认识教科书，而非跳出历史文化语境把教科书当作我们之外的客观对象进行分析。为此，教科书语境分析遵循具体研究的逻辑，这种研究逻辑中抽象理论与具体经验是密不可分的，通过确立具体的研究问题和特定研究对象、构建整体的语境分析框架，介入教科书话语生产、传播和接受过程开展全方位的语境分析，重新理解和阐释教科书现象、话语和事件，超越原有语境，赋予教科书事件以新的意义和价值，从根本上为研究问题提出解答。

总之，教科书语境分析体现了从“研究语境”到“介入语境”再到“超越语境”这样逐层深入的研究逻辑。语境分析有助于推动教科书研究范式的转换，从以文本为中心的教科书静态分析转向以话语实践为中心的教科书动态分析，从单纯的教科书内容分析转向在整体性语境中考查教科书文本，将教科书事件还原到真实的社会历史文化语境中去考查，力求在对语境的深描中展示教科书生产、传播和使用的真实状态。

主要参考文献

1. 石鸥. 最不该忽视的研究：关于教科书研究的几点思考[J]. 湖南师范大学教育科学学报，2007（5）.

2. 钟启泉. 一纲多本：教育民主的诉求：我国教科书政策述评[J]. 教育发展研究，2009（4）.

3. NICHOLLS J . Methods in school textbook research[J]. International Journal of Historical Learning，Teaching and Research，2003（2）.

4. 顾明远. 教育大辞典：第1卷[M]. 上海：上海教育出版社，1990.

5. JOHNSEN E B. Textbooks in the kaleidoscope：a critical survey of literature and research on education texts[M]. Oslo：Scandinavian University Press，1993.

6. 中国大百科全书编辑委员会. 中国大百科全书：教育[M]. 北京：中国大百科全书出版社，1985.

7. 钟启泉，崔允漷，张华. 为了中华民族的复兴 为了每位学生的发展：《基础教育课程改革纲要（试行）》解读[M]. 上海：华东师范大学出版社，2001.

8. 江山野. 简明国际教育百科全书：课程[M]. 北京：教育科学出版社，1991.

9. 热切尔，罗日叶. 为了学习的教科书：编写、评估、使用[M]. 上海：华东师范大学出版社，2009.

10. 孙志昌. 教科书的本质：教学活动文本[J]. 课程·教材·教法，2013（10）.

11. 阿普尔，史密斯. 教科书政治学[M]. 上海：华东师范大学出版社，2005.

12. CHRIS S. Paradigms regained：towards a historical sociology of the textbook [J]. Journal of Curriculum Studies，1994（1）.

13. PINGEL F. UNESCO guidebook on textbook research and textbook revision (2nd revised and updated edition)［M］. Paris：UNESCO，2010.

14. 戴顿. 教科书在教育中的作用[M]//瞿葆奎. 课程与教材（下册）. 北京：人民教育出版社，1988.

15. 宁彦锋. 教育变革中的教科书建构[D]. 上海：华东师范大学，2008.

16. 石伟平. M. 杨的社会课程论概述[J]. 外国教育资料，1999（3）.

17. 余秋雨. 当代都市文化略论[J]. 戏剧艺术，1997（1）.

18. SELANDER S. Towards a theory of pedagogic text analysis[J]. Scandinavian Journal of Educational Research，1990（2）.

19. 默顿. 社会理论和社会结构[M]. 南京：译林出版社，2008.

20. UNESCO. A comprehensive strategy for textbook and learning materials[M]. Paris：UNESCO，2005.

21. 王攀峰. 教科书研究方法的现状、问题与建议[J]. 课程·教材·教法，2017（1）.

22. GILBERT R. Text analysis and ideology critique of curricular content[M]// S DE CASTELL. Language，authority and criticism：readings on the school textbook. London：Falmer Press，1989.

23. 库恩. 科学革命的结构[M]. 北京：北京大学出版社，2003.

24. 麦克卢汉. 麦克卢汉如是说[M]. 北京：中国人民出版社，2006.

25. 杜威. 学校与社会·明日之学校[M]. 北京：人民教育出版社，1994.

26. KALMUS V. What do pupils and textbooks do with each other?：methodological problems of research on socialization through educational media[J]. Journal of Curriculum Studies，2004（4）.

27. 王攀峰. 教育中的非介入性研究：理论与方法[J]. 教育科学，2008（4）.

28. 杨德军，黄晓玲，张瑞海，等. 北京市中小学教科书管理现状调查[J]. 教育研究，2005（12）.

29. 魏运华，李俏. 基于动态研究的新课改后各类教材特点的比较[J]. 教育研究，2012（3）.

30. HARNISH M K，CAROS J，GERSTEN R. Impact of the design of U. S. history textbooks on content acquisition and academic engagement of special education students：an

experimental investigation[J]. Journal of Learning disabilities, 2007 (2).

31. 卢家楣. 对教材内容的情感性处理策略：赋予情感策略的实验研究[J]. 心理科学, 2000 (6).

32. FUCHS E, BOCK A. The palgrave handbook of textbook research[M]. Basingstoke: Palgrave Macmillan UK, 2018.

33. WEINBRENNER P. Methodologies of textbook analysis used to date[M]// Hilary Bourdillon. History and social studies – methodologies of textbook analysis. Amsterdam: Swets and Zeitlinger, 1992.

34. 莫兰. 复杂思想：自觉的科学[M]. 北京：北京大学出版社, 2001.

35. 舍恩伯格, 库克耶. 与大数据同行：学习和教育的未来[M]. 上海：华东师范大学出版社, 2013.

36. DEDE C. Data – intensive research in education: current work and next steps [EB/OL]. (2015 – 11 – 04). https://cra.org/wp – content/uploads/2015/10/CRAEducationReport2015.pdf.

37. DEDE C. Next steps for "big data" in education: utilizing data – intensive research[J]. Educational Technology, 2016 (2).

38. 包正委, 董玉琦, 杨宁. 普通高中信息技术课程实施的现状与反思(上)：基于9省份5版本教科书使用状况的问卷调查[J]. 中国电化教育, 2014 (3).

39. 钱薇旭, 董玉琦, 杨宁. 普通高中信息技术课程实施的现状与反思(下)：基于信息技术教科书使用的访谈研究[J]. 中国电化教育, 2014 (5).

40. 施瓦布. 第四次工业革命[M]. 北京：中信出版社, 2016.

41. 人民教育出版社. 中国百年中小学教科书全文图像库[EB/OL]. (2011 – 06 – 30). http://old.pep.com.cn/zt/szcb/rjszcp/yxs/201106/t20110630_1051926.htm.

42. MICHEL J B, YUAN K S, AIDEN A P, et al. Quantitative analysis of culture using millions of digitized books[J]. Science, 2011 (331).

43. ANYON J. Ideology and United States history textbooks[J]. Harvard Educational Review, 1979, 49 (3).

44. ANYON J. Social class and school knowledge[J]. Curriculum Inquiry, 1981 (1).

45. 波兹曼. 娱乐至死[M]. 北京：中信出版集团，2015.

46. 项国雄. 从传统教材到电子教材[J]. 信息技术教育，2005（5）.

47. GRIMSHAW S，DUNGWORTH N，MCKNIGHT C，et al. Electronic books：children's reading and comprehension[J]. British Journal of Educational Technology，2007（4）.

48. PORTER P L. Effectiveness of electronic textbooks with embedded activities on student learning[D]. Minnesota：Capella University，2010.

49. KIM M，YOO K H，PARK C，et al. Development of a digital textbook standard format based on XML[C]// Lecture Notes in Computer Science. Advances in computer science and information technology. Heidelberg，2010.

50. SCOTT D，USHER R. Researching education - data，methods and theory in educational enquiry[M]. London and New York City：Cassell，1999.

51. MIKK J. Textbook：research and writing[M]. New York City：Peter Lang Publishing，Inc.，2000.

52. 刘放桐. 新编现代西方哲学[M]. 北京：人民出版社，2000.

53. 洛温. 老师的谎言：美国历史教科书中的错误（修订版）[M]. 北京：中央编译出版社，2015.

54. FIGAL G. Hans georg gadamer：wahrheit und methode[M]. Berlin：Akademie - Verlag，2007.

55. 加达默尔. 真理与方法[M]. 上海：上海译文出版社，2004.

56. RICOEUR P. The conflict of interpretations：essays in hermeneutics[M]. Evanston：Northwestern University Press，1974.

57. 申大魁. 中学教师教材理解研究：以高中物理教师为例[D]. 西安：陕西师范大学，2015.

58. STRADLING R. Teaching 20th - century European history [M]. Strasbourg：Council of Europe Publishing，2001.

59. 盛静. 后现代主义教育思潮对我国中小学英语教科书的影响[J]. 上海教育科研，2016（4）.

60. SILVERMAN N. From the ivory towerto the bottom lines：an editor's perspec-

tive on college textbook publishing [M]// ALTBACH P. Textbooks in American society: politics, policy, and pedagogy. Albany: Atate University of New York Press, 1991.

61. EDWARD V, ALISA J. History education and national identity in East Asia [M]. London & New York City: Routledge, 2005.

62. 弗林克尔，瓦伦. 教育研究的设计与评估[M]. 北京：华夏出版社，2004.

63. 卢立涛. 澳门中学一年级中国语文教科书性别意识形态之内容分析研究[M]//史静寰. 走进教材与教学的性别世界. 北京：教育科学出版社，2004.

64. 沙沃森，汤. 教育的科学研究[M]. 北京：教育科学出版社，2006.

65. 华东师范大学学报（教育科学版）编辑部. 加强教育实证研究，提高教育科研水平——“第二届全国教育实证研究专题论坛”及“全国教育实证研究联席会议”成果览要[J]. 华东师范大学学报（教育科学版），2017（3）.

66. BERELSON B. Content analysis in communications research[M]. New York City: Hafner, 1952.

67. KRACAUER S. The Challenge of Qualitative Content Analysis[J]. The Public Opinion Quarterly, 1952 (4).

68. TITSCHER S, MEYER M, WODAK R, et al. Methods of text and discourse analysis[M]. London: Sage Publication, 2000.

69. BOS W, TARNAID C. Content analysis in empirical social research [J]. Intern ational Journal of Educational Research, 1999 (8).

70. 石鸥，石玉. 论教科书的基本特征[J]. 教育研究，2012（4）.

71. 瞿葆奎. 课程与教材[M]. 北京：人民教育出版社，1988.

72. 张丽敏，谢均才. 中国大陆小学品德教科书中榜样的嬗变：人民教育出版社1999年版和2005年版小学品德教科书内容分析[J]. 教育学报，2016（3）.

73. 张菁. 改革开放以来初中语文教科书选文作者变化的研究[J]. 教育学报，2016（5）.

74. 周淑卿，章五奇. 以研究为本的教科书发展：台湾板桥模式的启示[M]//石鸥. 教科书评论. 北京：首都师范大学出版社，2016.

75. 宁彦锋. 课程异变的社会学分析[M]. 上海：学林出版社，2012.

76. 石鸥，廖巍. 课本也抗战：试论“战时教科书”［J］. 课程·教材·教法，2015（9）.

77. 崔英梅. 信息技术在初中数学教科书中的呈现及其效果的学生认同研究［D］. 长春：东北师范大学，2006.

78. 刘云杉. 视域的分歧：大陆与台湾初中语文（国语）教科书比较[J]. 教育研究与实验，1997（4）.

79. 傅建明. 教科书性别意识形态的话语分析：以北师大版小学《语文》与新亚洲版《学会中国语文》为文本[J]. 全球教育展望，2010（5）.

80. 邹友倩. 内容分析的概念框架新探[J]. 现代情报，2007（12）.

81. 喻国明，李慧娟. 大数据时代传播研究中语料库分析方法的价值[J]. 传媒，2014（2）.

82. 张蕊，邱均平，周黎明. 计算机辅助内容分析软件进展研究[J]. 图书情报工作，2005（6）.

83. KRESS G. Representational resources and the production of subjectivity: questions for the theoretical development of critical discourse analysis in a multicultural society[M]// CALDAS – COULTHARD C R, COULTHARD M. Texts and practice: reading in critical analysis. London: Routledge, 1996.

84. 费尔克拉夫. 话语与社会变迁[M]. 北京：华夏出版社，2003.

85. REISIGL M, WODAK R. The discourse – historical approach (DHA) [M]// WODAK R, MEYER M. Methods for critical discourse analysis. London: Sage Publication, 2001.

86. LUTZ C. The domain of emotion words on Ifaluk[J]. American Ethnologist, 1982 (2).

87. PARKER I. Discourse dynamics: critical analysis for social and individual psychology[M]. London: Routledge, 1992.

88. TEUN A DIJK V. Handbook of discourse analysis: disciplines of discourse [M]. Salt Lake City: Academic Press, 1985.

89. 李其龙. 编著德国教学论流派［M］. 西安：陕西人民教育出版社，1993.

90. NICHOLLS J. Methods in school textbook research[J]. International Journal of Historical Learning, Teaching and Research, 2003 (2).

91. 沃达克，奇尔顿.（批评）话语分析的新议程：理论、方法与跨学科研究：中文导读注释版[M]. 北京：北京大学出版社，2016.

92. FAIRCLOUGH N. Critical discourse analysis as a method in social scientific research[M]// WODAK R, MEYER M. Methods in critical discourse analysis. London: Sage Publication, 2001.

93. CAMERON L. Metaphor analysis in educational discourse[M]. London and New York City: Continuum, 2003.

94. 吕达，张廷凯. 面向21世纪中小学课程教材改革的研究与实验[J]. 课程·教材·教法，1996 (7).

95. 袁建文，李科研. 关于样本量计算方法的比较研究[J]. 统计与决策，2013 (1).

96. BURKHARDT H, SCHOENFELD A H. Improving educational research: toward a more useful, more influential, and better - funded enterprise[J]. Educational Researcher, 2003 (9).

97. 索耶. 剑桥学习科学手册[M]. 北京：教育科学出版社，2010.

98. 焦建利. 基于设计的研究：教育技术学研究的新取向[J]. 现代教育技术，2008 (5)：5 - 11.

99. BARAB S, SQUIRE K. Design - based research: putting a stake in the ground[J]. Journal of the Learning Science, 2004 (1).

100. 司托克斯. 基础科学与技术创新：巴斯德象限[M]. 北京：科学出版社，1999.

101. 单迎杰，傅钢善. 国内外基于设计的研究应用案例述评[J]. 电化教育研究，2017 (5).

102. 王志军，耿楠，陈明选. 基于设计的研究存在的问题与关键点[J]. 开放教育研究，2018 (4).

103. 司马贺. 人工科学：复杂性面面观[M]. 上海：上海科技教育出版社，2004.

104. 舒尔曼. 实践智慧：论教学、学习与学会教学[M]. 上海：华东师范大学出版社，2014.

105. 万延岚. 中学理科课程的适切性研究：基于社会发展的视域[D]. 济南：山东师范大学，2016.

106. 王小梅，杨亚军. 基于可读性理论和模糊层次分析法的英语教材评估体系的研究与设计[J]. 中国外语，2012 (3).

107. WENNING C J. Using a modified Delphi technique to validate a physics and physical science teacher education textbook[D]. Bloomington – Normal: Illinois State University, 2007.

108. 卜文敏. 黔东南地区高中数学教师教材使用的调查研究：以凯里市为例[D]. 贵阳：贵州师范大学，2014.

109. 杨小微，刘卫华. 教育研究的理论与方法[M]. 武汉：湖北教育出版社，1994.

110. 王攀峰. 行动研究的理论与方法[M]. 北京：首都师范大学出版社，2013.

111. 杨慧娟. 高中数学新课程实验教科书使用调查研究[D]. 重庆：西南大学，2012.

112. LINSTONE H A, TUROFF M. Delphi: a brief look backward and forward [J]. Technological Forecasting and Social Change, 2011 (9).

113. DALKEY N, HELMER O. An experimental application of the Delphi method to the use of experts[J]. Management Science, 1963 (3).

114. HELMER O. The use of the Delphi technique in problems of educational innovations[J]. Rand Paper, 1966 (12).

115. SANDOW S A. Educational policy formulation: planning with the focus Delphi and the cross – purpose matrix[R]. New York City: E. P. R. C. Research Report, Syracuse University Research Corporation, 1972.

116. REID N. The Delphi technique: its contribution to the evaluation of professional practice[C]. Professional Competence and Quality Assurance in the Caring Professions, 1988.

117. WEAVER W T. The Delphi forecasting method[J]. Phi Delta Kappan, 1971 (5).

118. 丁晋飞，谈立峰，汤在祥，等. 德尔菲法及其在公共卫生领域的应用和展望[J]. 环境与职业医学，2012 (11).

119. MCGAW B, BROWNE R K, REES P. Delphi in education: review and assessment[J]. Australian Journal of Education, 1976 (1).

120. WANG X M, YANG Y J, WEN X. Research and design of computer-aided English textbook evaluation system[M]. New York City: IEEE, 2009.

121. 李佳. 高中物理教科书评价指标体系构建研究[D]. 重庆：西南大学，2011.

122. JIN K A, LIM D K, KANG J J. Development of digital textbook UI guideline: focused on percepted user interest experience[J]. Communications in Computer and Information Science, 2012.

123. HASSON F, KEENEY S. Enhancing rigour in the Delphi technique research[J]. Technological Forecasting and Social Change, 2011 (9).

124. ROWE G, FREWER L J. A typology of public engagement mechanisms [J]. Science, Technology & Human Values, 2005 (2).

125. 张芬芬. 如何分析教科书：四种文本分析法及其比较 [M] //石鸥. 教科书评论. 北京：首都师范大学出版社，2014.

126. 罗钢. 叙事学导论 [M]. 昆明：云南人民出版社，2008.

127. 刘海波. 挣扎在格雷马斯方阵中的祥林嫂：对《祝福》的另一种解读 [J]. 济南大学学报（社会科学版），2001 (5).

128. JENSEN K B. A handbook of qualitative methodologies for mass communication research [M]. London and New York: Routledge, 1991.

129. 胡学亮. 简明传播学 [M]. 北京：知识产权出版社，2014.

130. JENSEN K B, ROSENGREN K E. Five traditions in search of the audience [J]. European Journal of Communication, 1990 (2).

131. 麦奎尔. 受众分析 [M]. 北京：中国人民大学出版社，2006.

132. 郭镇之. 传播学 受众研究 接受分析 [J]. 现代传播（中国传媒大学学

报)，1994（3）.

133. 方汉泉. 费什读者反应批评若干重要理论概念评析［J］. 华南师范大学学报（社会科学版），2010（6）.

134. 蔡骐，谢莹. 英国文化研究学派与受众研究［J］. 新闻大学，2004（2）.

135. 杨击. 传播·文化·社会：英国大众传播理论透视［M］. 上海：复旦大学出版社，2006.

136. RADWAY J A. Identifying ideological seams：Mass culture，analytical method，and political practice［J］. Communication，1986（9）.

137. 田海龙. 认知取向的批评话语分析：两种路径及其特征［J］. 外语研究，2013（2）.

138. 郭贵春. “语境”研究纲领与科学哲学的发展［J］. 中国社会科学，2006（5）.

139. 周淑萍. 语境研究：传统与创新［M］. 厦门：厦门大学出版社，2011.

140. 丁耘. 什么是思想史［M］. 上海：上海人民出版社，2006.

141. 王攀峰，宋雅琴. 论教科书的内涵与属性［J］. 当代教育科学，2018（1）.

142. 石鸥，吴小鸥. 中国近现代教科书史［M］. 长沙：湖南教育出版社，2012.

143. 辛斌. 批评语言学：理论与应用［M］. 上海：上海外语教育出版社，2005.

144. 褚小婧. 数学教科书意识形态研究［D］. 金华：浙江师范大学，2019.

后记

自第二次世界大战以来，教科书研究获得了极大发展，通过运用广泛的理论、工具和方法，日渐成为一个成熟的研究领域，但至今它仍然没有发展成为一门独立的学科。教科书研究要想成为一门独立的学科，具有更为广泛的社会影响，就要有专门的研究对象，同时创建独立的研究方法论体系。从方法论的高度探讨教科书研究的价值内涵和范式演变，可以加强现代教科书研究方法体系的建设，提升我国教科书研究的学术质量，进而探寻教科书研究的深层规律、揭示和彰显教科书的真实本体。

本书旨在通过全面系统地探讨教科书研究的理论和方法，推进教科书研究的科学化和规范化，促进教科书研究成为一门独立学科。教科书研究方法体系主要包括方法论和具体研究方法这两个部分：方法论是指导教科书研究的理论基础和思想方法，包括基本理论、研究逻辑、思想原则等；具体研究方法是在教科书研究某一阶段使用的方法、技术和手段。两者彼此联系、相互作用。本书在借鉴和吸收国内外教科书研究成果的基础上，对教科书研究的方法论和教科书研究的具体方法进行了全面论述；探讨了教科书研究方法论的三个主要问题：教科书研究方法的理论界定、教科书研究范式的发展与展望、教科书研究的历史演变与哲学基础。同时，也探讨了教科书内容分析法、教科书话语分析法、教科书实验研究法、教科书调查研究法这四种主要研究方法，分别对其理论来源、主要类型和实施步骤进行了探讨。

本书是一本研究性著作，写作过程就是不断探索教科书研究方法规律的过程。书中相关部分已先后在《教育研究》《课程·教材·教法》等期刊上发表。本书参考了大量的国内外文献，引用了诸多研究成果，在此对相关作者表示衷心的感谢。美国伊利诺伊大学香槟分校教育学院终身教授伊恩·韦斯特伯里为本书的写作提供了宝贵的文献和热心的指导，使本书的写作能够立足于国际视野。首都师范大学教育学院研究生吕倩、陈洋、宋雅琴、薛笑娥、张裴裴等协助收集和查阅相关的研究资料。令人欣喜的是，这些同学在硕士论文写作中也尝试将不同方法应用于教科书研究中，在多层面上推动了教科书研究方法论的深化发展。

本书是北京市教育委员会2019年度社科计划重点项目“教科书话语分析的理论建构与方法应用”（SZ201910028015）的研究成果之一，在此向有关单位的领导和教师表示诚挚的谢意：感谢首都师范大学教育学院课程与教学论研究所所长石鸥教授邀请我参与教科书研究工作，在写作过程中给予我以极大的鞭策和鼓励；感谢首都师范大学教育学院的张增田书记、蔡春院长、朱晓宏副院长、徐玉珍教授、张菁教授、张倩副教授等领导和同事的鼓励和支持；感谢广东教育出版社的尚宇女士及审稿人员为本书的编辑出版付出了大量的心血，在此一并致谢。

王攀峰

2019 年 10 月